Zum Rückgriff auf polizeirechtliche Befugnisse zur Gefahrenabwehr im Rahmen der vorbeugenden Verbrechensbekämpfung
– Gefahren für die Geltung der StPO und die Verfahrensherrschaft der StA bei der Strafverfolgung? –

Europäische Hochschulschriften
Publications Universitaires Européennes
European University Studies

Reihe II
Rechtswissenschaft

Série II Series II
Droit
Law

Bd./Vol. 3480

PETER LANG
Frankfurt am Main · Berlin · Bern · Bruxelles · New York · Oxford · Wien

Heike Notzon

Zum Rückgriff auf polizeirechtliche Befugnisse zur Gefahrenabwehr im Rahmen der vorbeugenden Verbrechensbekämpfung

– Gefahren für die Geltung der StPO und die Verfahrensherrschaft der StA bei der Strafverfolgung? –

PETER LANG
Europäischer Verlag der Wissenschaften

Die Deutsche Bibliothek - CIP-Einheitsaufnahme

Notzon, Heike:

Zum Rückgriff auf polizeirechtliche Befugnisse zur Gefahrenabwehr im Rahmen der vorbeugenden Verbrechensbekämpfung : Gefahren für die Geltung der StPO und die Verfahrensherrschaft der StA bei der Strafverfolgung? / Heike Notzon. - Frankfurt am Main ; Berlin ; Bern ; Bruxelles ; New York ; Oxford ; Wien : Lang, 2002
(Europäische Hochschulschriften : Reihe 2, Rechtswissenschaft ; Bd. 3480)
Zugl.: Trier, Univ., Diss., 2002
ISBN 3-631-39919-7

D 385
ISSN 0531-7312
ISBN 3-631-39919-7

www.peterlang.de

Meinen Eltern in Dankbarkeit gewidmet.

Vorwort

Für die wissenschaftliche Betreuung meiner Dissertation danke ich besonders meinem Doktorvater und 1. Berichterstatter Herrn Prof. Dr. Volker Krey und dem 2. Berichterstatter Herrn Prof. Dr. Hans-Heiner Kühne. Die mündliche Prüfung fand am 06.05.2002 in Trier statt.

Die vorliegende Arbeit wurde im Sommersemester 2002 vom Fachbereich Rechtswissenschaft der Universität Trier als Dissertation angenommen.

Die Arbeit möchte ich meinen Eltern widmen, denen ich alles verdanke.

Saarbrücken, im Sommer 2002

Heike Notzon

Gliederung

Literaturverzeichnis

***Ahlers**, Henrik*: Grenzbereich zwischen Gefahrenabwehr und Strafverfolgung, Hannover 1997 (Zitiert: Ahlers, Grenzbereich).

***Ahlf**, Ernst-Heinrich*: Der Begriff des „Eingriffs" insbesondere bei kriminalpolizeilicher Tätigkeit und die sog. „Schwellentheorie" zu § 163 Abs. 1 StPO, in: Die Polizei 1983, S. 41 ff.
(Zitiert: Ahlf, Die Polizei).

***Ahlf**, Ernst-Heinrich*: Das Bundeskriminalamt als Zentralstelle, in: BKA-Schriftenreihe, Wiesbaden 1985.

***Alternativ-Kommentar zum Grundgesetz** für die Bundesrepublik Deutschland*: Band 1 und 2, 2. Auflage Neuwied, Darmstadt 1989
(Zitiert: AK-Bearbeiter, GG).

***Amelung**, Knut*: Probleme des Rechtsschutzes gegen strafprozessuale Grundrechtseingriffe, in: NJW 1979, S. 1687 ff.

***Arnim**, Hans Herbert von*: Zur „Wesentlichkeitstheorie" des Bundesverfassungsgerichts, in: DVBl. 1987, S. 1242 ff.

***Artzt**, Matthias*: Die verfahrensrechtliche Bedeutung polizeilicher Vorfeldermittlungen, Frankfurt am Main 2000 (Zitiert: Artzt, Die verfahrensrechtliche Bedeutung polizeilicher Vorfeldermittlungen)

***Backes**, Otto:* Kriminalpolitik ohne Legitimität, in: KritV 1986, S. 315 ff.

***Benfer**, Jost*: Anmerkung zu VG Freiburg, in: NJW 1980, S. 901 ff.

***Benfer**, Jost*: Eingriffsrechte - Voraussetzungen und Grenzen präventiver und repressiver Rechtseingriffe durch Polizei und Staatsanwaltschaft, 1. Auflage, München 1997 (Zitiert: Benfer, Eingriffsrechte).

***Beulke**, Werner:* Strafprozessrecht, 5. Auflage, Passau 2001
(Zitiert: Beulke, StPO).

***Blau**, Günter:* Anmerkung zu BVerwG, NJW 1956, S. 805 ff.

***Bleckmann**, Albert*: Allgemeine Grundrechtslehren, 4. Auflage, Köln 1997 (Zitiert: Bleckmann: Allgemeine Grundrechtslehren).

***Bockemühl**, Jan*: Zur Verwertbarkeit von präventiv-polizeilichen Erkenntnissen aus „Lauschangriffen" im Strafverfahren, in:
JA 1996, S. 695 ff.

***Bödeker**, Hans Erich*: Verwaltung, Regierung und Polizei in deutschen Wörterbüchern und Werken des 18. Jahrhunderts, in: JEV Nr. 1, 1989, S. 5 ff.

***Böckenförde**, Ernst-Wolfgang*: Staat und Gesellschaft, Darmstadt 1976 (Zitiert: Böckenförde, Staat und Gesellschaft).

***Bonner Kommentar** zum Grundgesetz*, 17. Lieferung, Hamburg 1986 ff. (Zitiert: Bonner Kommentar-Bearbeiter, GG).

***Bottke**, Wilfried*: Grundlagen des polizeilichen Legalitätsprinzips, in:
JuS 1990, S. 81 ff.

***Brandt**, Edmund/**Smeddinck**, Ulrich*: Der Gefahrenbegriff im Polizeirecht, in:
Jura 1994, S. 225 ff.

***Brodersen** Kilian*: Das Strafverfahrensänderungsgesetz 1999, in:
NJW 2000, S. 2536 ff.

***Brohm**, Winfried*: Kompetenzüberschneidungen im Bundesstaat
- Rechtsdogmatische Konsequenzen der Gondelbahn-Entscheidung des Bundesverfassungsgerichts -, in: DÖV 1983, S. 525 ff.

***Broß**, Siegfried*: Zur Erstattung der Kosten von Polizeieinsätzen, in:
DVBl. 1983, S. 377 ff.

***Burghard**, Waldemar*: Organisierte Kriminalität, in:
Kriminalistik 1990, S. 501 ff.

***Burghard**, Waldemar*: Vom Vorbeugen und vom Wieder-Erkennen, in:
Kriminalistik 1987, S. 518 ff.

***Dagtoglou**, Promodos*: Das Grundrecht der Unverletzlichkeit der Wohnung (Art. 13 GG), in: JuS 1975, S. 753 ff.

Damkowski, Wulf: Die Entstehung des Verwaltungsbegriffes, 1969 (Zitiert: Damkowski, Die Entstehung des Verwaltungsbegriffes).

Degenhart, Christoph: Die allgemeine Handlungsfreiheit des Art. 2 I GG, in: JuS 1990, S. 161 ff.

Denninger, Erhard: Staatsrecht, Reinbeck bei Hamburg 1973 (Zitiert: Denninger, Staatsrecht).

Denninger, Erhard: Die Trennung von Verfassungsschutz und Polizei und das Grundrecht auf informationelle Selbstbestimmung, in: ZRP 1981, S. 231 ff.

Denninger, Erhard: Zehn Thesen zum Ethos der Polizeiarbeit, in: JA 1987, S. 131 f.

Denninger, Erhard: Verfassungsrechtliche Grenzen polizeilicher Datenverarbeitung insbesondere durch das BKA, CR 1988, S. 51 ff.

Deutsch, Markus: Die heimliche Erhebung von Informationen und deren Aufbewahrung durch die Polizei, Diss., Heidelberg 1992 (Zitiert: Deutsch, Die heimliche Erhebung von Informationen).

Dörr, Dieter: Rechtsschutz gegen vollzogene Durchsuchungen und Beschlagnahmen im Strafermittlungsverfahren, in: NJW 1984, S. 2258 ff.

Dreier, Horst: Erkennungsdienstliche Maßnahmen im Spannungsfeld von Gefahrenabwehr und Strafverfolgung, in: JZ 1987, S. 1009 ff.

Drews, Bill/Wacke, Gerhard/Vogel, Klaus/Martens, Wolfgang: Gefahrenabwehr, 9. Auflage, Köln u.a. 1986 (Zitiert: Drews/Wacke/Vogel/Martens, Gefahrenabwehr).

Düwel,, Peter: Amtsgeheimnis, Berlin 1965 (Zitiert: Düwel: Amtsgeheimnis).

Eisenberg, Ulrich: Beweisrecht der StPO, Spezialkommentar, 2. Auflage, Berlin-Dahlem 1996 (Zitiert: Eisenberg, Beweisrecht der StPO).

Emmerig, Ernst: Die Doppelfunktion der Polizei, in: DVBl. 1958, S. 338 ff.

***Erichsen**, Hans-Uwe*: Vorrang und Vorbehalt des Gesetzes, in:
Jura 1995, S. 550 ff.

***Erichsen**, Hans-Uwe/**Martens**, Wolfgang*: Allgemeines Verwaltungsrecht, 9. Auflage, Berlin u.a.
(Zitiert: Erichsen/Martens, Allgemeines Verwaltungsrecht).

***Ernesti**, Günter:* Informationsverbund Justiz-Polizei, in:
NStZ 1983, S. 57 ff.

***Fleiner**, F.*:Institutionen des Deutschen Verwaltungsrechts,
2. Auflage, Tübingen 1912 (Zitiert: Fleiner, Institutionen).

***Fugmann**, Annette*: Erkennungsdienstliche Maßnahmen zu präventiv-polizeilichen Zwecken, in: NJW 1981, S. 2227 ff.

***Fuß**, Ernst-Werner*: Rechtsfragen des polizeilichen Erkennungsdienstes, in: Vogel, Klaus/Tipke, Klaus (Hrsg.): Festschrift für Gerhard Wacke, Köln-Marienburg 1972, S. 305 ff. (Zitiert: Fuß/Wacke, Festschrift)

***Gallwas**, Hans-Ulrich*: Verfassungsrechtliche Grundlagen des Datenschutzes, in: Der Staat 1979, S. 507 ff. (Zitiert: Gallwas, Der Staat).

***Geerds**, Friedrich*: Über strafprozessuale Maßnahmen, insbesondere Entnahme von Blutproben bei Verdacht der Trunkenheit am Steuer, in:
GA 1965, S. 327 ff.

***Gerhardt**, Hans Jürgen*: Anscheinsgefahr, Gefahrenverdacht und Putativgefahr im Polizei- und Ordnungsrecht, in: Jura 1987, S. 521 ff.

***Girtler**, Roland*: Polizei-Alltag. Strategien, Ziele und Strukturen polizeilichen Handelns, Düsseldorf 1980 (Zitiert: Girtler, Polizei-Alltag).

***Gnant**, Wolfgang/**Gnant**, Sebastian*: Polizeigesetz des Freistaates Sachsen, 3. Auflage, Stuttgart u.a. 1999 (Zitiert: Gnant/Gnant, Polizeigesetz des Freistaates Sachsen).

***Gössel**, Karl-Heinz*: Über die Rechtmäßigkeit befugnisloser strafprozessualer rechtsbeeinträchtigender Maßnahmen, in: JuS 1979, S. 162 ff.

***Gössel**, Karl-Heinz*: Legalitätsprinzip – Interessenabwägung – Verhältnismäßigkeit, in: Festschrift für Hanns Dünnebier,
S. 121 ff., Berlin 1982 (Zitiert: Gössel, Festschrift für Dünnebier).

***Götz**, Volkmer*: Allgemeines Polizei- und Ordnungsrecht, 8. Auflage, Göttingen 1985 (Zitiert: Götz, Allgemeines Polizei- und Ordnungsrecht).

***Götz**, Volkmar*: Die Entwicklung des allgemeinen Polizei- und Ordnungsrechts (1987-1989), in: NVwZ 1990, S. 725 ff.

***Götz**, Volkmar*: Vor 60 Jahren-Preußisches Polizeiverwaltungsgesetz, in: JuS 1991, S. 805 ff.

***Götz**, Volkmar*: Anmerkungen zu SächsVerfGH, in: JZ 1996, S. 957 ff., in: JZ 1996, S. 969 ff.

***Groß**, Gerhard*: Das Recht auf informationelle Selbstbestimmung mit Blick auf die Volkszählung 1987, das neue Bundesstatistikgesetz und die Amtshilfe, in: AöR 113 (1988), S. 161 ff.

***Hassemer**, Matthias*: Der Anwendungsbereich der polizeilichen Beobachtung nach § 163 e StPO als strafprozessuale Ermittlungsmaßnahme, in: DRiZ 1992, S. 357 ff.

***Heise**, Gerd/**Riegel**, Reinhard*: Musterentwurf eines einheitlichen Polizeigesetzes, 2. Auflage, Stuttgart u.a.1978 (Zitiert: Heise/Riegel, Musterentwurf eines Polizeigesetzes).

***Henning**, Karl-Heinz*: Der sogenannte latente Störer in baurechtlicher und planender Sicht, in: DVBl. 1968, S. 740 ff.

***Hermes**, Reinhard*: Der Bereich des Parlamentsgesetzes, Berlin 1988 (Zitiert: Hermes, Der Bereich des Parlamentsgesetzes).

***Hesse**, Konrad*: Grundzüge des Verfassungsrechts der Bundesrepublik Deutschland, 19. Auflage, Heidelberg 1993 (Zitiert: Hesse, Grundzüge des Verfassungsrechts).

***Hetger**, Erwin/**Häfele**, Wolfgang*: Das neue Personalausweisrecht in Baden-Würtemberg, Stuttgart 1987 (Zitiert: Hetger/Hefeld, Das neue Personalausweisrecht).

***Hilger**, Hans*: Neues Strafverfahrensrecht durch das OrgKG, in: NStZ 1992, S. 457 ff., 523 ff.

***Hirsch**, Martin*: Probleme des Polizeieinsatzes durch den Staatsanwalt, in: ZRP 1971, S. 206 ff.

***Honnacker**, Heinz/**Beinhofer**, Rudolf*: Polizeiaufgabengesetz -PAG- Bayern, 17. Auflage, München u.a. 1999
(Zitiert: Honacker/Beinhofer, Polizeiaufgabengesetz).

***Hund**, Horst*: Polizeiliches Effektivitätsdenken contra Rechtsstaat, in: ZRP 1991, S. 463 ff.

***Hust**, Gerhard*: Erkennungsdienstliche Behandlung und Persönlichkeitsschutz, in: Kriminalistik 1965, S. 499 ff.

***Jarass**, Hans/**Pieroth**, Bodo*: Kommentar zum GG, 4. Auflage, München 1997 (Zitiert: Jarass/Pieroth, GG).

***Kaiser** Eberhard*: Zuständigkeitsprobleme zwischen Staatsanwaltschaft und Polizei bei der Verbrechensbekämpfung, in: NJW 1972, S. 14 ff.

Karlsruher Kommentar zur Strafprozessordnung, 4. Aufl,. München 1999 (Zitiert: Karlsruher Kommentar-Bearbeiter, StPO).

***Karpen** Ulrich/**Becker** Stefan*: Das Bundesstaatsprinzip in der Rechtsprechung des Bundesverfassungsgerichts und der Verfassungsgerichte der Länder, in: JZ 2001, S. 966 ff.

***Kattau**, Thomas*: Strafverfolgung nach Wegfall der europäischen Grenzkontrollen, Bremen 1993 (Zitiert: Kattau, Strafverfolgung nach Wegfall der europäischen Grenzkontrollen).

***Kern**, Eduard*: Gerichtsverfassungsrecht, 4. Auflage , München 1965 (Zitiert: Kern, Gerichtsverfassungsrecht).

***Kissel**, Otto Rudolph*: Gerichtsverfassungsgesetz, Kommentar, 2. Auflage, München 1994 (Zitiert: Kissel).

***Kleinknecht**, Theodor/**Meyer**, Karlheinz/ **Meyer-Goßner** Lutz*: Kommentar zur StPO, 45. Auflage, München 2001 (Zitiert: Kleinknecht/Meyer-Goßner, StPO).

***Kloepfer**, Michael*: Der Vorbehalt des Gesetzes im Wandel, in: JZ 1984, S. 687 ff.

***Knemeyer**, Franz-Ludwig*: Polizeibegriff in Gesetzen des 15. bis 18. Jahrhunderts, in: AöR, Band 92, S. 153 ff.

***Knemeyer**, Franz Ludwig*: Polizei- und Ordnungsrecht, 7. Auflage, München 1998 (Zitiert: Knemeyer, Polizei- und Ordnungsrecht).

***Kniesel**, Michael*: Neue Polizeigesetze contra StPO?, in: ZRP 1987, S. 377 ff.

***Kniesel**, Michael*: Vorbeugende Bekämpfung von Straftaten im neuen Polizeirecht - Gefahrenabwehr oder Strafverfolgung?, in: ZRP 1989, S. 329 ff.

***Kniesel**, Michael*: Vorbeugende Bekämpfung von Straftaten im juristischen Meinungsstreit - eine unendliche Geschichte, in: ZRP 1992, S. 164 ff.

***Kohlhaas**, Max*: Körperliche Untersuchung und erkennungsdienstliche Maßnahmen, 2. Auflage, Stuttgart, München, Hannover 1975 (Zitiert: Kohlhaas, Körperliche Untersuchung und erkennungsdienstliche Maßnahmen).

***Kopp**, Ferdinand O./**Schenke**, Wolf-Rüdiger*: Verwaltungsgerichtsordnung, 12. Auflage, München 2000 (Zitiert: Kopp/Schenke, VwGO).

***Körner**, Harald Hans*: Kommentar zum BtMG und ArzMG, 4. Auflage, München 1994 (Zitiert: Körner, BtMG).

***Kramer**, Bernhard*: Videoaufnahmen und andere Eingriffe in das Allgemeine Persönlichkeitsrecht auf der Grundlage des § 163 StPO?, in: NJW 1992, S. 2732 ff.

***Kraushaar**, Horst*: Instrumente der Verbrechensaufklärung unter der Lupe, in: Kriminalistik 1994, S. 481 ff. (Zitiert: Kraushaar, Instrumente der Verbrechensaufklärung).

***Krey**, Volker*: Strafverfahrensrecht Band 1, Trier 1987 (Zitiert: Krey, StPO Band 1).

***Krey**, Volker*: Strafverfahrensrecht Band 2, Trier 1990 (Zitiert Krey, StPO Band 2).

***Krey**, Volker*: Der Münchner Schießbefehl - Grenzen des staatsanwaltlichen Weisungsrechts gegenüber der Polizei, in: ZRP 1971, S. 224 ff.

***Krey**, Volker*: Rechtsprobleme des strafprozessualen Einsatzes Verdeckter Ermittler, einschließlich des „Lauschangriff“ zu seiner Sicherung und als Instrument der Verbrechensaufklärung, Wiesbaden 1993
(Zitiert: Krey, Rechtsprobleme, Band 1).

***Krey**, Volker*: Rechtsprobleme des Einsatzes qualifizierter Scheinaufkäufer im Strafverfahrensrecht, in: Schriftenreihe des Zollkriminalamts, Band 1, Köln 1994 (Zitiert: Krey, ZKA).

***Krey**, Volker:* Zur Problematik strafprozessualer verdeckter Ermittlungen ohne Einsatz technischer Mittel im Kampf gegen die Organisierte Kriminalität, in: Festschrift für Koichi Miyazawa,
Hrsg. Kühne, Hans-Heiner, Baden-Baden 1995
(Zitiert: Krey, Miyazawa-Festschrift).

***Krey**, Volker*: Deutsches Strafrecht, Allgemeiner Teil, Band 1, Trier 2000
(Zitiert: Krey, Deutsches Strafrecht)

***Krey**, Volker/**Jaeger**, Wolfgang*: Anmerkung zu BGH, Urteil vom 7.3.1995 -1 StR 685/94, in: NStZ 1995, S. 516 ff.

***Krey**, Volker/**Meyer**, Wolfgang*: Zum Verhalten von Staatsanwaltschaft und Polizei bei Delikten mit Geiselnahme, in: ZRP 1973, S. 1 ff.

***Krey**, Volker/**Pföhler**, Jürgen*: Zur Weisungsgebundenheit des Staatsanwaltes - Schranken des internen und externen Weisungsrechts-, in: NStZ 1985, S. 145 ff.

***Kubica**, Johann/**Leineweber**, Heinz*: Grundfragen zu den Zentralstellenaufgaben des Bundeskriminalamtes, in: NJW 1984, S. 2068 ff.

***Kuhlmann**, Joachim*: Anmerkung zu BVerfG, Beschluss vom 23.7.1982 -2 BvR 8/82, in: NStZ 1983, S. 130 f.

***Kühne**, Hans-Heiner*: Strafprozesslehre, 5. Auflage, Heidelberg 1999
(Zitiert: Kühne, StPO).

***Kühne**, Hans-Heiner:* Der erstaunliche Bedeutungszuwachs des Strafrechts: Gibt es Wachstumsgrenzen?, in: Grundfragen staatlichen Strafens, Festschrift für Heinz Müller-Dietz zum 70. Geburtstag (S. 419 ff.), München 2001.

***Kunig**, Philip*: Der Grundsatz informationeller Selbstbestimmung, in: Jura 1993, S. 595 ff.

***Kutscha**, Martin/**Möritz**, Marion*: Lauschangriffe zur vorbeugenden Straftatenbekämpfung? - Ein Beitrag zu den Eingriffsvoraussetzungen nach dem neuen Art. 13 GG -, in: StV 10/1998, S. 564 ff.

***Laubinger**, Hans-Werner*: Die Umleitung von Verwaltungsakten, in: JZ 1977, S. 207 ff.

Leipziger Kommentar zum StGB, 10. Auflage, Berlin u.a. 1985 – 1989 (Zitiert: Leipziger Kommentar-Bearbeiter, StGB).

***Lemke**, Michael/**Julius**, Karl-Peter/**Krehl**, Christoph/**Kurth**, Hans-Joachim/**Rautenberg**, Erado Cristoforo*: Kommentar, StPO, 2. Auflage, Heidelberg 1999 (Zitiert: Lemke/Julius/Krehl/Kurth/Rautenberg-Bearbeiter, StPO)

***Lepa**, Manfred*: Der Inhalt der Grundrechte nach der Rechtsprechung, 3. Auflage, Köln 1976 (Zitiert: Lepa, Der Inhalt der Grundrechte nach der Rechtsprechung).

***Lisken**, Hans*: Verdachts- und ereignisunabhängige Personenkontrollen zur Bekämpfung der grenzüberschreitenden Kriminalität, in: NVwZ 1998, S. 22 ff.

***Lisken**, Hans/**Denninger**, Erhard u.a.*: Handbuch des Polizeirechts, 2. Auflage, München 1996 (Zitiert: Lisken/Denninger-Bearbeiter, Handbuch des Polizeirechts).

Löwe-Rosenberg: Die Strafprozessordnung und das Gerichtsverfassungsgesetz mit Nebengesetzen, Großkommentar, 24. Auflage, Berlin 1984 - 1988 (Zitiert: Löwe/Rosenberg-Bearbeiter, StPO).

***Lüdtke**, Alf*: Von der „Tätigen Verfassung“ zur Abwehr von „Störern“; Zur Theoriegeschichte von „Polizei“ und staatlicher Zwangsgewalt im 19. und frühen 20. Jahrhundert, in: Der Staat 20, 1981, S. 215 ff.

***Luhmann**, Niklas*: Grundrechte als Institution. Ein Beitrag zur Politischen Soziologie, Berlin 1965 (Zitiert: Luhmann, Grundrechte als Institution).

***Mallmann**, Christoph*: Datenschutz in Verwaltungs-Informationssystemen. Zur Verhältnismäßigkeit des Austausches von Individualinformationen in der normvollziehenden Verwaltung, München 1976 (Zitiert: Mallmann, Datenschutz in Verwaltungs-Informationssystemen).

***Mandelartz**, Herbert/**Sauer**, Helmut/**Strube**, Bernhard*: Polizeigesetz Saarland, Text und Kommentar, 1. Auflage, Lübeck 1990
(Zitiert: Mandelartz/Sauer/Strube, Polizeigesetz).

***Mansperger**, Jürgen*: Die verwaltungs- und verfassungsrechtliche Problematik des polizeilichen Erkennungsdienstes (insbesondere die Rechtslage in Bayern), Diss., Würzburg 1972
(Zitiert: Mansperger, Die verwaltungs- und verfassungsrechtliche Problematik des polizeilichen Erkennungsdienstes).

***Martens**, Wolfgang*: Öffentlich als Rechtsbegriff, Münster 1969
(Zitiert: Martens, Öffentlich als Rechtsbegriff).

***Martens**, Wolfgang*: Immissionsschutzrecht und Polizeirecht, in: DVBl. 1981, S. 597 ff.

***Martens**, Wolfgang*: Wandlungen im Recht der Gefahrenabwehr, in: DÖV 1982, S. 89 ff.

***Maunz**, Theodor/**Dürig**, Günter*: Kommentar zum GG, Band 1 - 4, Loseblatt, 33. Lieferung, München 1997 (Zitiert: Maunz/Dürig-Bearbeiter, GG).

***Maurer**, Hartmut*: Allgemeines Verwaltungsrecht, 11. Auflage, München 1997
(Zitiert: Maurer, Allgemeines Verwaltungsrecht).

***Mayer**, Otto*: Deutsches Verwaltungsrecht, Band 1, 1. Auflage (1895), 3. Auflage, Berlin 1924 (Zitiert: Mayer, Deutsches Verwaltungsrecht).

***Medert**, Klaus M./**Süßmuth**, Werner*: Pass- und Personalausweisrecht, 3. Auflage, Köln 1998 (Zitiert: Medert/Süßmuth, Pass- und Personalausweisrecht).

***Merten**, Karl-Heinz*: Das Abrufrecht der Staatsanwaltschaft aus polizeilichen Daten, in: NStZ 1987, S. 10 ff.

***Merten**, Karlheinz*: Das geplante Polizeirecht in Nordrhein-Westfalen, in: ZRP 1988, S. 172 ff.

***Merten**, Karlheinz/**Merten**, Heike*: Vorbeugende Verbrechensbekämpfung, in: ZRP 1991, S. 213 ff.

***Merten**, Karlheinz*: Zulässigkeit der langfristigen Videoüberwachung, in: NJW 1992, S. 354 ff.

***Möller**, Manfred/**Wilhelm**, Jürgen*: Allgemeines Polizei- und Ordnungsrecht, 3. Auflage, Köln 1993 (Zitiert: Möller/Wilhelm, Allgemeines Polizei- und Ordnungsrecht)

***Müller-Dietz**, Heinz*: Anm. zu OLG Celle, Beschl. v. 2.12.1985, in: NStZ 1986, S. 285.

***Münch**, Ingo von* (Hrsg): Grundgesetz-Kommentar, Bd. 1, 3. Auflage, München 1985 (Zitiert: v. Münch, GG).

***Ossenbühl**, Fritz*: Staatshaftungsrecht, 3. Auflage 1983 (Zitiert: Ossenbühl, Staatshaftungsrecht).

***Ostendorf**, Heribert*: Organisierte Kriminalität - eine Herausforderung für die Justiz, in: JZ 1991, S. 62 ff.

***Palm**, Franz/**Raum**, Bertram*: Zur verfassungsrechtlichen Problematik des „Großen Lauschangriffs", in: JZ 1994, S. 447 ff.

***Papier**, Hans-Jürgen*: Die finanzrechtlichen Gesetzesvorbehalte und das grundgesetzliche Demokratieprinzip, Berlin 1973 (Zitiert: Papier, Die finanzrechtlichen Gesetzesvorbehalte).

***Papier**, Hans-Jürgen*: Altlasten und polizeiliche Störerhaftung, in: DVBl. 1985, S. 873 ff.

***Peters**, Karl*: Strafprozess, 4. Auflage, Heidelberg 1985 (Zitiert: Peters, Strafprozess).

***Pieroth**, Bodo/**Schlink**, Bernhard*: Grundrechte, Staatsrecht II, 14. Auflage, Heidelberg 1998 (Zitiert: Pieroth/Schlink, Grundrechte).

***Preu**, Peter*: Polizeibegriff und Staatszwecklehre. Die Entwicklung des Polizeibegriffs durch die Rechts- und Staatswissenschaft des 18. Jahrhunderts, Göttingen 1983 (Zitiert: Preu, Polizeibegriff und Staatszwecklehre).

***Prümm**, Hans Paul/**Sigrist**, Hans*: Allgemeines Sicherheits- und Ordnungsrecht, Berlin 1997 (Zitiert: Prümm/Sigrist, Allgemeines Sicherheits- und Ordnungsrecht).

***Ramsauer**, Ulrich*: Die Assessorprüfung im öffentlichen Recht, 4. Auflage, Hamburg 1997 (Zitiert: Ramsauer, Die Assessorprüfung im öffentlichen Recht).

Ranft Otfried: Strafprozessrecht, 2. Auflage, Bayreuth 1995
(Zitiert: Ranft, StPO).

***Rasch**, Ernst*: Hessisches Gesetz über die öffentliche Sicherheit und Ordnung, 4. Auflage, 6. Lieferung, Wiesbaden 1991
(Zitiert: Rasch, HSOG).

***Rebmann**, Kurt*: Der Einsatz verdeckt ermittelnder Polizeibeamter im Bereich der Strafverfolgung, in: NJW 1985, S. 1 ff.

***Riegel**, Reinhard*: Musterentwurf und Alternativentwurf für ein einheitliches Polizeigesetz: Ein Vergleich zweier Konzeptionen, in: DVBl. 1979, S. 709 ff.

***Riegel**, Reinhard*: Probleme der polizeilichen Beobachtung und Observation, in: JZ 1980, S. 224 ff.

***Riegel**, Reinhard*: Polizei- und Ordnungsrecht in der Bundesrepublik Deutschland, Hamburg 1981 (Zitiert: Riegel, Polizei- und Ordnungsrecht).

***Riegel**, Reinhard*: Datenschutz bei den Sicherheitsbehörden, Stuttgart u.a. 1980 (Zitiert: Riegel, Datenschutz bei den Sicherheitsbehörden).

***Rieß**, Peter*: Die Zukunft des Legalitätsprinzips, in:
NStZ 1981, S. 2 ff.

***Rieß**, Peter/**Thym**, Jörg*: Rechtsschutz gegen strafprozessuale Zwangsmaßnahmen, in: GA 1981, S. 189 ff.

***Rogall**, Klaus*: Moderne Fahndungsmethoden im Lichte gewandelten Grundrechtsverständnisses, in: GA 1985, S. 1 ff.

***Rogall**, Klaus*: Strafprozessuale Grundlagen und legislative Probleme des Einsatzes Verdeckter Ermittler im Strafverfahren, in: JZ 1987, S. 847 ff.

***Rogall**,Klaus*: Informationseingriff und Gesetzesvorbehalt im Strafprozessrecht, Tübingen 1992 (Zitiert: Rogall, Informationseingriff und Gesetzesvorbehalt).

***Rogall**, Klaus*: Anmerkung zu BGHSt 41, 64, in:
NStZ 1996, S. 451 ff

***Roller**, Gerhard*: Der Gefahrbegriff im atomrechtlichen Aufsichtsverfahren, in: DVBl. 1993, S. 20 ff.

***Rosenbaum**, Christian*: Der grundrechtliche Schutz vor Informationseingriffen, in: Jura 1988, S. 178 ff.

***Roxin**, Claus*: Strafverfahrensrecht, 25. Aufl., München 1998 (Zitiert: Roxin, Strafverfahrensrecht).

***Rudolphi**, Hans-Joachim u.a.*: Systematischer Kommentar zur StPO, Loseblatt, 18. Lieferung, Neuwied 1998 (Zitiert: Systematischer Kommentar-Bearbeiter, StPO).

***Rüping**, Hinrich*: Das Strafverfahren, 3. Auflage, München 1997 (Zitiert: Rüping, Das Strafverfahren).

***Rüping**, Hinrich*: Das Verhältnis von Staatsanwaltschaft und Polizei, in: ZStW 1983, S. 894 ff.

***Rupp**, Hans-Heinrich*: Grundfragen der heutigen Verwaltungsrechtslehre, 2. Auflage, Tübingen 1991 (Zitiert: Rupp, Grundfragen).

***Sailer**, Christian*: Anklageerhebung und Gleichbehandlung, in: NJW 1977, S. 1138 ff.

Schäfer/Wagner/Schafheutle: Gesetz gegen gefährliche Gewohnheitsverbrecher, Berlin 1934 (Zitiert: Schäfer/ Wagner/Schafheutle, Gesetz gegen gefährliche Gewohnheitsverbrecher).

***Schenke**, Wolf-Rüdiger*: Rechtsschutz gegen Strafverfolgungsmaßnahmen der Polizei, in: VerwArch, Band 60 (1969), S. 332 ff.

***Schenke**, Wolf-Rüdiger*: Nochmals: Rechtsschutz gegen Strafverfolgungsmaßnahmen der Polizei, Schlußwort, in: VerwArch, Band 62 (1971), S. 176 ff.

***Schink**, Alexander*: Wasserrechtliche Probleme der Sanierung von Altlasten, in: DVBl. 1986, S. 161 ff.

***Schink**, Alexander*: Amtsermittlung und Gefahrerforschung – Polizeiliche Eingriffsbefugnisse bei Verdachtslagen, in: DVBl. 1989, S 1182 ff..

***Schlüchter**, Ellen*: Das Strafverfahren, 2. Auflage, Köln u.a. 1983 (Zitiert: Schlüchter, Das Strafverfahren).

***Schmidt**, Volker*: Ermittlungen auf rechtlichem Glatteis, in: Kriminalistik 1990, S. 567 ff.

***Schmidt-Aßmann**, Eberhard*: Besonderes Verwaltungsrecht, 9. Auflage, Berlin, New York 1992
(Zitiert: Schmidt-Aßmann-Bearbeiter, Besonderes Verwaltungsrecht).

Schmidt -Bleibtreu/Klein: Kommentar zum Grundgesetz, 6. Auflage, Bonn 1983 (Zitiert: Schmidt-Bleibtreu/Klein, GG).

***Schnapp**, Friedrich E.*: Die Verhältnismäßigkeit des Grundrechtseingriffs, in: JuS 1983, S. 850 ff.

***Schnapp**, Friedrich*: Der Streit um die Sitzungsöffentlichkeit im Kommunalrecht -Zugleich ein Beitrag zum subjektiven öffentlichen Recht im organisatorischen Binnenbereich, in: VerwArch 1986, S. 407 ff.

***Schnur**, Roman*: Probleme um den Störerbegriff im Polizeirecht, in: DVBl. 1962, S. 1 ff.

***Schoch**, Friedrich*: Grundfälle zum Polizei- und Ordnungsrecht, in: JuS 1994, S. 391 ff., 479 ff., 570 ff., 667 ff., 754 ff., 849 ff., 932 ff., 1026 ff.; 1995, S. 30 ff., 215 ff., 307 ff., 504 ff.

***Scholz**, Rupert/**Pitschas**, Rainer*: Informationelle Selbstbestimmung und staatliche Informationsverantwortung, Berlin 1984
(Zitiert: Scholz/Pitschas, Informationsverantwortung).

***Schreiber**, Wolfgang*: Aufgaben und Befugnisse des Bundesgrenzschutzes auf neuer gesetzlicher Grundlage, NVwZ 1995, S. 521 ff.

***Schwan**, Eggert*: Die Abgrenzung des Anwendungsbereichs der Regeln des Straf- und Ordnungswidrigkeitenverfolgungsrechts von dem des Rechts der Gefahrenabwehr, in: VerwArch 1979, Band 70, S. 109 ff.

***Seeber**, Lothar*: Rasterfahndung und Datenschutz, in: Kriminalistik 1981, S. 203 ff.

***Selmer**, Peter*: Der Vorbehalt des Gesetzes, in: JuS 1968, S. 459 ff.

***Selmer**, Peter*: Der Begriff der Verursachung im allgemeinen Polizei- und Ordnungsrecht, in: JuS 1992, S. 97 ff.

***Simitis**, Spiros/**Fuckner**, Gerhard*: Informationelle Selbstbestimmung und „staatliches Geheimhaltungsinteresse", in: NJW 1990, S. 2713 ff.

***Simon**, Jürgen/**Taeger**, Jürgen*: Rasterfahndung; Baden-Baden 1981 (Zitiert: Simon/Taeger, Rasterfahndung).

***Soiné**, Michael*: Proaktive Strategien zur Bekämpfung krimineller Strukturen, in: Kriminalistik 1997, S. 252 ff.

***Stein**, Lorenz von*: Verwaltungslehre, 8 Bände, Stuttgart 1866 (Zitiert: von Stein, Verwaltungslehre).

***Steiner**, Udo*: Besonderes Verwaltungsrecht, 5. Auflage, Heidelberg 1995 (Zitiert: Steiner-Bearbeiter, Besonderes Verwaltungsrecht).

***Steinke**, Wolfgang:* § 163 Abs. 1 StPO -eine Generalermächtigung für polizeiliche „Eingriffe"?, in MDR 1980, S. 456 ff.

***Steinke**, Wolfgang*: Die Rechtmäßigkeit von polizeilichen Fahndungsmethoden unter Berücksichtigung des Datenschutzes, in: DVBl. 1980, S. 433 ff.

***Steinke**, Wolfgang*: Wirtschaftskriminalität 1992, in: NStZ 1994, S. 168 ff.

***Stephan**, Ulrich*: Zur Verfassungsmäßigkeit anlaßunabhängiger Personenkontrollen, in: DVBl. 1998, S. 113 ff.

***Stümper**, Alfred*: Die Wandlung der Polizei in Begriff und Aufgaben, in: Kriminalistik 1980, S. 242 ff.

***Sydow**, Fritz*: Verbrechensbekämpfung nach neuem Recht, in: ZRP 1977, S. 119 ff.

***Systematischer Kommentar** zur Strafprozessordnung und zum Gerichtsverfassungsgesetz*, bearbeitet von Rudolphi, Frisch, Rogall, Schlüchter, Wolter; Loseblattkommentar, Neuwied/Frankfurt a.M. 1986 ff. (Zitiert: Systematischer Kommentar-Bearbeiter, StPO).

***Thommes**, Klaus*: Verdeckte Ermittlungen im Strafprozess aus der Sicht des Datenschutzes, in: StV 1997, S. 657 ff.

***Tröndle**, Herbert/**Fischer**, Thomas*: Kommentar zum StGB, 50. Auflage, München 2001 (Zitiert: Tröndle/Fischer, StGB).

***Unruh**, Peter*:; Kritik des privatrechtlichen Verwaltungshandelns - Ein Problemaufriss -, in: DÖV 1997, S. 665 ff.

***Vahle**, Jürgen*: Gefahrenermittlung -Sperren durch den Datenschutz?, in: Kriminalistik 1990, S. 573 ff.

***Vogel**, Hans-Jochen:* Strafverfahrensrecht und Terrorismus - eine Bilanz, in: NJW 1978, S. 1217 ff.

***Volk**, Elisabeth*: Gesetz zur Änderung der Strafprozessordnung (DNA-Identitätsfeststellungsgesetz) - Anspruch und Wirklichkeit, in: NStZ 1999, S. 165 ff.

***Vultejus**, Ulrich*: Legalitäts- und Opportunitätsprinzip, in: ZRP 1999, S. 135 ff.

***Wagner**, Heinz*: Polizeirecht, 2. Auflage, 1985 (Zitiert: Wagner, Polizeirecht).

***Wanner**, Stephan*: Die negative Rasterfahndung, Teil 1, in: CuR 1986, S. 216 f.; Teil 2, in: CuR 1986, S. 274 ff.; Teil 3, in: CuR 1986, S. 403 ff.

***Wehner**, Bernd:* Dauererscheinung Terrorismus, in: Kriminalistik 1986, S. 540 ff.

***Wesslau**, Edda*: Vorfeldermittlungen, Berlin 1989 (Zitiert: Wesslau, Vorfeldermittlungen).

***Wethebach**, Eckart/**Droste-Lehnen**, Bernadette*: Organisierte Kriminalität, in: ZRP 1994, S. 57 ff.

***Wiegand**, P./**Kleiber**, M./**Brinkmann**, B.*: DNA-Analytik, in: Kriminalistik 1996, S. 720 ff.

***Willner**, Jürgen*: Auf mehreren Gleisen fahren, in: Kriminalistik 1991, S. 76 ff.

***Wittig**, Petra*: Schleppnetzfahndung, Rasterfahndung und Datenabgleich, in: JuS 1997, S. 961 ff.

***Wolff**, Hans Julius/**Bachof**, Otto/**Stober**, Rolf*: Verwaltungsrecht, Band 2, 5. Auflage, München 1987 (Zitiert: Wolff/Bachof/Stober, Verwaltungsrecht).

***Wolfslast**, Gabriele*: Beweisführung durch heimliche Tonbandaufzeichnung, in: NStZ 1987, S. 103 ff.

***Wolter**, Jürgen*: Heimliche und automatische Informationseingriffe wider Datengrundrechtsschutz, in: GA 1988, S. 49 ff.

***Zachert**, Hans-Ludwig*: Brauchen wir den „Großen Lauschangriff"?, in: DRiZ 1992, S. 355 ff.

***Zimmermann**, Gustav:* Die deutsche Polizei im 19. Jahrhundert, 3 Bände, Hannover 1845-1849 (Zitiert: Zimmermann, Die deutsche Polizei).

Abkürzungsverzeichnis

a.A.	anderer Ansicht
a.a.O.	am angegebenen Ort
Abs.	Absatz
a.F.	alte Fassung
Alt.	Alternative
Anm.	Anmerkung
Bay PAG	Gesetz über die Aufgaben und Befugnisse der Bayerischen Staatlichen Polizei
BayVBl.	Bayerisches Verwaltungsblatt
BayVerfGH	Bayerischer Verfassungsgerichtshof
Bd.	Band
BGBl.	Bundesgesetzblatt
BGH	Bundesgerichtshof
BGHSt	Entscheidungen des Bundesgerichtshofes in Strafsachen
BGSG	Bundesgrenzschutzgesetz
BKA	Bundeskriminalamt
BKAG	Bundeskriminalamtgesetz
BT	Bundestag
BT-Drucks.	Drucksache des Bundestages
BVerfG	Bundesverfassungsgericht
BVerfGG	Bundesverfassungsgerichtsgesetz
BVerfG E	Entscheidungen des Bundesverfassungsgerichtes
BVerfSchG	Bundesverfassungsschutzgesetz
BVerwG	Bundesverwaltungsgericht, auch Entscheidungen des Bundesverwaltungsgerichts
bzgl.	bezüglich
bzw.	beziehungsweise
ders.	derselbe
d.h.	das heißt
dies.	dieselben
DöV	Die öffentliche Verwaltung
DRiG	Deutsches Richtergesetz
DRiZ	Deutsche Richterzeitung
DSG	Datenschutzgesetz
DVBl.	Deutsches Verwaltungsblatt

E	Entwurf
e.A.	eine Ansicht
ebd.	Ebenda
Einl.	Einleitung
evtl.	eventuell
f.	folgende
ff.	fortfolgende
Fn.	Fußnote
FS	Festschrift
GA	Goldtammer`s Archiv für Strafrecht
gem.	gemäß
GG	Grundgesetz
GVG	Gerichtsverfassungsgesetz
h.M.	herrschende Meinung
Hrsg.	Herausgeber
HS	Hauptsatz
i.E.	im Ergebnis
INPOL	Informationssystem der Polizei
i.S.v.	im Sinne von
i.V.m.	in Verbindung mit
JA	Juristische Arbeitsblätter
JR	Juristische Rundschau
Jura	Jura/Juristische Ausbildung
JuS	Juristische Schulung
JZ	Juristische Zeitung
Kap.	Kapitel
KritV	Kritische Vierteljahresschrift für Gesetzgebung und Rechtswissenschaft
LG	Landgericht
LS	Leitsatz
LT-Drucks.	Landtagsdrucksache
M/D/H/S	Maunz/Dürig/Herzog/Scholz, Grundgesetz, Kommentar, Loseblatt
MDR	Monatsschrift für deutsches Recht

m.E.	meines Erachtens
ME	Musterentwurf
ME PolG	Musterentwurf eines einheitlichen Polizeigesetzes des Bundes und der Länder
m.w.N.	mit weiteren Nachweisen
NDSG	Niedersächsisches Datenschutzgesetz
n.F.	neue Fassung
NJW	Neue Juristische Wochenschrift
Nr.	Nummer
NS	Nebensatz
NStZ	Neue Zeitschrift für Strafrecht
NVwZ	Neue Zeitschrift für Verwaltungsrecht
NW	Nordrhein-Westfalen
OK	Organisierte Kriminalität
OLG	Oberlandesgericht
OrgKG	Gesetz zur Bekämpfung des illegalen Rauschgifthandels und anderer Erscheinungsformen der Organisierten Kriminalität
OVG	Oberverwaltungsgericht
PAG	Polizeiaufgabengesetz
POG	Polizeiorganisationsgesetz
POG RP	Polizei- und Ordnungsbehördengesetz des Landes Rheinland-Pfalz
PolG	Polizeigesetz
PolG NW	Polizeigesetz des Landes Nordrhein-Westfalen
PrOVG	Preußisches Oberverwaltungsgericht, auch Entscheidungen des Preußischen Oberverwaltungsgerichts
Rn.	Randnummer
RG	Reichsgericht
RGBl.	Reichsgesetzblatt
RGSt.	Entscheidungen des Reichsgerichts in Strafsachen
RP	Rheinland-Pfalz
RiStBV	Richtlinien für das Strafverfahren und das Bußgeldverfahren
RuP	Recht und Politik

S.	Seite
s.o.	siehe oben
Sächs.	Sächsisch/Sachsen
SächsDSG	Sächsisches Datenschutzgesetz
SPolG	Saarländisches Polizeigesetz
SächsPolG	Sächsisches Polizeigesetz
SDSG	Saarländisches Datenschutzgesetz
sog.	sogenannt
StGB	Strafgesetzbuch
StPO	Strafprozessordnung
str.	strittig
StV	Strafverteidiger
StVÄG	Strafverfahrensänderungsgesetz
SVerf	Saarländische Verfassung
u.a.	unter anderem
VA	Verwaltungsakt
VE	Verdeckter Ermittler
Verf	Verfassung
VerwArch	Verwaltungsarchiv
VG	Verwaltungsgericht
vgl.	vergleiche
V-Person	Vertrauensperson
VR	Verwaltungsrundschau
VV	Verwaltungsvorschrift
VwGO	Verwaltungsgerichtsordnung
z.B.	zum Beispiel
ZPO	Zivilprozessordnung
ZRP	Zeitschrift für Rechtspolitik
ZStW	Zeitschrift für die gesamte Strafrechtswissenschaft

Zum Rückgriff auf polizeirechtliche Befugnisse zur Gefahrenabwehr im Rahmen der vorbeugenden Verbrechensbekämpfung

- Gefahren für die Geltung der StPO und die Verfahrensherrschaft der StA bei der Strafverfolgung ? -

Einleitung

§ 1 Gegenstand der Untersuchung

A. Einordnung der Verhütung von Straftaten und der Vorsorge für die Verfolgung künftiger Straftaten als Gefahrenabwehr oder Strafverfolgung?

Hauptziel der vorliegenden Arbeit ist es zu klären, ob die vorbeugende Verbrechensbekämpfung unter die geläufigen polizeilichen Handlungsmöglichkeiten
- d. h. repressives oder präventives Handeln -
subsumiert werden kann oder ob dieser Aufgabenbereich sogar eine neue (dritte) polizeiliche Handlungsform darstellt.

Zu prüfen ist also, ob die *Verhütung von Straftaten* tatsächlich als normale polizeiliche Gefahrenabwehr im Sinne der Aufgaben- und Eingriffsgeneralklausel angesehen werden kann. Nach verbreiteter Ansicht im Schrifttum[1] ist dies unproblematisch zu bejahen. Weil eine Straftat auch immer eine Gefahr für das Schutzgut öffentlicher Sicherheit darstellt, gehört nach dieser Ansicht die Verhütung von Straftaten ohne weiteres zur Aufgabe der Gefahrenabwehr[2].

Besonders schwierig gestaltet sich die Einordnungsfrage bezüglich der *Vorsorge für die Verfolgung künftiger Straftaten.* Hier gehen die Ansichten weit auseinander. Die wohl h.M. geht dahin, dass auch diese Spielart der vorbeugenden Verbrechensbekämpfung zum Bereich der Gefahrenabwehr gerechnet werden kann. Dies wird damit begründet, dass es dabei um Verbrechensbekämpfung tatunabhängiger *präventiver* Natur gehe[3]. Fraglich ist, ob diese Ansicht zutreffend ist. Denn es könnte auch argumentiert werden, es handele sich bei jener Vorsorge um die Effektuierung der Strafverfolgung[4]. Das hätte zur Folge, dass jene Vorsorge zum Bereich der Strafverfolgung im Sinne der StPO zählen wür-

[1]Denninger, CR 1988, S. 53 f; Kniesel, ZRP 1989, S. 330 f.
[2]Drews/Wacke/Vogel/Martens-Vogel, Gefahrenabwehr, S. 132.
[3]Kniesel, ZRP 1987, S. 377, 380; ders. ZRP 1989, S. 329; Steiner-Schenke, Besonderes Verwaltungsrecht, Rn. 50.
[4]vgl. Hund, ZRP 1991, S. 466.

de. Weiterhin wird darüber nachgedacht, die Vorsorge für die Verfolgung künftiger Straftaten in der StPO zu normieren[5].

B. Gang der Untersuchung

Zunächst werden einschlägige verfassungsrechtliche, polizeirechtliche und strafprozessuale Fragen sowie terminologische Probleme dargestellt. Nach Erörterung der zum Verständnis notwendigen Begriffe wird die Frage geklärt, welche Schwierigkeiten sich beim Zusammentreffen von Strafverfolgung und Gefahrenabwehr stellen können und wie sie zu bewältigen sind. In diesem Zusammenhang muss geprüft werden, ob die vorbeugende Verbrechensbekämpfung eine präventiv-polizeiliche Aufgabe ist. Die Beantwortung dieser Frage hat wiederum Auswirkungen auf das Verhältnis von Staatsanwaltschaft und Polizei. Zu klären ist, ob durch die Berufung auf die vorbeugende Verbrechensbekämpfung eine bedenkliche Ausweitung der Gefahrenabwehr auf Kosten der Strafverfolgung droht. Fraglich ist, ob sich die Polizei insoweit von der strafprozessualen Verfahrensherrschaft der StA und den strafverfahrensrechtlichen Richtervorbehalten lossagt. Von besonderem Interesse ist in diesem Zusammenhang die Frage, welche formalen und materiellen Unterschiede bei den Eingriffsvoraussetzungen nach der StPO und dem Polizeirecht bestehen. Insbesondere soll untersucht werden, wieweit die StPO nach materiellen und insbesondere formellen Eingriffsermächtigungen strenger ist als vergleichbare Regelungen im Polizeirecht. In diesen strengeren Voraussetzungen der StPO dürfte auch der Grund zu sehen sein, warum sich die Polizei vielfach - unter Umgehung der StPO - auf die vorbeugende Verbrechensbekämpfung beruft. Schließlich geht die Verfasserin auch auf den vorbeugenden Lauschangriff und die Schleierfahndung ein. Letztere ist für die Polizei der Länder ein neuartiges Fahndungsinstrument und bedarf daher einer eingehenden Überprüfung. Abschließend soll noch das Sonderproblem der staatlichen Tatprovokation als Mittel der Verbrechensbekämpfung erörtert werden; dieses Instrument verdeutlicht besonders gut den *Vorrang der StPO* vor dem Rückgriff auf die vorbeugende Verbrechensbekämpfung nach Polizeirecht bei der Strafverfolgung.

---

[5] vgl. dazu Kniesel, ZRP 1992, S. 166; ders. ZRP 1987, S. 380.

C. Anlass der Untersuchung

I. Erster Anlass: Ein Praktikum

Die Verfasserin absolvierte bei der Polizei einer deutschen Mittelstadt zunächst ein freiwilliges Praktikum. Immer wieder erkannte sie dabei, dass sich die Polizei bei der Bekämpfung der Drogenkriminalität oft der Frage gegenübersieht, ob die richtige Rechtsgrundlage für ihr Handeln in den landesrechtlichen Vorschriften des Polizeirechts oder aber in der bundesrechtlichen Strafprozessordnung zu finden sei. Denn insbesondere im Rahmen der *vorbeugenden* Verbrechensbekämpfung ist dies nicht immer eindeutig zu klären.

Im Rahmen jenes Praktikums bot sich der Verfasserin die Möglichkeit, am täglichen Polizeidienst teilzunehmen und diesen direkt zu beobachten. Sie konnte auch Dienstbesprechungen beiwohnen. Als positiv erwies sich, dass der Umgang mit den Polizeibeamten von großer Offenheit geprägt war. Denn sie gewährten bereitwillig Einblick in ihre Tätigkeitsgebiete. Es war sogar möglich, bei Durchsuchungen und Vernehmungen von Beschuldigten anwesend zu sein, ein Umstand der keinesfalls selbstverständlich ist. Zudem konnten sowohl bei Streifenfahrten wie auch beim Innendienst im Polizeipräsidium tiefgreifende Eindrücke gewonnen werden.

Über dieses Praktikum hinaus entwickelte sich schließlich zwischen der Polizeidienststelle und der Verfasserin ein engerer Kontakt dergestalt, dass ihr immer wieder die Möglichkeit geboten wurde, wichtige Einsätze als teilnehmende Beobachterin mitzuerleben.

Zwar ist die Methode der teilnehmenden Beobachtung in der Sozialwissenschaft nur wenig angesehen, da sie nicht geeignet erscheint *„objektive Daten zu liefern“.*[6] Dennoch ist es gerade die *Flexibilität*[7] der teilnehmenden, unstrukturierten Beobachtung (der im übrigen zu Recht eine mangelnde Exaktheit vorgeworfen wird), die es erlaubt, die soziale Realität und die in ihr agierenden Personen aufzunehmen.

Aufgrund dieser Möglichkeiten entwickelte sich bei der Verfasserin die Idee, über die sogenannte vorbeugende Verbrechensbekämpfung die vorliegende Arbeit zu verfassen.

---

[6] Girtler, Polizei-Alltag, S. 13.
[7] Girtler, Polizei-Alltag, S. 14.

II. Zweiter Anlass: Die Entscheidung zur Schleierfahndung des Landesverfassungsgerichts Mecklenburg-Vorpommern vom 21.10.1999

Den entscheidenden Anstoß zur Anfertigung dieser Arbeit lieferte aber das Urteil des Landesverfassungsgerichts Mecklenburg-Vorpommern vom 21.10.1999 zur sogenannten *Schleierfahndung*. In dieser Entscheidung wurde geprüft, ob und unter welchen Voraussetzungen jedermann ohne weiteres auf Durchgangsstraßen zur ***vorbeugenden Verbrechensbekämpfung*** einer ***Identitätsfeststellung*** unterzogen werden kann.

Jene Entscheidung verdeutlicht, dass die ansteigende Kriminalität aus der Sicht der Polizei nicht mehr mit den hergebrachten präventiven und repressiven polizeilichen Mitteln bekämpft werden kann. Vielmehr ist es geradezu typisch, dass die Kriminalität proportional zu ihrem zahlenmäßigen Anstieg und ihrer Schwere nach neuen vorbeugenden Methoden der Verbrechensbekämpfung verlangt.

§ 2 Fachübergreifende Berücksichtigung zahlreicher Rechtsgebiete als Notwendigkeit für das Verständnis der Thematik

Die in dieser Arbeit zu behandelnden Rechtsprobleme bieten die Besonderheit, dass sie nur unter Berücksichtigung verschiedener Rechtsgebiete beantwortet werden können.

Es sind insbesondere die Wechselbeziehungen zwischen dem Strafverfahrensrecht, dem Polizeirecht und dem Verfassungsrecht zu beachten. Einerseits stehen der Polizei Eingriffsermächtigungen gemäß der *StPO* und den *Polizeigesetzen der Länder* zu. Andererseits muss natürlich beachtet werden, dass diese Eingriffsermächtigungen nur deshalb existieren, um *Grundrechtseingriffe* der Polizei zu legitimieren.

Zudem sind die Maßnahmen der vorbeugenden Verbrechensbekämpfung zwar möglicherweise letztlich auch repressiver Natur. Sie könnten aber gleichwohl als primär präventiv-polizeilich zu charakterisieren sein, was zu untersuchen sein wird. Daraus folgt, dass diese Tätigkeiten der Polizei der Länder zumindest keine „klassischen" Polizeiaufgaben der Gefahrenabwehr *im herkömmlichen Sinne* sein könnten, weshalb sie auch im Lichte des Strafprozessrechtes betrachtet werden müssen[8].

---

[8] vgl. Kühne, StPO, Rn. 371 ff.

Erster Hauptteil: Repressive und präventive Aufgaben der Polizei im Überblick

Auf dem Gebiet der Kriminalitätsbekämpfung kann die Polizei auf verschiedene Art und Weise tätig werden: Sie kann sowohl repressiv als auch präventiv handeln.

§ 3 Repressive Aufgaben der Polizei

Faktisch ist die heutige Hauptaufgabe der Polizei die *Strafverfolgung* (sogenanntes *repressives* Handeln). Hierbei sind die Normen der Strafprozessordnung (StPO) für das polizeiliche Handeln einschlägig.[9]

A. Anfangsverdacht

Die Maßnahmen der Strafverfolgung gemäß der StPO setzen das Vorliegen „***zureichender tatsächlicher Anhaltspunkte***" dafür voraus, dass eine verfolgbare Straftat begangen wurde; dies kann dem § 163 (i.V.m. §§ 160 I, 152 II) StPO entnommen werden.

Zureichende tatsächliche Anhaltspunkte sind zu bejahen, wenn es nach kriminalistischen Erfahrungen als möglich erscheint, dass eine verfolgbare Straftat vorliegt, wozu auch entfernte Indizien genügen[10]. Der Anfangsverdacht muss schon in konkreten Tatsachen bestehen[11]. Bloße Vermutungen rechtfertigen es hingegen nicht, jemandem eine Tat zur Last zu legen.[12] Die Frage, ob zureichende tatsächliche Anhaltspunkte vorliegen, ist keine Ermessensentscheidung - auch wenn ein gewisser Beurteilungsspielraum besteht -[13].
Vielmehr geht es um eine rechtlich gebundene Entscheidung.

Die StA muss hierbei neben der Prüfung des Sachverhalts auch eine rechtliche Prüfung vornehmen. Zur Vermeidung von Staatshaftung ist die StA verpflichtet zu prüfen, ob der angezeigte oder sonst bekannt gewordene Sachverhalt überhaupt unter ein Strafgesetz fällt und von ihr zu verfolgen ist[14].
Liegt ein ***Anfangsverdacht*** vor, ist er für die Polizei gemäß § 163 StPO die notwendige aber auch hinreichende Voraussetzung für ein Einschreiten auf strafprozessualer Grundlage.

---

[9] Krey, StPO Band 1, Rn. 467 ff.
[10] Hund ZRP 1991,S. 464; Kuhlmann NStZ 1983, S. 130.
[11] Kleinknecht/Meyer-Goßner, StPO, § 152 Rn. 4.
[12] Kleinknecht/Meyer/Großner StPO, § 152 Rn. 4.
[13] BGH NJW 1970, S. 1543; NStZ 1988, S. 510; München NStZ 1985, 549; Sailer NJW 1977, S. 1138.
[14] Kleinknecht/Meyer-Goßner, StPO, § 152 Rn. 4; vgl. dazu die „Richtlinien für die Prüfung eines Anfangsverdachtes wegen einer Straftat" des GStA Brandenburg, JMBl 1998, 106.

Gemäß § 163 StPO sind alle Polizeibeamten im Bereich der repressiven Strafrechtspflege zuständig, Straftaten zu erforschen und zu verfolgen. Hierbei ist die Polizei verpflichtet, die Ermittlungen mindestens soweit voranzutreiben, dass die StA als Herrin des Ermittlungsverfahrens[15] über das weitere Vorgehen entscheiden kann; d.h. die Tätigkeit der Polizei dient mithin ebenso wie die eigene Ermittlungstätigkeit der StA nach § 160 StPO der Vorbereitung der von der StA nach § 170 StPO zu treffenden Entscheidung darüber, ob die öffentliche Klage zu erheben oder aber das Verfahren einzustellen ist[16].

B. Grundsätzliches zum Legalitätsprinzip

Wenden wir den Blick auf das Legalitätsprinzip, welches für den *polizeilichen* Aufgabenbereich *Strafverfolgung* seine Grundlage in § 163 StPO hat. Daneben gilt das Legalitätsprinzip auch für das Strafverfolgungsorgan StA gemäß den §§ 152 II, 160, 170 I StPO. Dort bezeichnet dieser Grundsatz die Verpflichtung der Staatsanwaltschaft, bei Anhaltspunkten für das Vorliegen einer Straftat ein Ermittlungsverfahren durchzuführen sowie bei hinreichendem Tatverdacht Anklage zu erheben. Auch die Richter sind, was oft übersehen wird, diesem Prinzip gleichermaßen unterworfen[17]. Das folgt allgemein aus dem in Art. 20 III GG verankerten Grundsatz, der besagt, dass die vollziehende Gewalt und die Rechtsprechung an Gesetz und Recht gebunden sind. Für Schöffen ergibt sich diese Gesetzesbindung aus §§ 30 GVG, 45 I 1, 25 DRiG[18].

Gemäß dem *Legalitätsprinzip* besteht also grundsätzlich für die Polizei eine Strafverfolgungspflicht, für die StA ein „Verfolgungs- und Anklagezwang"[19]. Der Schuldige *muss* hiernach verfolgt werden. Das BVerfG[20] führt dazu aus:

„Das Legalitätsprinzip bedeutet Verfolgungszwang gegen jeden Verdächtigen. Es gebietet auch die Einleitung eines Ermittlungsverfahrens gegen jeden, bei dem dieselbe Verdachtslage besteht".

Wegen dieses Verfolgungszwanges kann das Legalitätsprinzip als ***„Kehrseite des nulla poena sine lege - Prinzips, Art. 103 II GG,"*** angesehen werden[21]. Denn Art. 103 II GG verbietet ein Überschreiten gesetzlicher Tatbestände, das

[15]Krey, StPO Band 1, Rn. 391.
[16]Lemke/Julius/Krehl/Kurth/Rautenberg/Temming-Krehl, StPO, § 163 Rn. 1; Karlsruher Kommentar -Wache, StPO, § 163 Rn. 2.
[17]Krey, StPO Band 2, Rn. 200; ebenso Kühne, StPO, Rn. 305.
[18]Kühne, StPO, Rn. 305.
[19]Roxin, § 14 A I.
[20]BVerfG NStZ 1982, S. 430.
[21]so zutreffend Kühne, StPO, Rn. 306 und Krey, StPO Band 2, Rn. 197 ff.

Legalitätsprinzip hingegen verhindert deren „Unterschreiten“[22], wobei offenbar ein Leerlaufen der gesetzlichen Strafdrohung mangels Anwendung der Strafnormen gemeint ist.

C. Das Legalitätsprinzip und die Polizei

Die vorbeugende Verbrechensbekämpfung liegt im Spannungsfeld zwischen Gefahrenabwehr und Strafverfolgung. Daher sollen im Folgenden zunächst grundlegende Normierungen über die Polizeiarbeit geklärt werden.

Das Legalitätsprinzip ist ein Verfahrensgrundsatz. Er besagt, dass der Polizei als Strafverfolgungsorgan *nicht* die Möglichkeit zusteht, nach *pflichtgemäßem Ermessen* oder *im Rahmen eines Beurteilungsspielraumes* zwischen Strafverfolgung und Absehen von Strafverfolgung zu wählen[23]. § 163 StPO begründet für die Polizei vielmehr eine ***gesetzliche Verfolgungspflicht***[24]. Dies bedeutet aber keineswegs, dass die Polizei ein selbständiges Organ der Strafrechtspflege ist. Vielmehr fungiert die Polizei nach der gesetzlichen Konzeption der StPO nicht kraft eigener, originärer Kompetenz, sondern als „Gesetzlicher Mandatar“ der Staatsanwaltschaft.[25] Die Staatsanwaltschaft ist die *Herrin des Ermittlungsverfahrens*[26] und nicht die Polizei. Das resultiert zum einen aus dem Gesetzestext des § 163 I, II StPO, der eine Durchgangszuständigkeit der Polizei festlegt[27]. Zum anderen folgt dies aus der Gebundenheit der Polizei an die Weisungen der Staatsanwaltschaft gemäß § 161 S. 2 StPO, § 152 I GVG[28]. Insbesondere untersteht die Polizei als Ermittlungsorgan der Staatsanwaltschaft gemäß § 152 GVG rechtlich der besonderen Sachleitung durch die Staatsanwaltschaft[29].

Zwar wird von der Polizei diese Weisungsbefugnis vielfach heftig kritisiert. Dem ist m.E. aber entgegenzuhalten, dass die Staatsanwälte wegen ihrer fachlichen Ausbildung als Volljuristen eher in der Lage sind, juristische Probleme sachgerecht zu erkennen und zu lösen.

---

[22]so im Hinblick auf die ursprüngliche Funktion des Legalitätsprinzips F.C. Schroeder in Festschrift für Peters 1974, S. 411 (422).
[23]Krey, StPO Band 2, Rn. 197.
[24]Krey, StPO Band 1, Rn. 469.
[25]Krey, StPO Band 1, Rn. 470.
[26]BVerwG JZ 1985, S. 523, 525; Kühne, StPO, Rn. 131.
[27]Ernesti, NStZ 1983, S. 57, 61; Kleinknecht/Meyer-Goßner, StPO, § 163 Rn. 1; Krey, StPO Band 1, Rn. 471.
[28]Krey, StPO Band 1, Rn. 471.
[29]Kühne, StPO, Rn. 306.

Der StA kommt zudem die Funktion eines *Rechtspflegeorgans*[30] zu. Der BGH[31] betont hierzu, die StA sei ein *„dem Gericht gleichgeordnetes Organ der Strafrechtspflege“*; und das Bundesverfassungsgericht[32] spricht von ihrer *“organischen Eingliederung in die Justiz, von der sie ein wesentlicher Bestandteil gerade auch im Rechtsstaat“* sei. Darüber hinaus wäre die Polizei ohne die Herrschaft der *StA als* ***„Wächter des Gesetzes“*** *im Bereich der Strafverfolgung* eine wahre Übermacht. Diese Machtfülle wäre aber rechtsstaatlich nicht tolerabel.[33]

D. Durchbrechung des Legalitätsprinzips durch das Opportunitätsprinzip

Es gibt zahlreiche gesetzliche Ausnahmen, die das Legalitätsprinzip durchbrechen und statt dessen an die Stelle von Verfolgungs- und Anklagezwang ein *Wahlrecht* treten lassen. Diese gesetzlichen Ausnahmen vom Legalitätsprinzip werden dem ***Opportunitätsprinzip*** zugeordnet. Opportunität im Sinne einer Wahlmöglichkeit umfasst das Recht, nach pflichtgemäßem Ermessen zwischen Anklageerhebung und Verfahrenseinstellung auch dann auszuwählen, wenn hinreichender Tatverdacht besteht[34]. Dieses Wahlrecht bedeutet aber nicht die Freiheit von Verfolgungspflicht. Die Opportunität öffnet keinesfalls freien Erwägungen der Zweckmäßigkeit das Gebiet der Strafverfolgung[35]. Die Verfolgungspflicht ist nur im Rahmen der gesetzlichen Vorschriften *eingeschränkt.*

Zu beachten ist aber, dass die zahlreichen gesetzlichen Ausnahmen vom Legalitätsprinzip, die dem Opportunitätsprinzip zugeordnet werden, *auf dem Gebiet der* ***Strafverfolgung*** *nur für die* ***StA*** *gelten.*

Ausnahmen vom Legalitätsprinzip finden sich im Erwachsenenstrafrecht

- in §§ 153 - 154 e StPO (allgemeine Einstellungsmöglichkeiten)[36],
- in §§ 374 i.V.m. 376 StPO (Privatklagedelikte)[37],
- und außerdem in den gesetzlichen Regelungen, die eingeschränkte Antragsdelikte normieren (wenn ein Strafantrag des Verletzten fehlt)[38], §§ 183 II, 230 I, 248 a, 257 IV, 259 II, 263 IV, 263 a II, 265 a III, 266 II, 266 b II, 303 c StGB.

Hervorzuheben ist, dass diese gesetzlichen Ausnahmen nur auf die StA *anwendbar* sind[39].

---

[30]BGHSt 24, S. 170, 171.
[31]BGHSt 24, S. 170, 171.
[32]BVerfGE 9, S. 223, 228.
[33]so Krey, Rechtsprobleme, Rn. 191.
[34]Krey, StPO Band 1, Rn. 394; Krey/Pföhler, NStZ 1985, S. 145, 148 f; Roxin, § 14 A I.
[35]Kühne, StPO, Rn. 309.
[36]Krey, StPO Band 2, Rn. 213 ff.
[37]Krey, StPO Band 2, Rn. 236.
[38]Krey, StPO Band 2, Rn. 135.

Für die allgemeinen Einstellungsmöglichkeiten folgt dies bereits aus dem Wortlaut der genannten Vorschriften, die nicht die Polizei erwähnen. Vielmehr steht allein der ***StA*** das Recht zu, nach pflichtgemäßem Ermessen oder im Rahmen eines gesetzlichen Beurteilungsspielraumes zwischen Anklageerhebung und Verfahrenseinstellung auch dann zu wählen, wenn hinreichender Tatverdacht besteht[40].

Auch für die Privatklagedelikte kann dies bereits dem Gesetzestext des § 376 StPO entnommen werden:

„Die öffentliche Klage wird wegen der in § 374 StPO bezeichneten Straftaten von der ***Staatsanwaltschaft*** *nur dann erhoben, wenn dies im öffentlichen Interesse liegt".*

Die StA kann somit nach pflichtgemäßem Ermessen zwischen Anklage und Einstellung unter Verweisung des Verletzten auf den Privatklageweg wählen - vorausgesetzt, es liegt ein Delikt im Sinne des § 374 I StPO vor -.

Bei den eingeschränkten Antragsdelikten wie § 230 I StGB ist allgemein anerkannt: Soweit die Normierung über eingeschränkte Antragsdelikte der ***„Strafverfolgungsbehörde"*** die Befugnis zur Strafverfolgung nach Opportunitätserwägungen einräumen, ist mit diesem Begriff *allein* die StA, nicht aber die Polizei gemeint[41].

Die Ausnahmen vom Legalitätsprinzip sind mithin auf die *Polizei unanwendbar*[42]. Hierauf wird im Folgenden noch zurückzukommen sein.

E. Konsequenzen eines Verstoßes gegen das Legalitätsprinzip: Strafverfolgung durch Unterlassen

Bekanntlich ist ein Verstoß gegen das Legalitätsprinzip nicht nur ein Dienstvergehen. Vielmehr kommt auch eine strafrechtliche Verantwortlichkeit in Betracht. Dabei stellt sich die Frage, nach welchen Vorschriften sich die Polizei in diesen Fällen strafbar machen kann.

In Betracht kommt eine Strafbarkeit gemäß §§ 258, 258 a StGB. Insbesondere eine Strafbarkeit wegen einer Strafvereitelung im Amt durch Unterlassen iSd.

---

[39] Festschrift für Dünnebier-Gössel, S. 121, 133; Rieß, NStZ 1981, S. 9; ders. in: Löwe/Rosenberg, StPO, § 152 Rn. 52.
[40] Krey, StPO Band 2, Rn. 212.
[41] Tröndle/Fischer-Tröndle, StGB, § 230 Rn. 4.
[42] Festschrift für Dünnebier-Gössel, S. 121, 133; Rieß, NStZ 1981, S. 9; ders. in: Löwe/Rosenberg, § 152 Rn. 52.

§§ 258 I, 258 a, 13 StGB erscheint möglich. Zur Verdeutlichung soll folgender Beispielsfall dienen:

Wie ist es zu beurteilen, wenn ein Polizeibeamter einen Stadtstreicher, der einen anderen belästigt und niedergeschlagen hat, laufen lässt, weil der Niedergeschlagene erklärt, er verzichte auf Strafanzeige und Strafantrag?

Hierzu ist folgendes zu sagen: Es ist aufgrund des bereits Festgestellten evident, dass es *nicht* im Aufgabenbereich eines Polizeibeamten liegt, eigenmächtig das Verfahren einzustellen[43]. Die Polizei ist vielmehr aufgrund des Legalitätsprinzips im Beispielsfall dazu verpflichtet, die Ermittlungen mindestens soweit voranzutreiben, dass eine Entscheidung der StA gemäß § 230 StGB möglich ist. Für die Polizei besteht also die Pflicht, bei zureichenden tatsächlichen Anhaltspunkten dafür, dass sich eine Straftat ereignet habe verdachtsaufklärend einzuschreiten und einer Beweisverdunkelung vorzubeugen[44].

Im Beispielsfall hätte der Polizeibeamte den Stadtstreicher somit nicht eigenmächtig laufen lassen dürfen. Weil § 163 StPO eine *Garantenposition iSd. § 13* StGB für die Strafrechtspflege begründet, hat sich der Polizist hier wegen einer *Strafvereitelung im Amt durch Unterlassen (§§ 258 I, 258 a, 13 StGB)* strafbar gemacht.

Dieses Ergebnis untermauert die oben bereits festgestellte Tatsache, dass die gesetzlichen Ausnahmen vom Legalitätsprinzip auf die Polizei nicht anwendbar sind. Die StA muss entscheiden was geschehen soll, wenn keine Strafanzeige bzw. ein Strafantrag gestellt wird.

F. Sonderproblem: § 163 StPO a.F. oder § 163 StPO n.F. als bloße Aufgabenzuweisungsnorm?

Richten wir nun den Blick auf § 163 StPO a.F. , welcher der Polizei die Aufgabe der Strafverfolgung zuweist. Diese Vorschrift statuiert hierbei, wie bereits oben dargelegt worden ist, für die Polizei als Strafverfolgungsorgan das Legalitätsprinzip. Ist nun
- wie die h.M. zur *a.F.* dieser Vorschrift annahm -
§ 163 StPO eine bloße ***Aufgabenzuweisungsnorm***[45]? Konsequenz dieser Ansicht wäre, dass die Polizei für *alle* Grundrechtseingriffe im Rahmen der Straf-

[43]Beispiel nach Krey, StPO Band 1, Rn. 467 ff.
[44]BVerfG NStZ 1982, S. 430; Schlüchter, Das Strafverfahren, S. 69, Rn. 71; Bottke, JuS 1990, S. 81.
[45]Kleinknecht/Meyer-Goßner, § 163 Rn. 1; Peters, § 24 III; Riegel, JZ 1980, S. 224 ff; Roxin, § 10 B I 2 a; SK-Rudolphi, StPO, Rn. 20 vor § 94; RGSt 38, S. 373 f; Rüping, ZStW 1983, S. 894, 904 m.w.N.; Vogel, NJW 1978, S. 1225.

verfolgung spezieller strafverfahrensrechtlicher Ermächtigungsgrundlagen bedürfe. Oder stellt § 163 StPO auch eine ***Eingriffsermächtigung***[46] für strafprozessuale Zwangsmaßnahmen der Polizei dar?

Diese Frage kann nur dann richtig beantwortet werden, wenn man den Meinungsstand zum Problem *„§ 163 StPO a.F. als Eingriffsermächtigung?“* kennt.

I. § 163 StPO in der bis Ende Oktober 2000 geltenden Fassung (a.F.) als Ermächtigungsgrundlage für strafprozessuale Grundrechtseingriffe?

1. Schwellentheorie

Sie besagte, die Polizei benötige für Eingriffe, die unterhalb der Schwelle von Zwangsbefugnissen liegen, keine besondere Eingriffsermächtigung, weil § 163 StPO a.F. dafür als Befugnisnorm ausreiche[47]. Maßnahmen, die gegenüber den eigentlichen Zwangsmaßnahmen ein weniger an Rechtsbeeinträchtigung beinhalteten, bedürften weder aus verfassungsrechtlicher Sicht noch rechtspolitisch einer Regelung durch Einzelermächtigungen[48]. *Steinke*[49] stützte diese Argumentation auf eine Entscheidung des BVerfG[50], in der es heißt,

„bei der Abgrenzung der dem Gesetzgeber vorbehaltenen wesentlichen Entscheidungen müsse mit großer Behutsamkeit vorgegangen werden und die Gefahren einer zunehmenden Vergesetzlichung müssten beachtet werden.“

Weiterhin wurde geltend gemacht, auch aus der Struktur der StPO folge, dass der Gesetzgeber nur bei Maßnahmen mit Zwangscharakter eine besondere Eingriffsbefugnis für erforderlich erachte[51].

Kernaussage der Schwellentheorie war folglich, dass lediglich Zwangsmaßnahmen einen mehr als nur leichten Eingriff darstellen. § 163 StPO (a.F.) begründete danach, ähnlich der Generalklausel für die Gefahrenabwehr, eine all-

---

[46]So schon zu § 163 StPO a.F. Schwan, VerwArch, Bd. 70 (1979), S. 109, 116 f; Steinke, DVBl. 1980, S. 438; ders. MDR 1980, S. 457 f.
[47]Schwan, VerwArch, Bd. 70 (1979), S. 109, 116 f; Ahlf, Die Polizei,S. 51; Seeber, Kriminalistik 1981, S. 205; Steinke, DVBl 1980, S. 438; Ernesti, NStZ 1983, S. 59; Rebmann, NJW 1985, S. 3.
[48]Steinke DVBl 1980, S. 438.
[49]Steinke DVBl 1980, S. 438.
[50]BVerfGE 47, S. 46 ff.
[51]Schwan, VerwArch, Bd. 70 (1979), S. 109, 116 f; Ahlf, Die Polizei,S. 51; Seeber, Kriminalistik 1981, S. 205; Steinke, DVBl 1980, S. 438; Ernesti, NStZ 1983, S. 59; Rebmann, NJW 1985, S. 3.

gemeine Befugnis zum Eingriff[52], wenn auch nur im Bereich leichterer Grundrechtseingriffe, d.h. *unterhalb der Schwelle der Erheblichkeit.*

§ 163 StPO a.F. stellte nach dieser Ansicht außerhalb des Rahmens von Zwangsmaßnahmen eine Eingriffsgeneralklausel (Ermittlungsgeneralklausel) dar. Damit sollte diese Norm Raum für polizeiliche Maßnahmen der Verbrechensaufklärung bieten. Nach *Rebmann*[53] konnte § 163 StPO a.F. beispielsweise als „einfache" Befugnisnorm auch für solche Eingriffe dienen, *„denen nicht die Schärfe und der Schweregrad strafprozessualer Zwangsmaßnahmen beizumessen ist*[54]. Als Beispiel nannte er die provozierte Informationsgewinnung und die gezielte Observation[55]. Weil das bloße Einschleusen von verdeckt ermittelnden Polizeibeamten in eine kriminelle Szene nicht über schlicht hoheitliches Handeln hinausgehe und auch für das Sammeln von Informationen, das generelle Beobachten strafrechtsrelevanter Vorgänge und die Entgegennahme von Mitteilungen, die von verdächtigen Personen freiwillig gemacht würden, nichts anderes gelte, komme diesen Maßnahmen kein Eingriffscharakter zu, solange durch sie Persönlichkeitsrechte konkret nicht berührt seien.

Zu klären ist, ob der Schwellentheorie beigepflichtet werden konnte.

2. Diskussion der Schwellentheorie

a) Unvereinbarkeit mit dem heutigen Grundrechtsverständnis

Fraglich ist, ob die Schwellentheorie mit dem heutigen Grundrechtsverständnis übereinstimmt. Wie oben dargelegt, grenzt jene Theorie im Rahmen der Eingriffe nach Schweregraden ab, wonach nur Zwangsmaßnahmen unter den Begriff *mehr als nur leichter Eingriffe*, die über § 163 StPO hinaus spezieller Eingriffsermächtigungen bedürfen, zu subsumieren seien.

Nach heute h.M. liegt jedoch ein Eingriff vor bei allen final-unmittelbaren Beeinträchtigungen durch Rechtsakt sowie bei Realakten und sonstigen faktisch-mittelbaren Beeinträchtigungen, sofern diese zurechenbar sind (sogenannter *neuerer oder weiterer Eingriffsbegriff*[56]). Hierbei ist anerkannt, dass Grundrechte nicht nur gegen hoheitlichen *Zwang* schützen[57]. Demgemäss legt *Wesslau*

---

[52] Ahlers, Grenzbereich, S. 40 f.
[53] Rebmann NJW 1985, S. 3.
[54] Rebmann NJW 1985, S. 3.
[55] Rebmann NJW 1985, S. 3 mit Verweisung auf Stinke DVBl 1980, S. 438; ders. MDR 1980, S. 456; Kubica - Leineweber, NJW 1984, S. 2070 ff; Gössel, JuS 1979, S. 163.
[56] BVerfGE 6, S. 273, 278; E 52, S. 42, 54; BVerwGE 71, S. 183; E 82, S. 76; E 87, S. 37; Bleckmann, Allgemeine Grundrechtslehren, § 12 Rn. 40 ff.; vgl. dazu die späteren Ausführungen zum Gesetzesvorbehalt.
[57] Gallwas, Der Staat 1979, S. 513.

zutreffend dar[58], dass heute keine ausschließliche Differenzierung dahingehend vorgenommen werde, ob der Eingriff mittels Zwang erfolgt sei.
Somit kann die Schwellentheorie schon deshalb abgelehnt werden, weil sie mit dem heutigen, zutreffenden Rechtsverständnis unvereinbar ist.

b) Abgrenzungsprobleme zwischen leichten und schwereren Grundrechtseingriffen

Die Kernaussage der Schwellentheorie zu § 163 a.F. lautete also: Im Bereich *leichterer* Grundrechtseingriffe, die unterhalb der Schwelle von Zwangsmaßnahmen liegen, resultieren aus diesen Vorschriften Eingriffsbefugnisse.

Die These der Schwellentheorie, leichtere Grundrechtseingriffe lägen unterhalb der Schwelle von Zwangsbefugnissen und bedürften deshalb keiner *speziellen* Befugnisnorm, war jedoch in sich widersprüchlich und kann leicht widerlegt werden. Bereits im Jahre 1968 wurde in der StPO durch § 100 a eine Eingriffsbefugnis für eine sehr schwerwiegende heimliche Ermittlungsmethode geschaffen, nämlich für die Telefonüberwachung. Weil *heimliche* Maßnahmen nun dadurch gekennzeichnet sind, dass die Anwendung von *Zwang* fehlt, gleichwohl aber ein *gravierender* Grundrechtseingriff vorliegen kann, erweist sich die Schwellentheorie als von Anfang an verfehlt, soweit sie „leichtere strafprozessuale Eingriffe“ als solche ohne Zwang verstand.

Das Kriterium des Zwanges allein kann folglich kaum zur Bestimmung eines nicht nur „leichten“ Eingriffes ausreichen. Das verdeutlichen neben § 100 a StPO insbesondere auch § 100 c I Nr. 2 und 3 StPO („Lauschangriff“).

Der Schwellentheorie konnte mithin nicht zugestimmt werden.

3. Neuere Variante der Schwellentheorie (Scholz und Pitschas)

Im Anschluss an das Urteil des Bundesverfassungsgerichts betreffend das Volkszählungsgesetz aus dem Jahre 1983[59] veröffentlichten *Scholz* und *Pitschas* eine Auffassung, die im Kern nur eine Neuformulierung der soeben abgelehnten Schwellentheorie darstellt. *Scholz* und *Pitschas*[60] behaupteten, dass die bisherigen Rechtsgrundlagen für die Informationstätigkeit durch die Polizei ausreichend seien. Die Schaffung neuer *besonderer* Vorschriften sei insoweit nicht erforderlich[61]. Die Voraussetzungen und Grenzen z.B. der Observation, der Identitätsfeststellung und die Kriterien bzw. das Verfahren der erkennungs-

[58] Wesslau, Vorfeldermittlungen, S. 167.
[59] BVerfGE 65, S. 1; vgl. dazu die späteren Ausführungen.
[60] Scholz/Pitschas, Informationsverantwortung, S. 103 ff.
[61] Scholz/Pitschas, Informationsverantwortung, S. 173.

dienstlichen Behandlung würden nach Ansicht von *Scholz* und *Pitschas*[62] auch zukünftig vom geltenden Polizeirecht und der StPO in Übereinstimmung mit dem Verfassungsrecht ausreichend präzise bestimmt. Sogar der Datenabgleich zwischen Polizeivollzugsdienst und anderen öffentlichen Dienststellen sowie privaten Dritten werde durch die bereits bestehenden Regelungen auch in der Zukunft gedeckt sein[63].

Auch das Recht auf informationelle Selbstbestimmung ändere nichts an der Zulässigkeit von Generalklauseln und führe nicht zu deren Verfassungswidrigkeit[64]. Insbesondere habe das Bundesverfassungsgericht in seinem Volkszählungsurteil[65] die Verwendung von Generalklauseln bei nur sehr weitläufig bestimmbarer Zwecksetzung

- was gerade im Hinblick auf den Schutz der „inneren Sicherheit" zutreffe[66] -

ausdrücklich für zulässig erklärt[67]. Zudem bestehe auch kein gesonderter Parlamentsvorbehalt für die Datenverwertung[68].

Begründet wurde dies damit, dass es eine *„eigenständige staatliche Aufgabe der Informationsvorsorge"* gebe[69]. Das Bundesverfassungsgericht ordne die Informationsbeschaffung und -verarbeitung zu Unrecht als Annex einer jeweiligen Staatsaufgabe ein[70]. Dem Grundrecht auf informationelle Selbstbestimmung sei das Interesse der Verwaltung an der Verfügbarkeit von Daten entgegenzuhalten[71]. Die Polizei benötige für eine Verarbeitung der Daten das Vorliegen einer *„Informationsvorsorge"*, damit im Konfliktfall *„wirksame Leistungen in Gefahrenabwehr und Rechtsschutz"* zur Wahrung von Rechtssicherheit und Rechtsfrieden erbracht werden können[72].

Daraus schlossen *Scholz* und *Pitschas*, dass die grundrechtliche Sicherheit in staatlicher Verantwortung zugleich die staatliche Informationsvorsorge mitumfasse[73]. Kernaussage von *Scholz/Pitschas* war, dass keine neuen Rechtsgrundla-

---

[62]Scholz/Pitschas, Informationsverantwortung, S. 173.
[63]Scholz/Pitschas, Informationsverantwortung, S. 173.
[64]Scholz/Pitschas, Informationsverantwortung, S. 173.
[65]vgl. dazu BVerfGE 65, S. 1 ff.
[66]Scholz/Pitschas, Informationsverantwortung, S. 173 f.
[67]Scholz/Pitschas, Informationsverantwortung, S. 30 ff, S. 173 f unter Verweis auf BVerfGE 65, S. 1, 45 f.
[68]Scholz/Pitschas, Informationsverantwortung, S. 174.
[69]Scholz/Pitschas, Informationsverantwortung, S. 104.
[70]Scholz/Pitschas, Informationsverantwortung, S. 104.
[71]Scholz/Pitschas, Informationsverantwortung, S. 103.
[72]Scholz/Pitschas, Informationsverantwortung, S. 108.
[73]Scholz/Pitschas, Informationsverantwortung, S. 111 f.

gen für die polizeiliche Informationstätigkeit geschaffen werden müssten, insbesondere keine speziellen Eingriffsbefugnisse[74]. Denn

„...*das Maß der erforderlichen Informationen lässt sich aber nicht durch den Gesetzgeber nach Art und Menge vorab bestimmen... Hier beginnt vielmehr die Zone eigenständiger polizeilicher Informationsverantwortung.*“[75]

Fraglich ist, ob dieser Ansicht beigepflichtet werden konnte.

4. Diskussion der Ansicht von Scholz/Pitschas

Diese Meinung verkennt die aus dem Volkszählungsurteil des Jahres 1983[76] zu ziehende Konsequenz, jede staatliche Befassung mit personenbezogenen Daten erfordere eine gesetzliche Eingriffsermächtigung, die normenklar und verhältnismäßig sein müsse.
Das Bundesverfassungsgericht hat dazu festgestellt:

„Diese Beschränkungen bedürfen... einer gesetzlichen Grundlage, aus der sich die Voraussetzungen und der Umfang der Beschränkungen klar und für den Bürger erkennbar ergeben und die damit dem rechtsstaatlichen Gebot der Normenklarheit entspricht...“[77]

§ 163 StPO a.F. konnte diesen Anforderungen gerade nicht entsprechen, weil er zu pauschal formuliert war.

Scholz/Pitschas ließen mithin den Gesetzesvorbehalt für informationelle Maßnahmen schlechthin leer laufen[78].

5. Zur Lehre vom „Übergangsbonus“ für § 163 StPO a.F.

Nach Erlass des *Volkszählungsurteils des BVerfG*[79] wurde von vielen die Lehre vom „*Übergangsbonus für den Gesetzgeber*“[80] vertreten. Mit ihr sollte erreicht werden, dass strafprozessuale Ermittlungsmaßnahmen wie Observation, Einsatz von VP, Rasterfahndung etc. weiterhin *trotz* (damaligen, z.T. - so VP-Einsatz -

[74]Scholz/Pitschas, Informationsverantwortung, S. 173.
[75]Scholz/Pitschas, Informationsverantwortung, S. 175.
[76]BVerfG in EuGRZ 1983, S. 577 f.
[77]BVerfGE 65, S. 44.
[78]so auch Wesslau, Vorfeldermittlungen, S. 169
[79]BVerfGE 65, S. 1 ff.
[80]vgl. Krey, Miyazawa-Festschrift, S. 603, Fn. 48.

auch heute noch anhaltenden) ***Fehlens spezialgesetzlicher*** Ermächtigungen eingesetzt werden konnten[81].

Dabei wurde von einigen Anhängern jener Lehre auf § 163 StPO (a.F.) rekurriert[82].

Ob und wieweit dieses Rekurrieren auf einen „Übergangsbonus" heute noch haltbar ist, kann für § 163 StPO dahinstehen. Denn insoweit ist der Gesetzgeber durch die Änderung dieser Vorschrift vom 02.08.2000 tätig geworden; diese Änderung sollte gerade dem im Volkszählungsurteil entwickelten „Recht auf informationelle Selbstbestimmung" gerecht werden. Demgemäss ist jedenfalls im Normbereich des § 163 StPO n.F. ein etwaiger Übergangsbonus verbraucht.

6. Hinführung zur herrschenden und zutreffenden Ansicht, § 163 StPO a.F. enthielt keine Eingriffsbefugnis

Für eine Interpretation des § 163 StPO a.F. als Ermächtigungsnorm für Maßnahmen ohne spezialgesetzliche Eingriffsermächtigung könnte folgendes sprechen: Die Normierung strafprozessualer Ermittlungsmaßnahmen, die in Grundrechte eingreifen, mittels kasuistischer Spezialermächtigungen
- wie §§ 100 a, 100 c, 110 a StPO -
ist aufgrund der Natur der Sache *lückenhaft*. Denn es wird immer wieder effektive Ermittlungsinstrumente geben, die notwendig aber noch so neuartig sind
- weil sie auf aktuelle Verbrechen reagieren -,
dass sie nicht im Katalog der geregelten Spezialbefugnisse enthalten sind. Für derartige Maßnahmen könnte § 163 StPO a.F. in der Tat auf den ersten Blick eine Auffangbefugnis darstellen.[83]

Gegen eine solche Sicht des § 163 StPO a.F. sprachen aber bereits der Wortlaut und die Gesetzessystematik:

Das *Polizeirecht* ist seiner Grundstruktur nach wie folgt abgestuft:

- Aufgabengeneralklausel z.B. § 1 POG Rheinland-Pfalz.
- Eingriffsgeneralklausel, z.B. § 9 POG Rheinland-Pfalz.
- kasuistische Spezialermächtigungen, insbesondere für schwerwiegende Grundrechtseingriffe wie Freiheitsentzug, Schusswaffengebrauch, Telefonüberwachung, Lauschangriff.

---

[81]Merten, NJW 1992, S. 354 f; Simitis - Fuckner, NJW 1990, S. 2713 ff; vgl. Rogall GA 1985, S. 1; vgl. Riegel, Polizei- und Ordnungsrecht, S. 158.
[82]aaO.
[83]vgl. nur Schwan, VerwArch, Bd. 70 (1979), S. 109, 116.

Das *Strafprozessrecht* dagegen war von Anfang an anders strukturiert. Zwar gibt es Aufgabengeneralklauseln für die StA (§§ 152 II, 160 StPO) und die Polizei (§ 163 StPO). Was die Eingriffsermächtigungen angeht, gab es jedoch im Strafverfahrensrecht bis zum Inkrafttreten der §§ 161 I, 163 I StPO *n.F.* im Jahre 2000 ***keine Eingriffsgeneralklausel.***

Mithin war es eine klare rechtspolitische Wertentscheidung des Gesetzgebers, im Strafprozessrecht auf derartige Generalklauseln zu verzichten. Diese Einsicht vernachlässigte, wer § 163 StPO a.F. als Eingriffsbefugnis oder nach der Schwellentheorie als „kleine" Generalklausel interpretierte.

Außerdem hätte eine Einordnung des § 163 StPO a.F. als Auffangbefugnis dem *Grundsatz des Vorbehaltes des Gesetzes*[84] in eklatanter Weise widersprochen. Der Grundsatz vom Gesetzesvorbehalt wird überwiegend aus dem Rechtsstaats- und Demokratieprinzip (Art. 20 I und III GG) hergeleitet, teilweise aber auch auf Verfassungsgewohnheitsrecht oder unmittelbar auf die einzelnen Grundrechte gestützt[85] und besagt, dass für belastende Maßnahmen[86] oder genauer: Grundrechtseingriffe, eine wirksame Rechtsgrundlage (Ermächtigung) vorliegen muss. *Sie muss nach Wortlaut und ratio legis die Funktion haben, zu dem fraglichen Eingriff zu ermächtigen.* Diese Voraussetzung erfüllte § 163 StPO a.F. nicht[87].

Hätte man § 163 StPO a.F. als Eingriffsgeneralklausel und damit als Auffang-Befugnisnorm für strafprozessuale Grundrechtseingriffe behandelt, so wären die Spezialbefugnisse der StPO in ihren Voraussetzungen und Begrenzungen mithin weitgehend relativiert worden. Die Strafverfolgung ist aber gerade durch die Tatsache geprägt, dass *strafprozessuale Grundrechtseingriffe im Zuge von Ermittlungen* nur kasuistisch und fragmentarisch geregelt sind.

Es gibt kein lückenloses System zulässiger strafprozessualer Ermittlungsmaßnahmen. Denn das rechtsstaatliche Credo des Strafprozessrechts lautet: ***Die Wahrheitsfindung darf nicht um jeden Preis betrieben werden***[88].

Auch Sinn und Zweck des § 163 StPO a.F. widersprachen einer Einstufung als Eingriffsermächtigung. Die Bedeutung dieser Vorschrift lag letztlich in der Klä-

---

[84]Vgl. die späteren Ausführungen zum Gesetzesvorbehalt.
[85]Erichsen, Jura 1995, S. 550, 552.
[86]Schmidt - Bleibtreu/Klein, GG, Art. 20 Rn. 10 d; v. Münch/Schnapp, GG, Art. 20 Rn. 43; Erichsen, Jura 1995, S. 551, 552.
[87]Kleinknecht/Meyer-Goßner, StPO, § 163 Rn. 1.
[88]so Kramer, NJW 1992, S. 2734.

rung des *Verhältnisses zwischen StA und Polizei*[89]. Mithin war gerade nicht beabsichtigt, Eingriffsbefugnisse zu klären.

§ 163 StPO a.F. stellte somit richtigerweise eine Aufgabenzuweisungsnorm und keine Eingriffsermächtigung für strafprozessuale Grundrechtseingriffe der Polizei dar.

II. § 163 I StPO n.F. vom August 2000 als „kleine Eingriffsgeneralklausel"?

Es fragt sich, ob und wieweit die Neufassung der §§ 161 I und 163 I StPO aus diesen Vorschriften Eingriffsgeneralklauseln gemacht hat, und zwar

- § 161 I StPO n.F. für die StA,
- § 163 I StPO n.F. für die Polizei.

Beide Bestimmungen sprechen nämlich von der *„Befugnis, Ermittlungen jeder Art vorzunehmen"*. Die Schlüsselformulierung des § 161 I S. 1 StPO n.F. lautet:

„...und Ermittlungen jeder Art selbst vorzunehmen";

Diejenige des § 163 I S. 2 StPO n.F. besagt:

„...sowie Ermittlungen jeder Art vorzunehmen...".

Zwar hatte die Problematik, ob § 163 StPO eine Eingriffsermächtigung darstellt, bereits vor dem Strafverfahrensänderungsgesetz 1999 (StVÄG 1999)[90] viel von ihrer Bedeutung verloren. Denn seit dem OrgKG (Gesetz zur Bekämpfung des illegalen Rauschgifthandels und anderer Erscheinungsformen der Organisierten Kriminalität) von 1992 sind zahlreiche kontroverse strafprozessuale Ermittlungsmaßnahmen spezialgesetzlich geregelt worden, so z.B.:

- Die Rasterfahndung, bei der bestimmte existierende Dateien nach kriminalistischen Gesichtspunkten maschinell ausgewertet werden (§§ 98 a - 98 c StPO),
- die Observation durch Lichtbilder, Bildaufzeichnungen und sonstige technische Mittel (§ 100 c I Nr. 1 b StPO),
- der sog. Lauschangriff, bei dem das nichtöffentlich gesprochene Wort abgehört und auf Tonträger aufgenommen werden darf (§ 100 c I Nr. 2 und 3 StPO),
- der Einsatz Verdeckter Ermittler (VE) in §§ 110 a ff. StPO,

---

[89] Riegel, JZ 1980, S. 226.
[90] Vom 02.08.2000.

- die Schleppnetzfahndung, bei der Daten vorübergehend gespeichert und ausgewertet werden, die bei Grenzkontrollen nach § 111 StPO anfallen (§ 163 d StPO),
- die Errichtung und Auswertung eines länderübergreifenden staatsanwaltlichen Verfahrensregisters gemäß §§ 492 ff. StPO,
- die DNA-Analyse als strafprozessuales Ermittlungsinstrument (§ 81 e StPO),
- die längerfristige Observation (§ 163 f StPO).

Durch diese spezielle Normierung zahlreicher neuer Eingriffsbefugnisse in der StPO hat sich die Diskussion darüber, ob § 163 StPO eine bloße Aufgabenzuweisung oder aber auch eine Eingriffsgeneralklausel darstellt weitgehend beruhigt.

Seit der neuen Fassung des § 163 StPO, die dieser Paragraph durch das Strafverfahrensänderungsgesetz vom August 2000 erfahren hat, ist jene Einordnungsdiskussion überholt, weil

- was im Folgenden dargestellt wird -

der Gesetzgeber die §§ 161 I und 163 I StPO durch jene Neufassung zu *„kleinen" Eingriffsgeneralklauseln* umgestaltet hat.

1. Analyse der Gesetzesmaterialien zu der Frage, ob § 163 StPO n.F. eine Ermächtigungsgrundlage darstellt

In der Begründung des Entwurfs zum Strafverfahrensänderungsgesetz heißt es[91]:

„ § 161 StPO wird zu einer Generalermittlungsklausel ausgestaltet und § 163 dieser Änderung angepasst. Die Strafprozessordnung enthält neben einzelnen speziellen Eingriffsermächtigungen für Eingriffe in grundrechtlich besonders geschützte Bereiche keine umfassende Eingriffsermächtigung, die eine Befugnis zu denjenigen Ermittlungshandlungen und -eingriffen in Rechte des Bürgers gibt, die von den Einzelregelungen nicht erfasst werden".[92]

In diesen Ausführungen zum Entwurf des StVÄG 1999 wird somit ausdrücklich dargelegt, dass nunmehr eine Ermittlungsgeneralklausel in Gestalt der §§ 161 I, 163 I StPO geschaffen werden soll.

---

[91]BT-Drucksache 14/1484, S. 16 ff.
[92]BT-Drucksache 14/1484 S. 17.

Begründet wird die Notwendigkeit der Einführung einer solchen Ermächtigungsgrundlage in die StPO in den Gesetzesmaterialien[93] wie folgt:

„...Eine abschließende legislatorische Beschreibung und Regelung all dieser sonstigen Ermittlungshandlungen und -eingriffe in einer oder mehreren Befugnisnormen war und ist angesichts der sich ständig ändernden Erscheinungsformen der Kriminalität und der Notwendigkeit, ihr in angemessener Weise zu begegnen, nicht möglich. Daher kann, soweit es um weniger gewichtige Eingriffe in Grundrechte geht, auf eine Regelung in Form einer Generalklausel nicht verzichtet werden. Eine solche - bisher fehlende - Generalklausel ist angebracht, um eine ausreichende strafprozessuale Grundlage für die Erfüllung der den Strafverfolgungsbehörden zugewiesenen Aufgaben zu schaffen."[94]

Fraglich ist allerdings, ob §§ 161 I, 163 StPO n.F. für ***alle*** Maßnahmen, die weniger intensiv in die Grundrechte eingreifen und deshalb nach Ansicht jener Entwurfsbegründung nicht notwendig in einer speziellen Eingriffsermächtigung normiert werden müssen[95], eine Eingriffsgeneralklausel darstellt oder ob von ihr nur speziell die in das allgemeine Persönlichkeitsrecht des Betroffenen eingreifenden Ermittlungsmaßnahmen erfasst werden sollen.

Für die letzte, engere Ansicht spricht folgende Passage in den Gesetzesmaterialien zum StVÄG 1999[96]:

„Die Strafverfolgungsbehörden benötigen für die Erfüllung der ihnen durch §§ 160 f. umfassend zugewiesenen Aufgaben eine klare, den ***Anforderungen des Bundesverfassungsgerichts***[97] *auch für solche mit einem Grundrechtseingriff verbundenen Ermittlungshandlungen, die weniger intensiv eingreifen... Zu den Ermittlungshandlungen jeder Art zählen z.B. die Einholung von Erkundigungen im Umfeld einer gesuchten Person sowie die nicht unter § 163 f. fallende, also kurzfristige Überwachung des Beschuldigten oder einer anderen Person (z.B. kurze Beobachtung bei der Beseitigung von Tatspuren oder Hinterhergehen oder -fahren nach zufälligem Antreffen), oder der Einsatz von sog. Scheinaufkäufern zur Aufklärung von Betäubungsmittelstraftaten..."*

Weil sämtliche der hier aufgezählten Ermittlungsmethoden in das allgemeine Persönlichkeitsrecht nach Art. 2 I GG i.V.m. Art. 1 I GG eingreifen können, spricht dies dafür, dass die neue Ermittlungsgeneralklausel gemäß §§ 161 I, 163 StPO eine generelle Ermächtigungsgrundlage für diejenigen Maßnahmen bieten

---

[93]BT-Drucksache 14/1484, S. 17 ff; BR-Drucksache 65/1/99, S. 1 ff. und 65/99, S. 1 ff.
[94]BT-Drucksache 14/1484, S. 17.
[95]BT-Drucksache 14/1484, S. 23.
[96]BT-Drucksache 14/1484, S. 23.
[97]Hervorhebung von Verfasserin.

soll, die sich zum einen weniger intensiv auswirken und zum anderen in das allgemeine Persönlichkeitsrecht des Betroffenen eingreifen.

2. Meinungsstand in der Literatur zur Frage, ob und wieweit § 163 StPO n.F. eine Ermittlungsgeneralklausel darstellt

Seit Verkündung des StVÄG 1999 wird in der Literatur nahezu einhellig die Ansicht vertreten, dass der Gesetzgeber durch §§ 161 I, 163 I StPO eine ***Ermittlungsgeneralklausel als Eingriffsermächtigung*** geschaffen habe[98].

Zwar sei auch weiterhin zu beachten, dass die StPO primär an dem Prinzip der Einzeleingriffsermächtigung festhalte[99]. Weil sich die Erscheinungsformen der Kriminalität aber stetig änderten, sei eine abschließende gesetzliche Regelung aller denkbaren Ermittlungsmethoden gar nicht möglich. Deshalb sei eine Generalklausel unabdingbar.

Allerdings können die §§ 161 I, 163 I StPO nicht uneingeschränkt für alle polizeilichen Maßnahmen, die nicht besonders gesetzlich fixiert sind, eine Ermächtigungsgrundlage darstellen. Nach Ansicht von *Beulke*[100] und *Hilger*[101] sind die §§ 161 I, 163 I StPO vielmehr nur für diejenigen Maßnahmen eine Eingriffsgeneralklausel, die *weniger intensiv in die Grundrechte des Bürgers eingreifen.*

Begründet wird dies damit, §§ 161 I, 163 I StPO könnten keinen Ersatz für eine *verfassungsrechtlich oder strafprozessual erforderliche Einzeleingriffsermächtigung für „tiefer" in Grundrechte eingreifende Maßnahmen darstellen*[102]. Dem stehe nämlich der Wille des Gesetzgebers entgegen. Nach diesem sei schon für eine längerfristige Observation des Beschuldigten, eine Durchsuchung oder eine Beschlagnahme eine Einzeleingriffsermächtigung notwendig (§§ 163 f., 102 - 104, 94 StPO). Somit sei festzuhalten, dass §§ 161 I, 163 I StPO nur in sehr beschränktem Unfang eine Ermittlungsgeneralklausel darstellten:

„...Nur solche Grundrechtseingriffe können als von §§ 161 I, 163 I StPO gedeckt angesehen werden, die in ihrer verfassungsrechtlichen und strafprozessualen Bedeutung ***unterhalb der Schwelle*** [103] *derartiger Ermittlungsmaßnahmen liegen."*[104]

---

98 Beulke, StPO, Rn. 104; Brodersen, NJW 2000, 2536; Hilger, NStZ 2000, 561, 563.
99 Beulke, StPO, Rn. 104.
100 Beulke, StPO, Rn. 104.
101 Hilger. NStZ 2000, S. 564.
102 Beulke, StPO, Rn. 104.
103 Hervorhebung von Verfasserin.
104 Beulke, StPO, Rn. 104.

Letztlich kann die Frage offen bleiben, ob der Ansicht von *Hilger*, der in §§ 161 I, 163 I StPO eine generelle Ermittlungsgeneralklausel für weniger schwerwiegende Eingriffe in die Grundrechte des Betroffenen sieht, oder aber der einschränkenden Meinung, §§ 161 I, 163 StPO bieten eine Ermittlungsgeneralklausel für weniger intensive Maßnahmen, die speziell in das allgemeine Persönlichkeitsrecht des Betroffenen eingreifen, gefolgt werden soll. Die allermeisten Ermittlungsmaßnahmen der Polizei - so zum Beispiel die Einholung von Erkundigungen usw. - greifen ohnehin in das allgemeine Persönlichkeitsrecht gemäß Art. 2 i GG i.V.m. Art. 1 I GG ein. Eine strenge Differenzierung zwischen den beiden Ansichten ist m.E. folglich nicht zwingend, weil die Grenzen fließend sind.

Mit dem Strafverfahrensänderungsgesetz 1999 hat der Gesetzgeber die leidvolle jahrelange Diskussion über die Frage einer Ermittlungsgeneralklausel in gewissem Umfang beendet. Zudem hat sich der Meinungsstand hinsichtlich der Einordnungsfrage des § 163 I StPO n.F. als Eingriffsgeneralermächtigung an die oben dargelegte „Schwellentheorie" angenähert. Weil § 163 I StPO n.F. nun für weniger schwerwiegende Eingriffe in die Grundrechte des Bürgers eine Ermittlungsgeneralklausel als Befugnisnorm darstellt, zeigt sich, dass die Schwellentheorie eine gewisse Bestätigung durch den Gesetzgeber erfahren hat. Denn die Schwellentheorie besagte ja: Aus § 163 StPO ließen sich zumindest Eingriffsbefugnisse unterhalb einer gewissen Intensitätsschwelle herleiten.

3. Zusammenfassende Darstellung der Interpretationsmöglichkeiten des § 163 StPO n.F.

Die neue Fassung des § 163 StPO erlaubt

- wie oben festgestellt -

verschiedene Interpretationsmöglichkeiten:

a) Entweder ermächtigt sie nur zu *leichteren Eingriffen in das allgemeine Persönlichkeitsrecht,* so zum Beispiel Nachbarbefragungen oder die Ausforschung durch V-Personen.

Diese Art der Eingriffe wurden schon immer vorgenommen. Soweit sie aber bislang noch nicht gesetzlich geregelt waren, kann man nun feststellen, § 163 StPO n.F. solle jetzt diese leichteren Informationseingriffe gesetzlich erfassen und für sie eine Ermächtigungsgrundlage darstellen. Insoweit wollte der Gesetzgeber mit 163 StPO n.F. auf dem Gebiet der leichteren Informationseingriffe Klarheit schaffen.

b) Oder aber man wollte mit § 163 StPO n.F. ganz im Sinne der oben erläuterten *Schwellentheorie* ganz allgemein alle leichteren Eingriffe erfassen.

Wie bereits erwähnt, dürfte die Frage, ob der Version a) oder b) zu folgen ist, keine nennenswerte Praxisrelevanz besitzen. Wollte man sie gleichwohl entscheiden

- und sei es auch nur vorsorglich -

so sollte man die engere Interpretation a) wählen, u.z. aus den folgenden Gründen:

Erstens ist eine Eingriffsgeneralklausel im Strafverfahrensrecht systemwidrig und daher nur bei sehr *enger* Interpretation tolerabel. Für eine solche ausgesprochen restriktive Deutung der neugefassten §§ 161 I, 163 I StPO spricht zweitens auch der verfassungsrechtliche Grundsatz der Normklarheit als rechtsstaatliches Bestimmtheitsgebot für Eingriffsermächtigungen. Dieses Bestimmtheitsgebot ist durch die diversen Eingriffsgeneralklauseln jener Vorschriften allenfalls dann nicht verletzt, wenn man sie so weit wie möglich eng interpretiert.

4. Konsequenz für unsere Thematik der vorbeugenden Verbrechensbekämpfung

Durch die Neufassung der §§ 161 I, 163 I StPO dürfte geklärt sein, dass der VP-Einsatz eine legale strafprozessuale Ermittlungsmaßnahme ist. Dasselbe gilt für kurzfristige Observationen, namentlich aber auch für den Einsatz von Scheinaufkäufern (dazu unten).

Diese

- sei es konstitutive, sei es deklaratorische -

Legalisierung der vorgenommenen strafprozessualen Ermittlungsmaßnahmen hat nun namentlich die folgenden Konsequenzen für das Verhältnis Strafverfahrensrecht /Polizeirecht und die Verfahrensherrschaft der StA gegenüber der Polizei:

a) Die wirkliche oder vermeintliche Notwendigkeit, hier auf Landespolizeirecht auszuweichen, besteht nicht mehr.

b) Die Polizei kann sich etwaigen Weisungen der StA nicht unter Berufung auf die fehlende Legalität jener Maßnahmen entziehen.

Damit sind die Maßgeblichkeit der StPO und die Verfahrensherrschaft der StA durch jene Neuregelung gestärkt worden.

G. Gesetzgebungskompetenz

Auf dem Gebiet des Strafverfahrensrechtes im allgemeinen und für strafprozessuale Zwangsmaßnahmen im besonderen besitzt der Bund gemäß Art. 74 Nr. 1, 72 I , II GG die Gesetzgebungskompetenz (sogenannte *konkurrierende Gesetzgebung)*[105].

Im Rahmen dieser konkurrierenden Gesetzgebungskompetenz gilt gemäß Art. 72 I GG der Grundsatz, dass die Länder nicht mehr die Befugnis zur Gesetzgebung haben, sobald der Bund von seiner ihm zustehenden Gesetzgebungsbefugnis Gebrauch gemacht hat. Durch Schaffung der StPO hat der Bund sein ihm zustehendes Gesetzgebungsrecht unter Ausschluss ergänzenden Landesstrafprozessrechts *abschließend* ausgeübt. Somit gestatten weder spezielle landespolizeirechtliche Eingriffsnormen (etwa für die Observation) noch die polizeiliche Generalklausel *strafprozessuale Zwangsmaßnahmen.*

Diese abschließende Funktion der StPO findet auch in § 6 EG StPO („***Kodifikationsprinzip***[106]") expressis verbis Ausdruck. Schließlich ist eine subsidiäre Anwendung des Polizeirechts der Länder auf dem Gebiet der repressiven Strafverfolgung auch mit Rücksicht auf die Änderungen der StPO in den letzten Jahren nicht mehr möglich[107], was u.a. Regelungen wie §§ 163 b, 163 c StPO verdeutlichen[108], zudem Neuregelungen wie § 163 f StPO.

Ergebnis: Den Ländern stehen auf dem Gebiet der Strafverfolgung keine Gesetzgebungskompetenzen zu.

H. Resümee

§ 163 StPO statuiert für die Polizei als Strafverfolgungsorgan das Legalitätsprinzip. Es besteht also eine gesetzliche Verpflichtung der Polizei zur Straftatenverfolgung. Im Rahmen dieser Strafverfolgung ist die Polizei auf die ihr durch die StPO eingeräumten Befugnisse beschränkt. Deshalb ist ein *Rückgriff auf das landesrechtlich geregelte Polizeirecht* bei der Strafverfolgung *ausgeschlossen.*

---

[105]Krey, StPO Band 1, Rn. 465.
[106]Steiner-Schenke, Besonderes Verwaltungsrecht, II Rn. 70.
[107]Kleinknecht/Meyer - Goßner, StPO, § 6 EG StPO, Rn. 1; Götz, NVwZ 1984, S. 212; Rogall, GA 1985, S. 7.
[108]vgl. Rüping, Das Strafverfahren, S. 34; Krey, StPO Band 1, Rn. 487.

Neben die „repressive“ Tätigkeit der Polizei als Strafverfolgungsorgan gemäß der StPO aufgrund des *„Anfangsverdachts“* einer Straftat treten weitere polizeiliche Funktionen im Rahmen der „vorbeugenden Verbrechensbekämpfung“. Die polizeiliche Verhinderung von Straftaten kann nicht erst im Zeitpunkt der Verfolgung beginnen. Sonst würde die Polizei den Straftätern immer nur „hinterher hinken“. Das Ziel jeder effektiven Verhinderung von Straftaten ist ja gerade eine zeitlich vorgelagerte Abwehr.

§ 4 Präventive Aufgaben der Polizei

A. Regelfall: Polizei als Ländersache

Die Polizei handelt auf dem Gebiet der Verbrechensbekämpfung nicht nur repressiv. Vielmehr wird sie auch zum Zwecke der *Gefahrenabwehr* tätig.[109] Die Polizei agiert hierbei *präventiv.* Dies ist von Haus aus ihre originäre Funktion, mag auch die Aufgabe der Strafverfolgung inzwischen faktisch dominieren.

Geht es um die Abwehr von Gefahren, so ist für das Handeln der Polizei der Länder *allein das landesrechtlich geregelte Polizeirecht* einschlägig. Beispielhaft für die in anderen Bundesländern ähnlich lautende Formulierung sei hier § 1 I S. 1 des Polizei- und Ordnungsbehördengesetzes des Landes Rheinland-Pfalz (im Folgenden POG RP genannt) in der Fassung vom 10.11.1993 angeführt:

„Die allgemeinen Ordnungsbehörden und die Polizei haben die Aufgabe, Gefahren für die öffentliche Sicherheit oder Ordnung abzuwehren.“

§ 1 I S. 1 POG RP ist allerdings lediglich eine ***allgemeine polizeiliche Aufgabenzuweisungsnorm*** (Aufgabengeneralklausel). Eine Befugnisnorm stellt diese Vorschrift nicht dar; aus ihr dürfen keine Eingriffsermächtigungen zu belastenden Verwaltungsakten, d.h. zu Grundrechtseingriffen, hergeleitet werden. Begründet wird dies richtigerweise damit, dass § 1 I S. 1 POG RP, aber auch die allgemeinen Aufgabenzuweisungsnormen der anderen Länder, keinerlei Eingriffsermächtigung enthalten[110].

Vielmehr werden die Aufgabenzuweisungsnormen der Länder durch die sogenannte ***polizeiliche Generalklausel*** ergänzt, die zu entsprechenden Eingriffen ermächtigt (Eingriffsgeneralklausel). In Rheinland-Pfalz findet sich die folgende Regelung in § 9 I S. 1 POG RP:

---

[109]Krey, StPO Band 1, Rn. 460 ff.
[110]Krey, StPO Band 1, Rn. 461.

„Die allgemeinen Ordnungsbehörden und die Polizei können die notwendigen Maßnahmen treffen, um eine im einzelnen Fall bestehende ***Gefahr für die öffentliche Sicherheit oder Ordnung abzuwehren***[111]*, soweit nicht die §§ 10 bis 25 g ihre Befugnisse besonders regeln."*

Ein Paradebeispiel für die Gefahrenabwehr durch die Polizei ist die Verhinderung bevorstehender Straftaten. Hier sei nur an den sogenannten finalen Todesschuss

- euphemistisch „finaler Rettungsschuss" genannt -

gegenüber einem Geiselnehmer zur Rettung des Lebens der Geiseln erinnert.

Der finale Todesschuss ist in einigen Ländern ausdrücklich geregelt, beispielsweise in Rheinland-Pfalz in § 63 II S. 2 POG oder auch in Bayern in Art. 66 II des Gesetzes über die Aufgaben und Befugnisse der Bayerischen Staatlichen Polizei (im Folgenden PAG Bayern genannt). Letztere Vorschrift lautet:

„Schusswaffen dürfen gegen Personen nur gebraucht werden, um sie angriffs- oder fluchtunfähig zu machen. Ein Schuss, der mit an Sicherheit grenzender Wahrscheinlichkeit tödlich wirken wird, ist nur zulässig, wenn er das einzige Mittel zur Abwehr einer gegenwärtigen Lebensgefahr oder der gegenwärtigen Gefahr einer schwerwiegenden Verletzung der körperlichen Unversehrtheit ist."

§ 9 I S. 1 POG RP, die polizeiliche Generalklausel, erlaubt daher beispielsweise den Erlass von Verwaltungsakten zur Verhinderung von Verbrechen als Maßnahme der ***Gefahrenabwehr***.

B. Ausnahme: Gefahrenabwehr durch die Polizeibehörden des Bundes

Nur ausnahmsweise werden Gefahrenabwehraufgaben durch den Bund wahrgenommen. Gemäß Art. 87 I S. 2 GG können Sonderpolizeibehörden des Bundes errichtet werden, so zum Beispiel das Bundeskriminalamt oder der Bundesgrenzschutz.

Gemäß § 1 I BKAG unterhält der Bund ein Bundeskriminalamt zur Zusammenarbeit des Bundes und der Länder in kriminalpolizeilichen Angelegenheiten. § 1 III BKAG bestimmt hierbei:

---

[111]Hervorhebung von Verfasserin.

„Die Verfolgung sowie die Verhütung von Straftaten und die Aufgaben der sonstigen Gefahrenabwehr bleiben Sache der Länder, soweit gesetzlich nichts anderes bestimmt ist."

Der Bundesgrenzschutz wird iSd. § 1 I BGSG in bundeseigener Verwaltung geführt und ist eine Polizei des Bundes im Geschäftsbereich des Bundesministeriums des Inneren. Gemäß § 2 II Nr. 2 c BGSG umfasst der Grenzschutz auch die *Abwehr von Gefahren.*

Sie ist die primäre Aufgabe des Bundesgrenzschutzes (BGS). Das zeigt § 2 II Nr. 2 c BGSG. Nur sekundär hat der BGS auch die Funktion als Strafverfolgungsorgan, und zwar hauptsächlich auf dem Gebiet der Grenzfahndung (§ 2 II Nr. 2 b BGSG); insoweit sind seine Polizeivollzugsbeamten Polizei iSd. § 163 StPO.

Demgegenüber dient das Bundeskriminalamt (BKA) nur sekundär der Gefahrenabwehr. Gemäß § 1 III BKAG bleiben die Verfolgung sowie die Verhütung von Straftaten und die Aufgaben der *sonstigen Gefahrenabwehr*[112] Sache der Länder, soweit gesetzlich nichts anderes bestimmt ist. Zur Unterstützung der Polizeien des Bundes und der Länder bei der Verhütung und Verfolgung von Straftaten sowie der Gefahrenabwehr unterhält das BKA als Zentralstelle gemäß § 2 IV BKAG zentrale Einrichtungen und Sammlungen.

Der BGS und das BKA sollen hier aber nicht näher betrachtet werden, weil die Wahrnehmung der Gefahrenabwehr durch die Polizei der *Länder* den Regelfall präventiv-polizeilicher Gefahrenabwehr bildet.

C. Gesetzgebungskompetenz

Die Gesetzgebungskompetenz für das polizeiliche Handeln auf dem Gebiet der Gefahrenabwehr fällt anders als bei der Strafverfolgung grundsätzlich in den Zuständigkeitsbereich der Länder. Dies folgt aus dem Grundsatz, dass die Länder gemäß Art. 30, 70 GG die Gesetzgebungskompetenz haben, soweit das Grundgesetz keine Gesetzgebungskompetenz des Bundes begründet.[113] Nur ausnahmsweise sind auf dem Gebiet der polizeilichen Gefahrenabwehr bundesgesetzliche Regelungen anzutreffen, so zum Beispiel hinsichtlich des Bundeskriminalamtes das BKA-Gesetz und hinsichtlich des Bundesgrenzschutzes das BGS-Gesetz. Im übrigen fehlt eine bundesgesetzliche Regelung auf dem Gebiet der polizeilichen Gefahrenabwehr. Hieraus folgt eine *ausschließliche Landeszuständigkeit auf dem Gebiet des allgemeinen Polizeirechtes.*

[112]Hervorhebung von Verfasserin.
[113] Jarass/Pieroth-Pieroth, GG, Art. 70 Rn. 11.

D. Voraussetzungen der polizeilichen Maßnahmen zur Gefahrenabwehr

Welche Voraussetzungen verlangt nun das polizeiliche Einschreiten auf dem Gebiet der Gefahrenabwehr? Zu beachten ist, dass die Gefahrenabwehr nach der polizeilichen Generalklausel klassischen Grundregeln folgt. So verlangen Maßnahmen zur Gefahrenabwehr das Vorliegen einer konkreten beziehungsweise unmittelbaren *Gefahr* und einen Störer. Diese Voraussetzungen werden im Folgenden einer näheren Betrachtung unterzogen, weil sie auch für die spätere Klärung des Begriffs der *vorbeugenden Verbrechensbekämpfung* von Bedeutung sind.

I. Gefahrbegriff

Unter einer Gefahr im Sinne der Polizeigesetze der Länder wird eine Sachlage verstanden, in der bei ungehindertem Ablauf des Geschehens in absehbarer Zeit mit hinreichender Wahrscheinlichkeit ein Schaden für eines der Schutzgüter öffentliche Sicherheit oder Ordnung eintreten wird.[114] Auch eine Störung kann mittels der Maßnahmen der Gefahrenabwehr beseitigt werden, wenn von dem eingetretenen Schaden eine in die Zukunft wirkende Gefährdung ausgeht[115].

Die Frage nach dem Vorliegen einer konkreten oder aber abstrakten Gefahr ist entscheidend für die Handlungsmöglichkeiten, die den Gefahrenabwehrbehörden zustehen.

1. Gefahrenarten

a) Abstrakte und konkrete Gefahr

Die ***abstrakte*** Gefahr ist eine nach allgemeiner Lebenserfahrung oder den Erkenntnissen fachkundiger Stellen mögliche Sachlage, die im Falle ihres Eintritts eine konkrete Gefahr darstellt.[116] Die abstrakte Gefahr genügt für den Erlass von Polizeiverordnungen; in vielen Ländern werden sie auch als Gefahrenabwehrverordnungen oder ordnungsbehördliche Verordnungen bezeichnet[117]. Dies

---

[114] Brandt/Smeddinck, Jura 1994, S. 225 (227); VG Münster, NWVBL. 1991, S. 317; Gerhardt, Jura 1987, S. 521; Roller, DVBl. 1993, S. 20 f.; OVG Koblenz, NVwZ 1992, S. 499; Schmidt/Aßmann-Friauf, Rn. 45; Rasch, HSOG, § 1 Rn. 6; Steiner-Schenke, Besonderes Verwaltungsrecht, Rn. 46; Schneider DVBl. 1980, S. 406; Martens DVBl. 1981, S. 597; Brandt/Smeddinck Jura 1994, S. 226, 227.

[115] Schoch, JuS 1994, S. 667.

[116] vgl. OVG Bremen, DÖV 1993, S. 576; Lisken/Denninger-Denninger, Handbuch des Polizeirechts, E Rn. 32 f.

[117] Prümm/Sigrist, Allgemeines Sicherheits- und Ordnungsrecht, Rn. 348.; vgl. die Nachweise bei Schenke, Rn. 209.

ist landesgesetzlich festgelegt, so z.B. in §§ 9 I S. 2, 26 POG RP oder in § 59 I des Saarländischen Polizeigesetzes. Letzterer lautet:

„Die Polizeiverwaltungsbehörden können zur Gefahrenabwehr (§ 1 II) Polizeiverordnungen erlassen."

Umschreiben kann man die Verordnungen als Ge- oder Verbote zur Abwehr von Gefahren für die öffentliche Sicherheit oder Ordnung an eine unbestimmte Anzahl von Personen für eine unbestimmte Zahl von Fällen[118]. Im Unterschied zur Verfügung, die sich auf eine konkrete Gefahr bezieht, bezweckt die Gefahrenabwehrverordnung die Bekämpfung *abstrakter* Gefahren. Ein typisches Beispiel für eine Verordnung stellt eine „Taubenfütterungsverbot-Verordnung" dar. Sie untersagt das Füttern verwilderter Haustauben zwecks Verhütung der von ihnen ausgehenden Gesundheitsgefahren im Stadtgebiet.

Die Verordnungen können ein *eigenständiges Instrumentarium* zur Gefahrenabwehr aufweisen. Sie können ebenso wie Gesetze zur Gefahrenabwehr z.B. eine Tätigkeit der Erlaubnispflicht unterwerfen. Instrumentarien sind dabei die Erlaubnisversagung, Nebenbestimmung, nachträgliche Anordnung, Aufhebung der Erlaubnis und Verbot bei Illegalität[119].

Abzugrenzen ist die Verordnung von der Allgemeinverfügung iSd. § 35 S. 2 VwVfG[120], die nur einen Unterfall des VA bildet. Denn in § 35 S. 2 VwVfG verweist die Formulierung *„Allgemeinverfügung ist ein VA, der..."* auf den VA-Begriff[121] in § 35 S. 1 VwVfG. Die Allgemeinverfügung existiert in drei Spielarten:

1. Bei der ***adressatenbezogenen*** Allgemeinverfügung (§ 35 S. 2, 1. Alt. VwVfG) betrifft die konkrete Regelung einen bestimmten oder bestimmbaren Adressatenkreis.
2. Die ***sachbezogene*** Allgemeinverfügung (§ 35 S. 2 2. Alt. VwVfG) regelt die öffentlich-rechtliche Eigenschaft einer Sache.
3. Die ***benutzungsregelnde*** Allgemeinverfügung (§ 35 S. 2, 3. Alt. VwVfG) beinhaltet die Regelung der Benutzung einer Sache durch die Allgemeinheit.

Im Regelfall dürfte die Unterscheidung Polizeiverordnung/Allgemeinverfügung aber keine Probleme bereiten, weil nach den gesetzlich geregelten Formvorschriften die Verordnung in der Überschrift als solche bezeichnet wird, siehe dazu § 36 Nr. 2 POG RP:

---

118 Prümm/Sigrist, Allgemeines Sicherheits- und Ordnungsrecht, Rn. 348.
119 vgl. auch Schoch, JuS 1995, S. 219 ff.
120 Schoch JuS 1995, S. 219.
121 Anmerkung: VA=Verwaltungsakt.

„Gefahrenabwehrverordnungen müssen... in der Überschrift als Gefahrenabwehrverordnung bezeichnet werden."

Eine ***konkrete*** Gefahr hingegen ist Voraussetzung für eine auf die Generalklausel gestützte Einzelfallmaßnahme zur Gefahrenabwehr. Unter einer konkreten Gefahr wird die in einem *„einzelnen Falle"* bestehende Gefahr verstanden. Ausdrücklich festgelegt ist dies zum Beispiel in Art. 11 I PAG Bayern:

*„Die Polizei kann die notwendigen Maßnahmen treffen, um **eine im einzelnen Fall**[122] bestehende Gefahr für die öffentliche Sicherheit oder Ordnung (Gefahr) abzuwehren, soweit nicht die Art. 12 bis 48 die Befugnisse der Polizei besonders regeln."*

b) Anscheinsgefahr

Auch die Anscheinsgefahr kann für das polizeiliche Einschreiten zum Zwecke der Gefahrenabwehr genügen. Eine Anscheinsgefahr ist zu bejahen, wenn die Gefahrenabwehrbehörde im Zeitpunkt ihres Handelns bei verständiger Würdigung der objektiven Anhaltspunkte eine Gefahrenlage annehmen durfte, auch wenn sich nachträglich herausstellt, dass eine Gefahr in Wahrheit nicht bestand[123].

Ein Beispiel für eine Anscheinsgefahr bietet eine Entscheidung des OVG Hamburg[124]:

Ein drei Monate alter Löwe wurde von einer Person ausgeführt. Die Polizei erhielt die telefonische Nachricht, in der Stadt laufe ein junger Löwe herum, woraufhin ein polizeilicher Sucheinsatz mit 12 Streifenwagen veranlasst wurde. Als der Ausführer hiervon über eine Rundfunkdurchsage erfuhr, meldete er der Polizei, dass sich der Löwe in seiner Wohnung befinde.

Das OVG Hamburg bejahte hier eine Anscheinsgefahr.
Für eine Gleichstellung der Anscheinsgefahr mit der objektiven Gefahrenlage spricht, dass das entscheidende Kriterium für das Einschreiten die Gefahrbeurteilung aus der ex-ante Sicht ist. Und in diesem Punkt unterscheiden sich Anscheinsgefahr und objektive Gefahrenlage nicht.[125]

---

[122]Hervorhebung von Verfasserin.
[123]OVG Münster, NJW 1980, S. 138; OVG Hamburg, NJW 1986, S. 2005 = JuS 1987, S. 152 Nr. 13 (Brodersen); VGH Mannheim, NVwZ-RR 1991, S. 24, 26; VGH München, BayBVl. 1993, S. 429, 431.
[124]OVG Hamburg, NJW 1986, S. 2005 = DVBl 1986, S. 734.
[125]Knemeyer, Polizei- und Ordnungsrecht, Rn. 69; BVerwGE 45, S. 51,58; OVG Hamburg, NJW 1986, S. 2005 f.; VG Münster, NVwZ 1983, S. 238.

c) Gefahrenverdacht

Der Gefahrenverdacht ist ein Unterfall der Anscheinsgefahr. Ex-ante gewinnt der objektive Betrachter den Eindruck, dass sich die Möglichkeit einer Gefahr nicht ausschließen lässt[126]. Hier werden nach verbreiteter Auffassung zur Durchführung sogenannte *Gefahrerforschungsmaßnahmen* gestattet[127]. Darunter sind Maßnahmen zu verstehen, welche dazu geeignet sind zu erforschen, ob eine Gefahrenlage existiert. Diese Maßnahmen sind aber nur rechtmäßig, solange sie zur Ausräumung des Gefahrenverdachtes erforderlich sind.

Ein Gefahrenverdacht besteht z.B., wenn anonyme Anrufer behaupten, Lebensmittel seien vergiftet, woraufhin vorsorglich ein Verkaufsverbot erlassen wird.

d) Putativgefahr

Anders verhält es sich mit der Putativgefahr. Hier liegt *bereits ex-ante keine Gefahrensituation* vor. Der handelnde Beamte nimmt eine Gefahrensituation falsch an, ohne dass hierfür hinreichende tatsächliche Anhaltspunkte bestehen[128]. Diese pflichtwidrige Einschätzung berechtigt nicht zum gefahrenabwehrenden Einschreiten. Die Maßnahmen des Beamten, die auf seiner Fehleinschätzung beruhen, sind rechtswidrig.

Eine bloße Putativgefahr ist z.B. anzunehmen, wenn Anwohner gegenüber der Polizei darlegen, ihrem Nachbarn sei etwas zugestoßen, weil sie ihn zwei Wochen nicht gesehen haben und dennoch ab und zu nachts das Licht für kurze Zeit angehe.

2. Öffentliche Sicherheit und Ordnung

Verlangt wird weiterhin, dass die Gefahr (vgl. oben) für die Schutzgüter der öffentlichen Sicherheit oder öffentlichen Ordnung besteht.

In *allen Ländern* (vergleiche beispielsweise § 9 I S. 1 POG RP) ist Schutzgut der Generalklausel die *öffentliche **Sicherheit***. Hierunter werden der Staat und seine staatlichen Einrichtungen, die Rechtsordnung, die Rechte und Rechtsgüter

---

[126] Schink, DVBl. 1989, S. 1182 f; Schoch, JuS 1994, S. 669.

[127] OVG Münster, NWVBl. 1990, S. 159; VGH Kassel, NVwZ 1991, S. 498; NVwZ 1993, S. 1009 f.; OVG Koblenz, NVwZ 1992, S. 499,501; Papier, DVBl. 1985, S. 873,875; Schink, DVBl. 1986, S. 161,165; ders. DVBl. 1989, S. 1182,1186; Götz, NVwZ 1990, S. 725, 730.

[128] VGH München, BayVBl. 1993, S. 429, 431; Steiner-Schenke, Besonderes Verwaltungsrecht, II Rn. 39.

des Einzelnen wie Leben, Gesundheit, Freiheit, Ehre, Vermögen und sogenannte kollektive Rechtsgüter verstanden[129].

Besonders wichtig ist folgende Feststellung: Jeder Rechtsbruch stellt eine Beeinträchtigung der öffentlichen Sicherheit dar. Jede konkret drohende Rechtsgutverletzung ist eine Gefahr für die öffentliche Sicherheit; *demgemäss ist eine drohende Straftat ein Paradebeispiel für eine solche Gefahr.*

Folglich ist ein wichtiger Aspekt der polizeilichen Tätigkeit auf dem Gebiet der Gefahrenabwehr die Verhinderung von Straftaten.

Die meisten Polizeigesetze der Länder, so zum Beispiel Bayern in Art. 2 I PAG, erfassen neben dem Schutzgut der öffentlichen Sicherheit auch die *öffentliche Ordnung*. Unter diesem Schutzgut ist der Mindesttatbestand der ungeschriebenen Regeln zu verstehen, die nach den Wertvorstellungen einer Gemeinschaft über Sitte und Moral unbedingt verbindlich sind[130].

Die ***„öffentliche Ordnung"*** nimmt allerdings nur noch eine lückenfüllende Reservefunktion wahr.[131] Dies resultiert aus der Tatsache, dass der Begriff der öffentlichen Ordnung sehr vage, genauer: ein sehr unbestimmter Rechtsbegriff ist und mannigfaltig interpretiert werden kann. Zudem existiert heutzutage nicht mehr *die* einhellige Ansicht über die Sittenwidrigkeit (Moralwidrigkeit) eines Handelns - von ganz krassen Handlungen einmal abgesehen. Dieses Schutzgut krankt also an seiner Unbestimmtheit. Denn wer legt die Toleranzgrenze des sittlich oder moralisch noch Zumutbaren in unserer Gesellschaft fest? Bestehen nicht auch erhebliche Toleranzunterschiede zwischen Ballungszentren und ländlichen Gebieten?

Bis Ende 2000 hatte das Saarländische Polizeigesetz (SPolG) in § 8 I die „öffentliche Ordnung" nicht mehr erfasst. Ab Dezember 2000 wurde diese in § 8 I SPolG aber wieder aufgenommen:

„Die Polizei kann die notwendigen Maßnahmen treffen, um eine im einzelnen Fall bestehende Gefahr für die öffentliche Sicherheit oder Ordnung (Gefahr) abzuwehren, soweit nicht die §§ 9 bis 40 die Befugnisse der Polizei besonders regeln."

---

[129] VGH Mannheim, DVBl 1987, S. 153 f.; NVwZ 1988, S. 166; v. Mutius, Jura 1986, S. 649, 653; Drews/Wacke/Vogel/Martens-Drews, Gefahrenabwehr, S. 232; Knemeyer, Polizei- und Ordnungsrecht, Rn. 73.

[130] BVerfGE 69, S. 315, 352; BVerwG, NJW 1980, S. 1640, 1641; VGH München, NVwZ 1984, S. 254; OVG Münster, NJW 1988, S. 787,789; Hill, DVBl 1985, S. 88, 89; Holzkämper, NVwZ 1994, S. 146, 149.

[131] Schoch, JuS 1994, S. 575.

Teilweise wird dargelegt, auf die öffentliche Ordnung könne gleichwohl verzichtet werden, weil dieser Begriff als Widerspruch zum freiheitlichen Pluralismus verstanden wird[132].

Ob dem zu folgen ist, kann hier dahinstehen; denn jene Streichung hat richtiger Ansicht nach keine Konsequenzen für die ***vorbeugende Verbrechensbekämpfung***. Einerseits stellt bereits die drohende Begehung von Straftaten eine Gefährdung des Schutzgutes der öffentlichen Sicherheit dar. Und andererseits dient die Vorsorge für die Verfolgung künftiger Straftaten gleichfalls dem Schutzgut der öffentlichen Sicherheit. Mithin bedarf es nicht des - problematischen - Schutzgutes der öffentlichen Ordnung, um vorbeugende Verbrechensbekämpfung als präventiv-polizeiliche Gefahrenabwehr betreiben zu können.

3. Adressaten gefahrenabwehrender Maßnahmen

a) Unmittelbare Verursacher

Die Gefahrenabwehrmaßnahmen dürfen sich *grundsätzlich* nur gegen polizeirechtlich *Verantwortliche* richten[133]. Hierbei wird das polizeiliche Vorgehen von dem Prinzip bestimmt, dass zuerst immer gegen den ***Störer*** vorzugehen ist. Zu unterscheiden ist grundsätzlich zwischen Handlungsstörern und Zustandsstörern.

aa) Handlungsstörer

Die Polizei hat Maßnahmen der Gefahrenabwehr primär gegen den Handlungsstörer zu richten. Das ist in den Polizeigesetzen der Länder
geregelt, beispielsweise in § 4 I POG RP:

*„ **Verursacht**[134] eine Person eine Gefahr, so sind die Maßnahmen gegen sie zu richten. “*

Die Polizei untersucht also, *welches* Täter*verhalten* ihr Einschreiten zum Zwecke der Verbrechensbekämpfung ausgelöst hat. Angeknüpft wird bei der Frage nach der Verantwortlichkeit des Täters somit grundsätzlich an sein *Verhalten*. Diese sogenannte *Verhaltensverantwortlichkeit* trifft die *Verursacher* der Gefahr. Verursacht wird eine Gefahr in diesem Sinne, wenn sie durch positives Tun oder auch pflichtwidriges Unterlassen entstanden ist.

---

[132] AE (Arbeitskreis Polizeirecht) einheitlicher Polizeigesetze, vorgelegt vom Arbeitskreis Polizeirecht 1979, Anm. 4 zu § 2 (S. 42); vgl. auch Riegel, DVBl 1979, S. 711.
[133] vgl. Götz, Allgemeines Polizei- und Ordnungsrecht, Rn. 188.
[134] Hervorhebung von Verfasserin.

Zu denken ist im Rahmen der Verhaltensverantwortlichkeit aber auch an die sogenannte *Zusatzverantwortlichkeit* für das gefahrenverursachende Verhalten anderer (Minderjährige bis 14 Jahren, Verrichtungsgehilfen). In Rheinland-Pfalz findet sich für ersteres eine Regelung in § 4 II POG RP:

„Ist die Person noch nicht 14 Jahre alt, können Maßnahmen auch gegen die aufsichtspflichtige Person gerichtet werden."

Zu letzterem siehe § 4 III POG RP:

„Verursacht eine Person, die zu einer Verrichtung bestellt ist, die Gefahr in Ausführung der Verrichtung, so können Maßnahmen auch gegen die Person gerichtet werden, die die andere zu der Verrichtung bestellt hat."

bb) Zustandsstörer

Die Polizei kann bei der Suche nach dem richtigen Adressaten der gefahrenabwehrenden Maßnahme aber auch an die sogenannte *Zustandsverantwortlichkeit* anknüpfen. Sie ist in Rheinland-Pfalz in § 5 I POG RP geregelt:

„ Geht von einem Tier oder von einer Sache eine Gefahr aus, so sind die Maßnahmen gegen den ***Inhaber der tatsächlichen Gewalt*** [135] *zu richten. Die für Sachen geltenden Bestimmungen dieses Gesetzes sind auf Tiere entsprechend anzuwenden."*

Eine entsprechende Regelung findet sich zum Beispiel auch in § 5 des Sächsischen Polizeigesetzes:

„Wird die öffentliche Sicherheit oder Ordnung durch den Zustand einer Sache bedroht oder gestört, so hat die Polizei ihre Maßnahmen gegenüber dem Eigentümer oder gegenüber demjenigen zu treffen, der die tatsächliche Gewalt über die Sache ausübt."

Die Zustandsverantwortlichkeit erfasst also die Fälle, in denen die Gefahr von einer Sache bzw. einem Tier ausgeht und trifft in erster Linie den Inhaber der tatsächlichen Gewalt, in zweiter Linie den Eigentümer oder einen anderen Berechtigten. Letzteres ist ebenfalls landesgesetzlich geregelt, in Rheinland-Pfalz beispielsweise in § 5 II POG RP:

„ Maßnahmen können auch gegen den Eigentümer oder einen anderen Berechtigten gerichtet werden. Das gilt nicht, wenn der Inhaber der tatsächlichen Gewalt diese ohne den Willen des Eigentümers oder Berechtigten ausübt."

---

[135] Hervorhebung von Verfasserin.

cc) Anscheinsstörer

Nicht übersehen werden darf, dass auch der *Anscheinsstörer*
- d.h. derjenige, der eine Anscheinsgefahr hervorruft -
als solcher in Anspruch genommen werden darf[136].

Hinsichtlich des *Verdachtsstörers* gilt, dass er Verhaltens- oder Zustandsstörer wird, *wenn* sich der Gefahrenverdacht bestätigt.

b) Mittelbare Verursacher

Es gibt aber nicht nur Störer, die durch ihr Verhalten *unmittelbar* eine Gefahr herbeigeführt haben. Vielmehr kann die Polizei im Rahmen der Verbrechensbekämpfung auch der Tatsache gegenüberstehen, dass eine Gefahrenlage *mittelbar*, also nicht durch unmittelbares Verhalten, verursacht worden ist. Als problematisch erweist sich in diesem Zusammenhang die Frage, wann ein mittelbarer Verursacher polizeirechtlich verantwortlich ist.

Einerseits soll nach der **„*Theorie der rechtswidrigen* Verursachung“**, die schon bei *Fritz Fleiner*[137] erwähnt und 1962 von *Roman Schnur*[138]weiterentwickelt worden ist, ein mittelbarer Verursacher Störer sein, wenn er *„seinen Rechtskreis überschreitet“*, was bedeutet, *„dass er bei seinem Verhalten Rechtsvorschriften verletzt haben muss.“*[139]

Diese Theorie ermöglicht allerdings keine regelhafte Zuordnung von Verhalten und polizeiwidrigem Erfolg[140]. Vielmehr bedarf es eines Unmittelbarkeitskriteriums. Somit ist die Theorie von der rechtswidrigen Verursachung abzulehnen.
Nach der ***„Theorie der unmittelbaren Verursachung“***, die in den Entscheidungen des PrOVG[141] nur undeutlich zum Ausdruck kam und erst 1960 von *Gerhard Wacke*[142] näher ausgeformt wurde, wobei er sich aber bereits auf die Rechtsprechung einiger Verwaltungsgerichte stützen konnte[143], ist eine mittelbare Ursache ausnahmsweise ordnungsrechtlich relevant, wenn sie von An-

---

[136]VGH Mannheim, NVwZ 1991, S. 491 f.; NVwZ-RR 1991, S. 24 (26)=DVBl. 1990, S. 1047 f.=DÖV 1991, S. 165 ff.; OVG Münster, NVwZ-RR 1994, S. 386 f.
[137]Fleiner, Institutionen des Deutschen Verwaltungsrechts, S. 353.
[138]Schnur, DVBl 1962, S. 1 ff; 3, 8.
[139]Schnur DVBl 1962, S. 1,3; vgl. Henning DVBl 1968, S. 740; Herrmann DÖV 1987, S. 666.
[140]Selmer, JuS 1992, S. 99.
[141]vgl. Drews/Wacke/Vogel/Martens, Gefahrenabwehr, S. 293, 311.
[142]Selmer, JuS 1992, S. 98.
[143]so z.B. OVG Münster, E 5, S. 185,187 u. DVBl 1959, S. 473 f.

fang an eine erhöhte Gefahrentendenz aufweist.[144] Diese Ansicht unterscheidet zwei Fallgruppen:

- Veranlasst die mittelbare Ursache die Folgeursache, ist sie störende Ursache wenn sie auf die Störung gerichtet ist; man spricht insoweit vom „***Zweckveranlasser***". Der Zweckveranlasser fand seine Anerkennung bereits in mehreren Entscheidungen des PrOVG[145]. Zweckveranlasser ist z.B. der Großveranstalter für typische Schadensfolgen, zum Beispiel die Zerstörung des Konzertsaals[146], oder der Gastwirt, der für den die Nachtruhe der Anwohner störenden Lärm verantwortlich ist, den seine Gäste bei Ankunft bzw. nach Verlassen des Lokals auf der Straße verursachen[147].
- Entstehen die Ursachen unabhängig voneinander, ist der Erstverursacher verantwortlich, wenn er von Anfang an ***latenter Störer*** war. Ein bekanntes Beispiel hierfür ist der *Schweinemästerfall* des OVG Münster OVGE 11, 250:

Hier betrieb A im Außenbereich eine genehmigungsfreie Schweinemästerei. Jahre später hatte sich die Bebauung der Stadt so ausgedehnt, dass die Bewohner bestimmter Häuser in der Nähe des Betriebes gestört wurden.

A ist hier Störer und muss Ordnungsmaßnahmen hinnehmen.

Die Anhänger der **„Theorie der unmittelbaren Verursachung"** erkennen zutreffend, dass derjenige nicht Störer sein kann, der nur von einem ihm ausdrücklich eingeräumten oder ihm auf andere Weise zustehenden Recht Gebrauch macht und dabei eine Gefahr verursacht.
Der Grundsatz „Qui iure suo utitur neminem laedit" wird beachtet.

Diese Ansicht berücksichtigt bei der Störerauswahl Sachgerechtigkeit und Rechtsgerechtigkeit gleichermaßen. Sie stellt keine subjektive, auf den Nachweis einer Absicht abstellende Betrachtung dar, sondern berücksichtigt wertende Gesichtspunkte[148]. Deshalb ist sie vorzugswürdig.

---

[144] Drews/Wacke/Vogel/Martens, Gefahrenabwehr, § 20, 3; Götz, Allgemeines Polizei- und Ordnungsrecht, Rn. 193; Rasch, HSOG, § 4 Rn. 15; Wolff/Bachof III § 127 Rn. 10; Ronellenfitsch VerwArch 1986, S. 436, 438; Selmer JuS 1992, S. 97, 99; BVerwG DVBl 1986, S. 360; 1992, S. 308 f.; OVG Hamburg DÖV 1983, S. 1016 f.; OVG Münster NVwZ 1985, S. 355 f.; Hess VGH DÖV 1992, S. 753.

[145] PrOVGE 40, S. 216 f.; 85, S. 270 ff; 87, S. 301,308 f.

[146] Broß DVBl 1983, 377, 380; aA. Schenke NJW 1983, S. 1882 f.

[147] BVerwG DVBl 1965, S. 603; Jarass NJW 1981, S. 721, 724 f; ferner § 5 I Nr. 3 GaststG.

[148] Das PreußOVG vertrat dagegen noch eine enge Betrachtung. Das Gericht hatte einen Ladeninhaber als Zweckveranlasser angesehen, weil er durch seine Schaufensterwerbung einen Menschenauflauf und eine Verkehsbeeinträchtigung auslöste (POVG 40, S. 216 „Schaufens-

c) Nichtstörer

Gegen *Nichtstörer*, also Personen die weder aus Verhaltens- noch aus Zustandsverantwortlichkeit für den Eintritt einer Gefahr verantwortlich sind, geht die Polizei nur in Ausnahmefällen vor. Nichtstörer werden auch als Notstandspflichtige bezeichnet[149]. Die landesrechtlichen Vorschriften sprechen überwiegend von der „Inanspruchnahme nicht verantwortlicher Personen“ - so z.B. § 7 POG RP:

„Die allgemeinen Ordnungsbehörden und die Polizei können Maßnahmen gegen andere Personen als die nach den §§ 4 oder 5 Verantwortlichen richten, wenn...“.

Die Inanspruchnahme von Nichtstörern qua „Notstandspflicht“ kommt nur als *ultima ratio* in Betracht. Denkbar ist dies in Fällen, in denen ein Störer nicht oder nicht rechtzeitig feststellbar beziehungsweise zur Gefahrenabwehr gar nicht imstande ist oder aber in Sachlagen, in denen der Verwaltung die zur Gefahrenabwehr notwendigen Mittel fehlen[150]. Ist nur einem unbeteiligten Dritten die Gefahrenbekämpfung möglich, so spricht man vom polizeilichen Notstand[151]. Stellt sich heraus, dass die Inanspruchnahme des Nichtstörers rechtswidrig war oder rechtswidrig fortbesteht, so steht diesem nach nicht unumstrittener Auffassung ein Folgenbeseitigungsanspruch[152] zu. M.E. ist dieser Anspruch aber recht und billig im Vergleich zu den Beeinträchtigungen, die jene dem Grunde nach *nicht verantwortliche* Person hinnehmen muss. Sind dem Nichtstörer durch die Notstandsmaßnahme Schäden entstanden, so steht ihm ein Entschädigungsanspruch zu. Dieser Anspruch ist landesgesetzlich geregelt, so zum Beispiel in § 68 I POG RP:

„Erleidet jemand infolge einer rechtmäßigen Inanspruchnahme nach § 7 einen Schaden, ist ihm ein angemessener Ausgleich zu gewähren. Das gleiche gilt, wenn jemand durch eine rechtswidrige Maßnahme der allgemeinen Ordnungsbehörden oder der Polizei einen Schaden erleidet.“

---

terpuppenfall); die heutigen herrschenden Vertreter der Theorie der unmittelbaren Verursachung stellen hingegen darauf ab, wer das gefahrerhöhende typische Risiko geschaffen, wer die störende Folge objektiv bezweckt hat, so z.B. Götz, Allgemeines Polizei- und Ordnungsrecht, Rn. 196; Steiner-Schenke, Besonderes Verwaltungsrecht, Rn. 157; Drews/Wacke/Vogel/Martens, Gefahrenabwehr, § 20, 3.

[149] vgl. Möller/Wilhelm, Allgemeines Polizei. u. Ordnungsrecht, S. 68.

[150] Schoch, JuS 1995, S. 31.

[151] Lisken/Denninger-Denninger, Handbuch des Polizeirechts, E Rn. 114.

[152] bejahend auch für das dreiseitige Rechtsverhältnis OVG Münster, NVwZ 1991, S. 905 f; OVG Berlin, NVwZ 1992, S. 501 f; Knemeyer, JuS 1988, S. 696, 697 f.

E. Opportunitätsprinzip

I. Regelfall

Liegen nun die soeben aufgeführten Voraussetzungen der polizeilichen Generalklausel vor, steht der Polizei der Länder der Weg zur Gefahrenabwehr frei. Im Gegensatz zum repressiven Handeln der Polizei, bei welchem das Legalitätsprinzip (§ 163 StPO) maßgeblich ist, gilt bei der polizeilichen Gefahrenabwehr das *Opportunitätsprinzip.* Dies folgt aus der Formulierung *„kann"* in den polizeilichen Generalklauseln der Länder, zum Beispiel in § 9 I S. 1 POG RP:

„Die allgemeinen Ordnungsbehörden und die Polizei ***können***[153] *die notwendigen Maßnahmen treffen...".*

Somit ist die Polizei *nicht verpflichtet*, die notwendigen Maßnahmen zur Gefahrenabwehr zu treffen. Vielmehr steht ihr ein *Entschließungs-* und ein *Auswahlermessen* zu. Das Entschließungsermessen betrifft die Frage, ob die Polizei überhaupt zwecks Gefahrenabwehr einschreitet. Das Auswahlermessen bezieht sich auf die Art und Weise des Mittels, den Zeitpunkt und den Umfang des Vorgehens[154] sowie die Störerauswahl[155].

II. Ermessensreduzierung auf Null

Die Polizei kann im Falle einer *Ermessensreduzierung auf Null*

- auch *Ermessensschrumpfung auf Null* genannt -

aber ausnahmsweise zum Einschreiten verpflichtet sein. Von einer Ermessensreduzierung auf Null spricht man allgemein, wenn sich die Handlungsalternativen der Polizei derart verengen, dass nur noch *eine* Entscheidung, und zwar diejenige zum Einschreiten, als rechtmäßig anzusehen ist[156].

Es ist im einzelnen umstritten, wann eine Ermessensreduzierung auf Null zu bejahen ist. Richtigerweise wird aber überwiegend als Kriterium für die Beurteilung dieser Frage die Bedeutung und Rangordnung des Rechtsgutes herangezogen. Eine Verpflichtung zum Handeln kann folglich vor allem bei einer Gefahr bzw. einer Beeinträchtigung von Leib und Leben vorliegen. Heftig umstrit-

---

[153]Hervorhebung von Verfasserin.

[154]VG Minden NVwZ 1988, S. 663 665; v. Mutius, Jura 1986, S. 649, 656; Lisken/Denninger-Rachor, Handbuch des Polizeirechts, F Rn. 55.

[155]v. Mutius, Jura 1983, S. 298, 299; ders. Jura 1987, S. 92, 97.

[156]Krey, VE-Gutachten, Rn. 498-500, 503, 506 ff.; Lisken/Denninger-Rachor, Handbuch des Polizeirechts, F Rn. 65.

ten ist aber, ob und wieweit eine Ermessensschrumpfung auf Null auch bei anderen Rechtsgütern in Frage kommt. Zum Teil wird dies ausdrücklich abgelehnt[157]. Nach anderer Ansicht soll die Polizei auch bei Gefahren für Rechtsgüter „mittleren Gewichts"[158] oder anders formuliert, für „weniger gewichtige Rechtsgüter"[159] zum Einschreiten verpflichtet sein[160]. Der Gesetzgeber hat bislang noch keine gesetzliche Regelung der Frage vorgenommen, wann eine Ermessensreduzierung auf Null vorliegen kann.

M.E. sollte im konkreten Einzelfall unter Berücksichtigung der beteiligten Interessen abgewogen werden, ob ausnahmsweise auch bei einem Rechtsgut, welches nicht gleichrangig mit Leib und Leben ist, eine Ermessensreduzierung auf Null vorliegen kann. Die Aufstellung einer starren Regel wie z.B.: ***Ermessensschrumpfung auf Null gibt es nur bei einer Gefahr für Leib oder Leben***, sollte vermieden werden. Somit kann folgendes festgehalten werden: Je bedeutender das Schutzgut ist und je intensiver die Gefahr, desto eher kann eine Ermessensreduzierung auf Null vorliegen.

In erster Linie kommt eine Ermessensreduzierung auf Null beim *Entschließungsermessen* in Betracht. Denn steht fest, dass eine Verpflichtung zum Einschreiten besteht, kann in den meisten Fällen noch zwischen verschiedenen Mitteln gewählt werden, weshalb eine Ermessensreduzierung bei dem Auswahlermessen nur in selteneren Fällen möglich sein dürfte.

Das Entschließungsermessen kann beispielsweise bei *„schweren Taten"*, die eine konkrete Gefahr für Leib oder Leben darstellen, auf Null schrumpfen. Würde die Polizei in diesem Fall nicht einschreiten, wäre dieser Entschluss ermessensfehlerhaft und damit rechtswidrig.[161] Für die Polizei besteht in diesem Fall eine Garantenstellung; es entsteht also eine Rettungspflicht.[162]

Beim *Auswahlermessen* kommt eine Ermessensschrumpfung auf Null hingegen eher selten in Betracht. Sie kann aber zum Beispiel bei der *Räumung* eines besetzten Hauses vorliegen.[163] Es besteht ja kaum eine andere Möglichkeit, um die Besetzung zu beenden.

---

[157]Schenke, Rn. 43; Di Fabio VerwArch 86 (1995), S. 220 ff; 230.
[158]Drews/Wacke/Vogel/Martens, Gefahrenabwehr, S. 401.
[159]VG Freiburg VBlBW 1987, S. 350.
[160]Noch weitgehender Knemeyer, Polizei- und Ordnungsrecht, Rn. 91: Er vertritt die Auffassung, dass die Polizei zum Einschreiten verpflichtet ist, wenn die Tatbestandsvoraussetzungen der Ermächtigungsnorm vorliegen.
[161]BVerwGE 11, S. 95, 97; Pietzcker, JuS 1982, S. 106, 108; Martens, DÖV 1982, S. 89, 97; v. Mutius, Jura 1987, S. 92, 100.
[162]Krey, StPO Band 1, Rn. 464.
[163]Schoch, JuS 1994, S. 755 und 758; VG Freiburg, VBlBW 1987, S. 349.

III. Anspruch auf Einschreiten

Streng zu unterscheiden von der Pflicht zum Einschreiten der Polizei ist der ***Anspruch** auf polizeiliches Einschreiten.* Grundsätzlich besteht kein Anspruch auf Einschreiten der Polizei. Ausnahmsweise kann dies dennoch verlangt werden, wenn eine Pflicht zum Einschreiten besteht und *zusätzlich* private Rechte nachteilig betroffen sind. So besteht die Möglichkeit, dass ein Obdachloser ohne Unterkunft hinsichtlich seines Lebens oder zumindest der körperlichen Unversehrtheit gefährdet sein kann, weshalb in der Rechtsprechung anerkannt ist, dass er gegenüber der zuständigen Behörde einen Anspruch auf eine menschenwürdige Unterkunft hat. Ihm steht allerdings nicht das Recht auf eine bestimmte Unterkunft zu. Denn hier hat die Behörde ein Auswahlermessen, das im Regelfall nicht auf Null reduziert ist (vgl. obige Ausführungen)[164].

§ 5 Schlussfolgerungen

Festzuhalten ist somit, dass die Polizei auf dem Gebiet der Verbrechensbekämpfung sowohl zur Strafverfolgung als auch zur Gefahrenabwehr tätig werden kann. Die repressive Tätigkeit der Polizei ist gekennzeichnet durch ein *„vergangenheitsfundiertes* und sowohl *tat-* als auch *täterbezogenes"*[165] Handeln. Die präventive Tätigkeit hingegen ist eine

„ereignisbezogene, prognostisch fundierte, möglichst effektive und flexible Reaktion auf eine Schadenswahrscheinlichkeit..."[166]

Üblicherweise werden die beiden klassischen polizeilichen Tätigkeitsgebiete durch die Begriffe Prävention und Repression voneinander unterschieden. Hierbei tritt allerdings ein Problem auf. Sinn und Zweck der Strafe ist neben der gerechten Tatvergeltung die Verbrechensvorbeugung durch General- und Spezialprävention[167]. Somit dienen Strafverfolgung und Bestrafung auch der vorbeugenden Bekämpfung von Straftaten. Zugleich ist das Ziel der vorbeugenden Verbrechensbekämpfung naturgemäß die Gefahrenabwehr.

Dies verdeutlicht, dass präventivpolizeiliche Gefahrenabwehr einerseits und Strafverfolgung andererseits nicht immer klar durch die Begriffe Prävention und

---

[164]VG Hannover NVwZ - RR 1991, S. 148; OVG Lüneburg NVwZ 1992, S. 503; OVG Münster NVwZ 1993, S. 202; VGH Mannheim NVwZ 1993, S.1220; VGH Mannheim NJW 1993, S. 1027; VGH München BayVBl 1993, S. 569; VGH Mannheim VBlBW 1994, S. 157.

[165]Lisken/Denninger-Denninger, Handbuch des Polizeirechts, E Rn. 140.
[166]Lisken/Denninger-Denninger, Handbuch des Polizeirechts, E Rn. 140.
[167]Krey, Deutsches Strafrecht, Allgemeiner Teil, Bd. 1, 2001, Rn. 118 ff, 146 ff.

Repression gegeneinander abgegrenzt werden können. Welches taugliche Abgrenzungskriterium könnte somit in Betracht kommen?

Das Vorliegen eines Anfangsverdachtes könnte das maßgebliche Kriterium darstellen. Wie bereits oben festgestellt worden ist, kommen polizeiliche Maßnahmen auf dem Gebiet der Strafverfolgung erst bei Vorliegen ***zureichender tatsächlicher Anhaltspunkte*** dafür in Betracht, dass eine verfolgbare Straftat begangen wurde (sogenannter Anfangsverdacht). Liegt ein Anfangsverdacht nicht vor, dann kommt allein Polizeirecht in Frage. Ist ein Anfangsverdacht zu bejahen, dann erfolgt die Kriminalitätsbekämpfung grundsätzlich im Wege der Straftatenaufklärung, die auch der Verbrechensvorbeugung dient.

Erweist es sich schon generell als nicht unproblematisch, die Strafverfolgung von der Gefahrenabwehr zu trennen, so liegt auf der Hand, welche Abgrenzungsprobleme zwischen den beiden klassischen polizeilichen Aufgabenbereichen und der vorbeugenden Verbrechensbekämpfung im konkreten Einzelfall auftreten können.

Zweiter Hauptteil: Zusammentreffen von Strafverfolgung und Gefahrenabwehr

§ 6 Problemstellung

Wenn die Polizei der Länder Aufgaben der Gefahrenabwehr wahrnimmt, kann diese Funktion mit ihrer Pflicht zur Strafverfolgung zusammentreffen. Das ist in den Fällen denkbar, in denen eine drohende Gefahr abgewehrt wird, bei der zugleich ein Anfangsverdacht einer Straftat iSd. §§ 152 II, 160 I StPO für die StA oder § 163 StPO für die Polizei vorliegt, sei es auch nur gegen Unbekannt. Denn bei Vorliegen eines Anfangsverdachtes muss ein Ermittlungsverfahren in die Wege geleitet werden. Ein Anfangsverdacht kann insbesondere bei der Beteiligung Mehrerer an einem *Verbrechen* gegeben sein, und zwar gemäß § 30 II StGB.

Auch § 229 StGB ist in diesem Zusammenhang von Bedeutung. Die Polizei ist hierbei wegen des ***Legalitätsprinzips*** stets *verpflichtet*, ein Ermittlungsverfahren einzuleiten. Der StA steht hingegen die Möglichkeit zu, im Rahmen der Grenzen des für sie geltenden Opportunitätsprinzips ausnahmsweise von Ermittlungen abzusehen. In jedem Fall aber ist mit dem Vorliegen eines Anfangsverdachts das Strafverfahrensrecht einschlägig. Besteht zusätzlich zum Anfangsverdacht noch die Konstellation, dass die Polizei im Rahmen der Gefahrenabwehr wegen des Vorliegens einer ***Ermessensreduzierung auf Null*** zum präventivpolizeilichen Einschreiten ***verpflichtet*** ist, dann treffen die Aufgaben der Strafverfolgung und der Gefahrenabwehr in der Sonderform des Vorliegens von zwei unterschiedlichen *Pflichten* zusammen; aus der bloßen Aufgabenkollision kann in einem solchen Fall eine ***Pflichtenkollision*** resultieren.

Anhand eines Beispiels soll dies verdeutlicht werden:

Bei einem Verbrechen mit Geiselnahme geht es zum einen darum, die Flucht der Täter zu verhindern, um sie der gerechten Strafe zuführen zu können. Zum anderen soll aber auch die Begehung von Straftaten der Geiselnehmer gegen die Geiseln verhindert werden.[168]

Bezüglich beider Aufgaben besteht dabei grundsätzlich eine ***Tätigkeitspflicht:***

Die Bedrohung des Lebens der Geiseln stellt eine erhebliche Beeinträchtigung des Schutzgutes der öffentlichen Sicherheit dar. Deshalb ist im Rahmen der polizeilichen Maßnahmen auf dem Gebiet der Gefahrenabwehr ihr Ermessen, genauer gesagt ihr Entschließungsermessen bezüglich der Frage des „ob" des Einschreitens, auf Null reduziert.

---

[168]Dazu u.a. Krey, ZRP 1971, S. 224 ff; ders. StPO Band 1, Rn. 504.

Die Polizei ist hier also einerseits bei der Gefahrenabwehr zum Handeln verpflichtet.

Andererseits ist die Verfolgung der Straftaten der Geiselnehmer eine polizeiliche Tätigkeit auf dem Gebiet der Strafverfolgung. Hier ist die Polizei wegen des Legalitätsprinzips ebenfalls zum Einschreiten verpflichtet (§ 163 StGB).

Wie ist dieses Zusammentreffen von Aufgaben sachgerecht zu lösen? Die Antwort hierauf ist umstritten. Richtigerweise ist sie davon abhängig, ob im Einzelfall bei einer *Abwägung der beteiligten Interessen* Maßnahmen der Gefahrenabwehr auf Kosten der Strafverfolgung Vorrang beanspruchen oder umgekehrt.

Dem Argument, entweder sei stets der Strafverfolgung oder stets der Gefahrenabwehr der Vorrang einzuräumen, kann m.E. nicht gefolgt werden.

Denn die staatlichen Aufgaben Strafverfolgung und Gefahrenabwehr sind generell gleichwertig[169]. Zum einen ist die Strafverfolgung nicht grundsätzlich wegen des für sie geltenden Legalitätsprinzips vorrangig. Bei einer Ermessensreduzierung auf Null kann auch die Polizei auf dem Gebiet der Gefahrenabwehr zum Handeln verpflichtet sein[170].

Zum anderen genießt aber auch die Gefahrenabwehr keineswegs eine generelle Vorrangstellung. Das Gegenteil behauptet zwar *Kniesel*[171], wenn er darlegt:

„...Der Vorrang der Gefahrenabwehr findet seine Legitimation nicht nur in der alten Weisheit, dass „Vorbeugung" besser als „Heilen" ist, sondern in der Verfassung. Das Menschenbild des GG sieht den Einzelnen und seine Würde als obersten Wert und verpflichtet die staatliche Gewalt in Art. 1 I S. 2 GG zu seinem Schutz...".

Hieraus folgert *Kniesel*, dass eine *vorrangige* repressive Tätigkeit dieser Grundentscheidung der Verfassung nicht gerecht würde[172].

Seiner Auffassung ist aber zu widersprechen. Es ist nämlich durchaus denkbar, dass Maßnahmen der Strafverfolgung auf Kosten der Gefahrenabwehr Vorrang beanspruchen. Im Falle der Geiselnahme durch Terroristen (Fall Schleyer) kann zum Beispiel die Strafverfolgungspflicht von allergrößter Bedeutung sein, wenn es darum geht, die Geiselnehmer ihrer gerechten Strafe zuzuführen.

---

[169]Emmerig, DVBl 1958, S. 338 f; Kissel, § 152 Rn. 15; Krey, ZRP 1971, S. 224, 226 f. m.w.N.
[170]Emmerig, DVBl 1958, S. 338 f.
[171]Kniesel, ZRP 1987, S. 378.
[172]vgl. Kniesel, ZRP 1987, S. 378.

Sachgerechter erscheint es mir daher, im Wege der Interessenabwägung zu entscheiden, welche Aufgabe im *konkreten* Fall vorrangig zu verfolgen ist[173]. Hierfür spricht schon die gerade erwähnte Gleichwertigkeit der staatlichen Aufgaben Gefahrenabwehr und Strafverfolgung. Zudem dient diese Ansicht der Herstellung der praktischen Konkordanz[174]. Denn sie garantiert die verhältnismäßige Zuordnung von Grundrechten und grundrechtsbegrenzenden Verfassungsinteressen. Zu jenem Prinzip ***praktischer Konkordanz*** führt Hesse aus:[175]

„Verfassungsrechtlich geschützte Rechtsgüter müssen...einander so zugeordnet werden, dass jedes von ihnen Wirklichkeit gewinnt. Wo Kollisionen entstehen...stellt das Prinzip der Einheit der Verfassung die Aufgabe einer Optimierung: ***beiden*** *Gütern müssen Grenzen gezogen werden...Die Grenzziehungen müssen daher im jeweiligen konkreten Falle* ***verhältnismäßig*** *sein; sie dürfen nicht weitergehen als notwendig ist, um die Konkordanz beider Rechtsgüter herzustellen..."*[176].

Als Abgrenzungskriterien im Falle der Kollision zwischen Strafverfolgung und Gefahrenabwehr dienen dabei die Art der Maßnahme, das Schwergewicht des polizeilichen Handeln sowie der damit verfolgte Zweck.[177]
Somit lässt sich folgende ***Grundregel*** festhalten:

Treffen Aufgaben der Strafverfolgung und der Gefahrenabwehr zusammen und können sie *gleichzeitig* in angemessener Weise wahrgenommen werden, bestehen diese Aufgaben der Polizei der Länder nebeneinander. Die StPO und das Polizeirecht der Länder können gleichzeitig anwendbar sein. Das Strafprozessrecht dient dabei der Kriminalitätsbekämpfung durch Strafverfolgung, das Polizeirecht der Länder der Abwehr konkreter Gefahren für ein Schutzgut im allgemeinen und der vorbeugenden Bekämpfung konkret drohender Straftaten im besonderen[178].

Können aber die Aufgaben der Strafverfolgung und der Gefahrenabwehr *nicht gleichzeitig* wahrgenommen werden, müssen die beteiligten Interessen nach den vorgenannten Maßstäben gegeneinander abgewogen werden.

---

[173]Krey/Meyer, ZRP 1973, S. 1 ff; Krey, StPO Band 1, Rn. 503.
[174]Zum Prinzip praktischer Konkordanz siehe Hesse, Grundzüge des Verfassungsrechts, Rn. 72, 317 f.
[175]Hesse, ebda. Rn. 72, 317 f.
[176]Hervorhebungen von Verfasserin.
[177]BVerwGE 47, S. 255, 264; BVerwGE DVBl 1984, S. 836; OVG Berlin DVBl 1971, S. 279; OVG Münster NJW 1980, S. 855; VGH Mannheim DÖV 1989, S. 171; Merten ZRP 1991, S. 213, 216; Schoch JuS 1994, S. 391, 394/395.
[178]Krey, Rechtsprobleme, Rn. 201.

§ 7 Eingriffsermächtigungen im Polizeirecht

Grundrechtseingriffe auf dem Gebiet der Gefahrenabwehr bedürfen nach dem Grundsatz des Vorbehalts des Gesetzes einer Ermächtigungsgrundlage.

Der Begriff des ***Vorbehaltes des Gesetzes*** rührt von *Otto Mayer* her. In seinem Handbuch zum Deutschen Verwaltungsrecht legt er hierzu folgendes dar[179]:

*„Das verfassungsmäßige Gesetz ist ...nur für gewisse besonders wichtige Gegenstände zur notwendigen Bedingung aller Staatstätigkeit gemacht worden. Für alle übrigen ist die vollziehende Gewalt an sich frei...Wir nennen den Ausschluss ihres selbständigen Vorgehens, der bezüglich jener besonders ausgezeichneten Gegenstände besteht, den **Vorbehalt des Gesetzes**[180]"*.

Diese Formulierung ist auch heute im Kern noch gültig; allerdings hat sich die Terminologie gewandelt. Konsequenz der Ereignisse von ***1848*** (Paulskirchenverfassung) war eine echte Differenzierung zwischen den Gesetzgebungsfunktionen[181]. Die Ansicht, dass nichts ***contra legem*** geschehen dürfe, wurde allmählich ergänzt durch die Auffassung, dass auch ein in Rechte des Bürgers eingreifendes Verwaltungshandeln ***praeter legem*** unzulässig sei[182]. Diese Entwicklung untermauert den rechtsstaatlichen Aspekt des *Gesetzlichkeitsprinzips,* welcher hauptsächlich durch die berühmte *Kreuzberg*-Entscheidung des PrOVG[183] veranschaulicht worden ist. Als Kurzformel lässt sich festhalten, dass der gesamte status negativus[184] des Bürgers in dieser Zeit vom Vorbehalt des Gesetzes umfasst wurde.

Eine plakative Formel hierfür stellte bereits die folgende gesetzliche Bestimmung der Verfassung für das Königreich Bayern vom 26. Mai 1818[185] dar. In Titel VIII, der „von dem Wirkungskreis der Stände-Versammlung" handelt, heißt es in § 2:

*„Ohne den Beyrath und die Zustimmung der Stände des Königreichs kann kein allgemeines neues Gesetz, welches die[186] **Freyheit** der Person[187] **oder das Ei-***

---

[179] Mayer, Deutsches Verwaltungsrecht, Bd. 1, S. 69 ff.
[180] Hervorhebung von Verfasserin.
[181] Rottmann EuGRZ 1985, S. 284 ff. m.w.N.
[182] Staupe, S. 51; Rogall, Informationseingriff und Gesetzesvorbehalt im Strafprozessrecht, S. 14.
[183] PrOVGE 9, S. 353 ff; zum genauen Inhalt des Urteiles vgl. unten.
[184] Rogall, Informationseingriff und Gesetzesvorbehalt im Strafprozessrecht, S. 14.
[185] Abgedruckt in: Huber, Dokumente zur deutschen Verfassungsgeschichte, Band 1, S. 155 ff.
[186] Hervorhebung von Verfasserin.
[187] Hervorhebung von Verfasserin.

***genthum** des Staats-Angehörigen betrifft, erlassen, noch ein schon bestehendes abgeändert, authentisch erläutert oder aufgehoben werden."*

Nach dem Inkrafttreten des Grundgesetzes am 23.5.1949 fing man vereinzelt an, die Existenz und Notwendigkeit jenes altehrwürdigen allgemeinen Gesetzesvorbehaltes anzuzweifeln[188]. Das Grundgesetz selbst bekannte sich nicht ausdrücklich zu diesem Grundsatz. Allerdings sieht es eine Vielzahl von speziellen Gesetzesvorbehalten im Bereich der Grundrechte vor. *Papier*[189] und *Vogel*[190] schlossen daraus, dass der Gesetzesvorbehalt in Gestalt der Freiheits- und Eigentumsformel nunmehr an Bedeutung verloren habe. Dies folge aus der Tatsache, dass das Grundgesetz in Art. 2 I GG mit der Anerkennung der allgemeinen Handlungsfreiheit ein umfassendes Freiheitsrecht gewährleiste[191].

Eine breite Zustimmung fand diese Ansicht allerdings nicht. Statt dessen setzte sich die Ansicht durch, die besondere Gesetzesvorbehalte für einzelne Grundrechte als Spezialfälle gegenüber dem allgemeinen Gesetzesvorbehalt einordnete[192]. Ergänzend stellte *Kloepfer*[193] fest, dass solche speziellen Gesetzesvorbehalte einerseits und der allgemeine Gesetzesvorbehalt andererseits nicht das Gleiche bezweckten. Der grundgesetzliche Gesetzesvorbehalt richte sich *gegen* den Gesetzgeber; der allgemeine Gesetzesvorbehalt hingegen stärke die Position und Kompetenzen des Gesetzgebers.

Der Vorbehalt des Gesetzes wurde mithin zwar grundsätzlich anerkannt, aber zunehmend als zu eng angesehen, unter anderem auch vom Bundesverfassungsgericht[194]:

*„Ob diese Abgrenzungsformel heute noch ausreichend ist, kann zweifelhaft erscheinen. Sie ist historisch auf die Staatsauffassung des liberalen Bürgertums zurückzuführen. Seither hat sich eine Hinwendung zu einer egalitär-sozialstaatlichen Denkweise und damit eine wesentliche Veränderung der Auffassung über die Stellung des Einzelnen zu der im Staat verkörperten Gesamtheit vollzogen. Diese Wandlung könnte auch die Grenzen des Gesetzesvorbehaltes verschoben und diesen Vorbehalt auf neue Bereiche[195] **ausgedehnt** haben."*

---

188 v. Arnim DVBl 1987, S. 1242: „Die Fortgeltung der vor-grundgesetzlichen Freiheits- und Eigentumsformel bedarf vielmehr selbst der Begründung".
189 Papier, Die finanzrechtlichen Gesetzesvorbehalte und das grundgesetzliche Demokratieprinzip, S. 27 ff.
190 Vogel VVDStRL 24 (1966), S. 125 ff, 149 ff.
191 Pietzcker JuS 1979, S. 712.
192 Hermes, Der Bereich des Parlamentsgesetzes, S. 92 ff.
193 Kloepfer JZ 1984, S. 687.
194 BVerfGE 8, 155, S. 166 f.
195 Hervorhebung von Verfasserin.

Auch in der Literatur wurde bei prinzipieller Anerkennung des Gesetzesvorbehaltes in unterschiedlichen Spielarten für eine Erweiterung seines Anwendungsbereiches plädiert.
Die wichtigsten dieser Literaturmeinungen sollen im Folgenden kurz dargelegt werden.

A. Lehre vom Totalvorbehalt

Die Lehre vom Totalvorbehalt besagt, dass *jede* Tätigkeit des Staates einer gesetzlichen Grundlage bedürfe. Denn Grundrechte seien nicht nur Abwehrrechte gegen belastende Maßnahmen. Sie gewährten darüber hinaus auch Teilhaberrechte an staatlichen Leistungen[196].

Diese Ansicht muss aber abgelehnt werden. Auch das Bundesverfassungsgericht verwirft jene Lehre vom Totalvorbehalt; hierzu betont das Gericht, dass die konkrete Ordnung der Verteilung und des Ausgleichs staatlicher Macht, die das Grundgesetz gewahrt wissen will,

„... nicht durch einen aus dem Demokratieprinzip fälschlich abgeleiteten Gewaltenmonismus in Form eines allumfassenden Parlamentsvorbehaltes unterlaufen werden dürfe.“[197]

Im übrigen würde eine derartig weite Ausdehnung des Gesetzesvorbehaltes auch dem Verfassungsprinzip der Gewaltenteilung[198] widersprechen. Hierzu führt *Krey* aus[199]:

„ Sie[200] würde nämlich auf einen „Gewaltenmonismus“ der Legislative hinauslaufen und den „Kernbereich exekutiver Eigenverantwortlichkeit“ missachten.“

Das ist zutreffend. Die Forderung nach einer gesetzlichen Ermächtigung für *jedwede* strafprozessuale Ermittlungsmaßnahme führt unweigerlich zu einer Abwälzung der Alleinverantwortung auf die Legislative. Dies würde auf eine „Verrechtlichungsextase“[201] hinauslaufen. Zudem übersieht die Lehre vom Totalvorbehalt, dass neben der Legislative auch die anderen Staatsgewalten eigenständige Aufgabenbereiche haben müssen. Die Strafverfolgungsorgane Polizei und StA wären in ihren Funktionen nach jener Lehre in verfassungswidriger

---

[196]Selmer JuS 1968, S. 495 f; Rupp, Grundfragen der Verwaltungsrechtslehre, S. 113 ff; Maurer, Allgemeines Verwaltungsrecht, § 6 Rn. 10, 12.
[197]BVerfGE 49, S. 89,124 ff; 68, S. 87.
[198]Krey, Rechtsprobleme, Rn. 107.
[199]Krey, Rechtsprobleme, Rn. 107.
[200]Gemeint ist die exzessive Ausdehnung des Gesetzesvorbehaltes.
[201]Kloepfer, JZ 1984, S. 689; Rogall, Informationseingriff, S. 8.

Weise eingeschränkt, weil sie jeden eigenständigen Entscheidungsbereich verlieren würden.

Gegen den Totalvorbehalt spricht schließlich auch, dass es praktisch unmöglich sein dürfte, für jedes Handeln der öffentlichen Hand eine ausreichende Rechtsnorm als Ermächtigungsgrundlage zu schaffen.

B. Erweiterung des Eingriffsbegriffes

Als weitere Möglichkeit zur Extension der Reichweite des Gesetzesvorbehaltes wurde die Erweiterung des *Eingriffsbegriffes* verfochten. Ausgehend von dem sogenannten ***klassischen*** oder ***engen Begriff der Grundrechtseingriffe***, der besagt, dass ein Eingriff bei jedem staatlichen Rechtsakt vorliegt, der final-unmittelbar und imperativ auf die Beeinträchtigung von bestimmten Grundrechten bei bestimmten Grundrechtsträgern gerichtet ist[202], ging die Entwicklung zu einem ***neueren*** oder ***weiteren Eingriffsbegriff***. Dieser hat den folgenden Inhalt:

Sowohl faktische Beeinträchtigungen[203] als auch bloße Grundrechtsgefährdungen[204] kommen als mögliche Eingriffe in Betracht.

Der enge, klassische Eingriffsbegriff wurde seit 1949 von Rechtsprechung und Literatur nach und nach aufgegeben. Aufgrund der Einführung von Spezialgrundrechten, die durch unterschiedliche Gesetzesvorbehalte eingeschränkt waren, war die hergebrachte Lehre vom Vorbehalt des Gesetzes bei Eingriffen in Freiheit und Eigentum mit dem Text der Verfassung nicht mehr in Einklang zu bringen[205]. Die traditionelle Begrenzung des Eingriffsbegriffes war viel zu eng. Der neuere Eingriffsbegriff erkannte diese Schwachstelle. Zudem band er auch Beeinträchtigungen durch Realakte etc. ein:

Im Schrifttum - aber auch in der Rechtsprechung - wurde man sich zunehmend bewusst, dass die Kriterien final-unmittelbarer und imperativer Einwirkungen zu restriktiv seien.

C. Erweiterung der durch das Grundgesetz gewährleisteten Freiheiten

Dass der klassische Gesetzesvorbehalt zu eng geworden ist, verdeutlicht insbesondere die Entwicklung neuerer Grundrechte durch die Rechtsprechung des Bundesverfassungsgerichtes, nämlich die Anerkennung eines Allgemeinen Per-

---

[202]Pieroth/Schlink, Grundrechte, Rn. 257; Dreier vor Art. 1 Rn. 82.
[203]Dreier vor Art. 1 Rn. 82; Bleckmann § 12 Rn. 40 ff.
[204]BVerfGE 49, S. 89,142; 51, S. 234,326 f.; 53, S. 30,51; 66, 58.
[205]Wesslau, Vorfeldermittlungen, S. 163.

sönlichkeitsrechtes iSd. Art. 2 I iVm. Art. 1 I GG und eines Rechtes auf „informationelle Selbstbestimmung“.

Die Beschränkung auf final-unmittelbare und imperative Beeinträchtigungen von Grundrechten ist unzeitgemäß. Dies wird deutlich bei Realakten wie dem Schusswaffengebrauch gegen Personen und die Informationserhebung durch langfristige Observation: In beiden Fällen muss man heute einen Grundrechtseingriff bejahen.

D. Wesentlichkeitslehre

Das Bundesverfassungsgericht löste sich von der Eigentums- und Freiheitsformel und erkannte[206], dass

„...die Entscheidung aller ***grundsätzlichen***[207] *Fragen, die den Bürger unmittelbar betreffen, durch Gesetz erfolgen muss, und zwar losgelöst von dem in der Praxis fließenden Abgrenzungsmerkmal des >>Eingriffs<<.“*

Doch was ist unter der Formulierung „grundsätzlich“ bzw. „wesentlich“ zu verstehen? Im grundrechtsrelevanten Bereich bedeutet der Begriff wesentlich in der Regel *„wesentlich für die Verwirklichung der Grundrechte“*[208]. Es kann somit festgehalten werden, dass der Gesetzgeber verpflichtet ist, die Regelungen, die für die Grundrechtsverwirklichung relevant sind, *im Wesentlichen* selbst zu treffen. Diese Regelungsmaterie darf nicht der Entscheidungsmacht der Exekutive überlassen werden[209].

Die Wesentlichkeitslehre ist als sachgerechte Ausweitung des Gesetzesvorbehaltes in seiner Erscheinungsform als Parlamentsvorbehalt zu akzeptieren, wenn bei ihrer Anwendung darauf geachtet wird, dass der Wesentlichkeitsbegriff nicht allzu weit verstanden wird. Denn dies hätte zur Folge, dass eine zu weitgehende Vergesetzlichung eintreten würde. Diese Gefahr hat auch das Bundesverfassungsgericht erkannt und darauf hingewiesen, dass bei der Anwendung dieses Wesentlichkeitsgrundsatzes äußerst behutsam vorzugehen sei[210]. Der folgende Grundsatz sollte deshalb stets beachtet werden:

„Das Wesentliche sollte keineswegs vollständig gesetzlich geregelt werden und nicht alles, was gesetzlich geregelt ist, ist auch wesentlich[211]*.“*

---

[206] BVerfGE 40, S. 249.
[207] Hervorhebung von Verfasserin.
[208] BVerfGE 34, S. 192; 40, S. 248 f; 41, S. 251,260 f.; 47, S. 79.
[209] Rogall, GA 1985, S. 20.
[210] BVerfGE 47, S. 79.
[211] Ossenbühl, Staatshaftungsrecht, § 62 Rn. 46 (S. 339 f.).

E. Technik des Gesetzesvorbehaltes in modernen Landespolizeigesetzen

a) In den Polizeigesetzen der Länder findet sich weiterhin die altehrwürdige Eingriffsgeneralklausel, z.B. § 9 I POG Rheinland-Pfalz:

„Die allgemeinen Ordnungsbehörden und die Polizei können die notwendigen Maßnahmen treffen, um eine im einzelnen Fall bestehende Gefahr für die öffentliche Sicherheit oder Ordnung abzuwehren, soweit nicht die §§ 10 bis 25 g ihre Befugnisse besonders regeln...".

b) Sie wird ergänzt durch Regelungen für die sogenannten *Standardmaßnahmen*, z.B. die Durchsuchung von Personen; hierzu ordnet Art. 21 I PAG Bayern an:

„Die Polizei kann, außer in den Fällen des Art. 13 Abs. 2 Satz 4 eine Person durchsuchen, wenn
1. Tatsachen die Annahme rechtfertigen, dass sie Sachen mit sich führt, die sichergestellt werden dürfen,
2. sie sich erkennbar in einem die freie Willensbestimmung ausschließenden Zustand oder sonst in hilfloser Lage befindet,
3. sie sich an einem der in Art. 13 Abs. 1 Nrn. 2 oder 5 genannten Orte aufhält oder
4. sie sich in einem Objekt im Sinne des Art. 13 Abs. 1 Nr. 3 oder in dessen unmittelbarer Nähe aufhält und Tatsachen die Annahme rechtfertigen, dass in oder an Objekten dieser Art Straftaten begangen werden sollen."

Zu jenen „Standardmaßnahmen" zählt z.B. auch die Sicherstellung; § 22 POG Rheinland-Pfalz lautet etwa:

„Die allgemeinen Ordnungsbehörden und die Polizei können eine Sache sicherstellen,
1. um eine gegenwärtige Gefahr abzuwehren,
2. um den Eigentümer oder den rechtmäßigen Inhaber der tatsächlichen Gewalt vor Verlust oder Beschädigung einer Sache zu schützen, oder
3. wenn sie von einer Person mitgeführt wird, die nach diesem Gesetz oder anderen Rechtsvorschriften festgehalten wird, und die Sache verwendet werden kann, um
a) sich zu töten oder zu verletzen
b) Leben oder Gesundheit anderer zu schädigen,
c) fremde Sachen zu beschädigen oder
d) die Flucht zu ermöglichen oder zu erleichtern."

c) Schließlich gibt es eine Reihe von speziellen Eingriffsermächtigungen für besonders *schwerwiegende* polizeiliche Grundrechtseingriffe, beispielsweise den Schusswaffengebrauch gegen Personen; hierzu heißt es in § 63 I POG Rheinland-Pfalz:

„Schusswaffen dürfen nur gebraucht werden, wenn andere Maßnahmen des unmittelbaren Zwanges erfolglos angewendet sind oder offensichtlich keinen Erfolg versprechen. Gegen Personen ist ihr Gebrauch nur zulässig, wenn der Zweck nicht durch Schusswaffengebrauch gegen Sachen erreicht werden kann."

Daneben gibt es auch die besonderen Mittel der Datenerhebung, die z.B. in Bayern in Art. 33 I PAG gesetzlich fixiert sind:

„Besondere Mittel der Datenerhebung sind
1. die planmäßig angelegte Beobachtung einer Person, die durchgehend länger als 24 Stunden oder an mehr als zwei Tagen durchgeführt werden soll (längerfristige Observation),
2. der verdeckte Einsatz technischer Mittel zur Anfertigung von Bildaufnahmen oder -aufzeichnungen sowie zum Abhören oder zur Aufzeichnung des nichtöffentlich gesprochenen Wortes,
3. der Einsatz von Polizeibeamten unter einer Legende (Verdeckte Ermittler)."

§ 8 Vorbeugende Verbrechensbekämpfung als Aufgabe der Polizei?

A. Hinführung zur Problematik

Die *konventionellen* polizeilichen Kriminalitätsbekämpfungs-methoden der Repression und der Prävention genügen erfahrungsgemäß oftmals nicht mehr, um heutige Kriminalitätsformen wie Terrorismus, Organisierte Kriminalität und Bandenkriminalität zu bekämpfen. Insbesondere diese Erscheinungsformen der Kriminalität sind es, welche die Polizei vor große Schwierigkeiten stellen. Denn wartet die Polizei bei ihrem Einschreiten erst die konkrete polizeiliche Gefahr oder gar das versuchte oder vollendete Delikt ab, erweist sich die Bekämpfung solcher Straftaten vielfach als verspätet. Zudem beschränkt die verfassungsmäßige Ordnung die polizeiliche Tätigkeit nicht generell auf die Abwehr konkreter, im Einzelfall bestehender Gefahren.[212] Vielmehr muss die Polizei zum Schutz des Einzelnen und der Allgemeinheit vor Verbrechen und Vergehen ihre Fahndungs- und Beobachtungsmethoden der Langfristigkeit und Weiträumigkeit der gegnerischen Strategien anpassen[213]. Die Polizei der Länder sollte be-

[212]vgl. BVerfGE 30, S. 1, 29; BVerfG NJW 1996, S.114.
[213]vgl. Denninger, JA 1987, S. 131.

reits im Vorfeld einer Gefahr oder der konkreten Tat *vorauseilend* einschreiten können.

B. Das Ende der konkreten Gefahr als Erfordernis polizeirechtlicher Eingriffsbefugnisse?

Eine zusätzliche Möglichkeit der Kriminalitätsbekämpfung könnte deshalb die sogenannte ***vorbeugende Verbrechensbekämpfung*** darstellen. Angestrebt wird bei ihr ein polizeiliches Tätigwerden *im Vorfeld einer konkreten Gefahr*. Dieser Terminus der Vorfeldermittlung wird gemäß *Kühne*[214] als *pro-aktives Handeln* bezeichnet.

Demgemäss stellt eine derartige vorbeugende Verbrechensbekämpfung *erstens* eine Abweichung von dem herkömmlichen rechtsstaatlichen Korrektiv der konkreten Gefahr dar.

Zweitens löst sich die vorbeugende Verbrechensbekämpfung typischerweise von dem Erfordernis des *Anfangsverdachtes einer* ***bestimmten*** Straftat, der für das Strafverfahrensrecht wesentlich ist.

Folglich kann man feststellen: Das Charakteristikum und Problem der vorbeugenden Verbrechensbekämpfung ist die Vornahme von Grundrechtseingriffen ohne konkrete Gefahr und ohne strafprozessualen Anfangsverdacht. Insoweit sprengt die vorbeugende Verbrechensbekämpfung Schranken des Polizeirechtes und des Strafprozessrechts.

Nicht gemeint sind mit der vorbeugenden Verbrechensbekämpfung *schlichthoheitliche* Maßnahmen im Vorfeld einer konkreten[215] Gefahr, die durch den Begriff der Abwehr einer *allgemeinen* Gefahr im Sinne der Aufgabengeneralklausel der Polizeigesetze der Länder abgedeckt sind und die für Schutz- und Kriminalpolizei als gemeinsame Träger der Aufgabe Gefahrenabwehr schon lange als Notwendigkeit existieren. Derartige schlichthoheitliche Maßnahmen sind beispielsweise die Belehrung von Verkehrsteilnehmern, Streifengänge und -fahrten, der Einsatz von Reiterstaffeln auf den Parkplätzen, um den organisierten Diebstahl von Luxuskarossen zu verhindern[216] und ähnliches mehr.
Allerdings sei bereits an dieser Stelle betont, dass ein Anfangsverdacht iSd. §§ 152 II, 160, 163 StPO relativ schnell vorliegen kann mit der Konsequenz, dass die Einleitung eines *strafprozessualen Ermittlungsverfahrens* erforderlich ist,

---

[214]Kühne, StPO, Rn. 371.
[215]zum Begriff der „konkreten" Gefahr vgl. oben.
[216]vgl. dazu Kniesel, ZRP 1987, S. 379.

- sei es gegen eine bestimmte beschuldigte Person oder auch nur gegen „Unbekannt“ -.

Dies ist vor allem der Fall bei der *Beteiligung Mehrerer.*

Denn soweit hier die konkrete Gefahr besteht, dass diese ein *Verbrechen* begehen, besteht immer der Anfangsverdacht eines Verbrechens iSd. § 30 II StGB (Verbrechensverabredung). Bei Verbrechen von Einzeltätern und bei Vergehen iSd. § 12 StGB greift freilich § 30 StGB nicht ein.

Die Grenze des bereits Strafbaren und damit die rechtliche Schlüssigkeit für einen Anfangsverdacht ist zudem bei der Bildung krimineller bzw. terroristischer Vereinigungen gemäß §§ 129, 129 a StGB schnell erreicht. Auf dieses Problem wird die vorliegende Arbeit an späterer Stelle zurückkommen.

Anhand des folgenden Beispiels soll der Begriff *„vorbeugende Verbrechensbekämpfung“* verdeutlicht werden:

Die Polizei verhindert durch eine Festnahme die Durchführung eines für später ***verabredeten*** *Verbrechens. Dominiert hier die Gefahrenabwehr, die Strafverfolgung oder liegt gar beides vor?*

Das Verbrechen war bislang nur *verabredet*, d.h. mangels einer konkreten Gefahr greift die polizeiliche Aufgaben- und Generalklausel nicht ein. Dennoch ist die polizeiliche Tätigkeit durch eine ***Verzahnung von Prävention und Repression***[217] geprägt, die für die Tätigkeit im Vorfeld einer Gefahr gerade typisch ist. Denn einerseits will die Polizei der Länder eine *potentielle* Gefahr abwehren, anderseits soll die Festnahme von Personen, welche bereits die Durchführung eines Verbrechens miteinander verabredet hatten, auch der Vorsorge für die künftige Strafverfolgung dienen. Mithin ist die vorbeugende Verbrechensbekämpfung durch eine Gemengelage von Prävention und Repression gekennzeichnet.

Festzuhalten ist, dass mit dem Einzug der Maßnahmen auf dem Gebiet der vorbeugenden Verbrechensbekämpfung langfristig das Ende der konkreten Gefahr als polizeirechtliche Eingriffsbefugnis eingeläutet sein könnte.

---

[217] StV 1995, S. 604.

C. Der Inhalt der Maßnahmen der vorbeugenden Verbrechensbekämpfung

Es hat sich eine lebhafte Diskussion darüber entwickelt, welchen Inhalt Maßnahmen der vorbeugenden Verbrechensbekämpfung haben könnten. Beachtenswert ist hierbei, welche Begriffsvielfalt für die vorbeugende Verbrechensbekämpfung in diesem juristischen Meinungsstreit, der gemäß einer Feststellung *Kniesels* (1992) eine „unendliche Geschichte“ darstellt[218], existiert. So wird der Begriff der *vorbeugenden Verbrechensbekämpfung* auch noch als „Vorfeldaktivität im Rahmen vorbeugender Verbrechensbekämpfung“, „offensive Erkenntnisgewinnung“, „operative Vorbeugung“, „erste Verdachtsschöpfung“ und „Vorverlagerung der Verdachtsschwelle“, „operative Arbeit“, „Kontrolle im Vorfeld“, „pro-aktive Polizei“ oder auch „Kontrolle im Vorfeld“ bezeichnet[219].

Gemeint ist mit all diesen Bezeichnungen jedenfalls immer das gleiche, nämlich die Darstellung des Aufgabenbereichs der Polizei ***im Vorfeld einer klassischen Gefahr***.

Der Begriff der vorbeugenden Verbrechensbekämpfung hat bereits in einigen Polizeigesetzen der Länder Einzug gehalten. Als Beispiel für eine gebräuchliche Formulierung in den Polizeigesetzen kann hier auf § 1 I S. 3 POG RP verwiesen werden:

*„Die Polizei hat im Rahmen der Gefahrenabwehr auch Straftaten zu **verhüten** und für die Verfolgung von Straftaten **vorzusorgen**[220] (vorbeugende Bekämpfung von Straftaten).“*

Als gesetzliche Umschreibung der vorbeugenden Verbrechensbekämpfung hat sich somit ein *zweiteiliger Begriff* entwickelt. Die erste Säule der vorbeugenden Verbrechensbekämpfung ist die ***Verhütung von Straftaten***. Die zweite Säule stellt die ***Vorsorge für die Verfolgung künftiger Straftaten*** dar.

Verhütung von Straftaten meint dabei die Verhinderung von Verbrechen und Vergehen mit polizeilichen Mitteln[221].
Vorsorge für die Verfolgung künftiger Straftaten ist namentlich der Bereich der erkennungsdienstlichen Maßnahmen, so z.B. die Abnahme von Fingerab-

---

[218] Kniesel, ZRP 1992, S. 164.
[219] vgl. Willner, Kriminalistik 1991, S. 76 f; Kniesel, ZRP 1989, S. 329; Vahle, Kriminalistik 1990, S. 573; Schmidt, Kriminalistik 1990, S. 567; Burghard; Kriminalistik 1990, S. 501, 504.
[220] Hervorhebung von Verfasserin.
[221] Krey, Rechtsprobleme, Rn. 203 f.

drücken, die Fertigung von Lichtbildern oder die Aufbewahrung der so gewonnenen erkennungsdienstlichen Unterlagen[222].

Auch wenn in fast allen Polizeigesetzen der Länder

- mit Ausnahme von Bremen[223]-

die Polizei ausdrücklich aufgefordert und ermächtigt wird, zum Zwecke der *vorbeugenden* Verbrechensbekämpfung tätig zu werden, ist nach wie vor die Einordnung dieser Aufgabe in das System der Regelkreise „Gefahrenabwehr" und „Strafverfolgung" ebenso streitig wie der Regelungsstandort - Polizeigesetze oder StPO -. Denn das Handeln im Rahmen der vorbeugenden Verbrechensbekämpfung kann zu einer Verschmelzung von Polizei- und Strafprozessrecht führen.

Zu beachten ist, dass es historisch gewachsene Aktivitäten zur vorbeugenden Bekämpfung von Straftaten gibt. Verdeckte Ermittlungen im Sinne heimlicher Informationsbeschaffung tätigt die Polizei seit es die Kriminalpolizei gibt. So ist zum Beispiel die Vorschrift des § 81 b StPO durch das Ausführungsgesetz zu dem Gesetz gegen gefährliche Gewohnheitsverbrecher und über Maßregeln der Sicherung und Besserung vom 24.11.1933 in die Strafprozessordnung eingefügt worden.[224] Durch das Vereinheitlichungsgesetz vom 12.9.1950[225] wurde diese Vorschrift nur unwesentlich sprachlich verändert.

§ 81 b StPO gestattet in seiner zweiten Alternative die Aufnahme von Lichtbildern und die Abnahme von Fingerabdrücken eines Beschuldigten „für die Zwecke des ***Erkennungsdienstes***", somit im Hinblick auf eine zukünftige Nutzung.

D. Gesetzgebungskompetenz der Länder?

Fraglich ist, ob den Ländern überhaupt die Gesetzgebungskompetenz auf dem Gebiet der vorbeugenden Verbrechensbekämpfung zukommt.

Weil im Folgenden der Streit über die Frage dargestellt werden soll, ob die beiden Säulen der vorbeugenden Verbrechensbekämpfung

---

[222]vgl. dazu Krey, ebda. Rn. 203 f; Heise/Riegel, Musterentwurf eines einheitlichen Polizeigesetzes, S. 52 f; Steiner-Schenke, Besonderes Verwaltungsrecht, II, Rn. 50.

[223] Ähnliche Bestimmungen finden sich im BGSG und BKAG, vgl. Soiné, Kriminalistik 1997, S. 252.

[224]RGBl I, 1000; Zur Begründung Schäfer/Wagner/Schafheutle, Gesetz gegen gefährliche Gewohnheitsverbrecher, Anm. 1, S. 245.

[225]BGBl. S. 455.

- zum einen Vorsorge für die Verfolgung künftiger Straftaten
- zum anderen Verhütung von Straftaten

zur Gefahrenabwehr oder zur Strafverfolgung zu rechnen sind oder gar ein eigenständiges Regelungsgebiet darstellen, hat an dieser Stelle nur ein kurzer Hinweis auf die Frage der Gesetzgebungskompetenz zu erfolgen.

Im Urteil des Landeverfassungsgerichtshofs Mecklenburg-Vorpommern vom 21.10.1999 zur sogenannten „*Schleierfahndung*“ findet sich die folgende Feststellung:

Die Aufgabe, Straftaten zu verhüten und für die Verfolgung künftiger Straftaten vorzusorgen (vorbeugende Bekämpfung von Straftaten) liege weder in der Variante der *Verhütung* von Straftaten noch in der Modalität jener *Vorsorge* außerhalb der Gesetzgebungszuständigkeit des Landes[226]:

„Der Polizei werden Aufgaben im Vorfeld der repressiven Tätigkeit zugewiesen, die keinen Bezug zu einer konkreten Straftat haben. Die Vollzugspolizei soll entweder Straftaten von vornherein verhüten oder eine künftige mit der konkreten polizeilichen Aktion noch nicht verbundene Strafverfolgung erleichtern.“

Ob diese Auffassung zutreffend ist, wird an anderer Stelle dieser Arbeit eingehend untersucht werden.

Ziel der vorliegenden Arbeit ist unter anderem die Klärung des Begriffs der *„vorbeugenden Verbrechensbekämpfung“*. Es wird untersucht, ob die Vorsorge für die Verfolgung künftiger Straftaten oder die Verhütung von Straftaten dem Gebiet der Strafverfolgung oder dem der präventiv-polizeilichen Gefahrenabwehr zugeordnet werden können. Darüber hinaus wird auch näher auf die Problematik einzugehen sein, ob die Gefahr besteht, dass durch eine Berufung auf vorbeugende Verbrechensbekämpfung das Risiko einer Entfesselung der Polizei geschaffen wird, weil sie sich von den Erfordernissen der Geltung der StPO, der Herrschaft der Staatsanwaltschaft über das Ermittlungsverfahren und - in gewissem Umfang - auch von dem für die StPO besonderen typischen Grundrechtsschutz durch Richtervorbehalte trennt.

[226]Urteil Mecklenburg-Vorpommern, S. 16.

§ 9 Entwicklungsgeschichte der vorbeugenden Verbrechensbekämpfung

A. Historischer Überblick

Um auf die oben aufgeworfenen Fragen sachgerecht eingehen zu können, bedarf es zunächst eines Blickes auf die Entwicklungsgeschichte des Begriffes der *vorbeugenden Verbrechensbekämpfung.*

Bis zu Beginn der siebziger Jahre wurde der Begriff der *vorbeugenden* Verbrechensbekämpfung wörtlich verstanden. Man subsumierte darunter alle Maßnahmen der Polizei die bezwecken, der Entstehung von Kriminalität vorzubeugen. Dies verdeutlicht, dass unter der vorbeugenden Verbrechensbekämpfung lediglich die Verhütung von Straftaten verstanden wurden.

Mit Beginn der siebziger Jahre änderte sich diese Sichtweise allerdings grundlegend. Unter dem Einfluss der *Terrorismus-Welle* und der sogenannten *Organisierten Kriminalität* entwickelte sich ein völlig neues Verständnis des Aufgabenbereiches der Polizei auf dem Gebiet der vorbeugenden Verbrechensbekämpfung. Unter dem Schlagwort Terrorismus sei an dieser Stelle nur an die zahlreichen Attentate der RAF erinnert.

Schwieriger gestaltete sich aber von Anfang an die Frage, was unter der Bezeichnung „Organisierte Kriminalität" zu verstehen ist.[227] In den gemeinsamen Richtlinien der Justizminister/-senatoren und Innenminister/-senatoren der Länder über die Zusammenarbeit bei der Verfolgung der Organisierten Kriminalität[228] wird die Organisierte Kriminalität definiert als die[229]

„...von Gewinn- oder Machtstreben bestimmte planmäßige Begehung von Straftaten, die einzeln oder in ihrer Gesamtheit von erheblicher Bedeutung sind, wenn mehr als zwei Beteiligte auf längere oder unbestimmte Dauer
a) unter Verwendung gewerblicher oder geschäftsähnlicher Strukturen
b) unter Anwendung von Gewalt oder anderer zur Einschüchterung geeigneter Mittel oder
c) unter Einflussnahme auf Politik, Medien, öffentliche Verwaltung, Justiz und Wirtschaft
zusammenwirken."

Unter dem Einfluss des Terrorismus und der Organisierten Kriminalität erkannte man, dass die scharfe Trennung der Aufgabengebiete der Polizei in präven-

---

[227] Ostendorf, JZ 1991, S. 62 ff.

[228] Abgedruckt z.B. im Ministerialblatt für das Land Nordrhein-Westfalen, Nr. 93 v. 21.12.1990.

[229] vgl. weiterführend Lisken/Denninger-Denninger, Handbuch des Polizeirechts, S. 277.

tives und repressives Handeln den gesteigerten Anforderungen der erwähnten Kriminalitätsformen nicht mehr genügt. Angestrebt wurde, bereits im Vorfeld begangener Straftaten eine effiziente Kriminalitätsbekämpfung zu ermöglichen. Dies war mit dem althergebrachten Verständnis der vorbeugenden Verbrechensbekämpfung als bloßer Verhütung von Straftaten nicht zu erreichen.

Als Konsequenz entstand allmählich ein neues Verständnis der sogenannten *vorbeugenden Verbrechensbekämpfung.* Hierunter sollten *alle* Möglichkeiten der Polizei fallen, im Vorfeld der Straftat zu agieren, um insbesondere die Ausgangsbasis, Struktur und Logistik der organisierten Kriminalität zu neutralisieren, auszuheben und zu vernichten[230].

Entscheidend weiterentwickelt wurde jener Begriff schließlich Mitte der siebziger Jahre. In dem Musterentwurf eines einheitlichen Polizeigesetzes vom 25.11.1977 wurde durch den Verbesserungsentwurf zur Änderung des Musterentwurfs vom 12.03.1986 zum ersten Mal eine Legaldefinition des Begriffes der vorbeugenden Verbrechensbekämpfung vorgeschlagen.

Gemäß dieser Definition sollte unter vorbeugender Verbrechensbekämpfung die ***Verhütung von Straftaten und die Vorsorge für die Verfolgung von künftigen Straftaten*** zu verstehen sein.

Der Begriff der vorbeugenden Verbrechensbekämpfung wird seitdem in diesem Sinne als zweiteilig beschrieben, so wie bereits erwähnt zum Beispiel in § 1 I S. 3 POG RP.

B. Resümee

Neben den herkömmlichen Bereichen *Prävention* und *Repression* wird zunehmend auch das Gebiet der *vorbeugenden Verbrechensbekämpfung*

- die polizeiliche Tätigkeit im Vorfeld einer klassischen Gefahr -

als Aufgabe der Polizei genannt.

Wurde dieser Begriff zu Beginn seiner Einführung in die juristische Fachwelt zunächst streng am Wortlaut ausgelegt, so hat er sich - was dargestellt worden ist - entscheidend verändert. Er passte sich den aktuellen Kriminalitätsformen, vor allem der Organisierten Kriminalität, an und wird sowohl als Verhütung als auch als Vorsorge für die Verfolgung künftiger Straftaten verstanden.

[230]vgl. dazu Stümper, Kriminalistik 1980, S. 242 f.

Dritter Hauptteil: Der Polizeibegriff/Einordnung der vorbeugenden Verbrechensbekämpfung

§ 10 Historische Darstellung des Polizeibegriffes[231]

A. 15. bis 17. Jahrhundert

Im *15. bis 17. Jahrhundert* umfasste die Polizei als sogenannte *„gute Polizey"*[232] nahezu alle rechtlich geordneten Lebensbereiche der Untertanen. In den Reichspolizeiordnungen von 1530, 1548 und 1677 und in den Landespolizeiordnungen existieren unter anderem auf dem Gebiet des Handels und Gewerbes, der Kleiderordnungen, der Religionsausübung und des Liegenschaftsrechts Reglementierungen[233]. Im Zeitalter des Absolutismus, dem *18. Jahrhundert*, war die Polizei der verlängerte Arm des absoluten Monarchen.[234] Mit ihrer Hilfe konnten gegenüber den Untertanen verbindliche Anordnungen getroffen werden, die den gesamten Lebensbereich betrafen. Allerdings deckte sich der Polizeibegriff nur mit der gesamten „inneren Staatsverwaltung", d.h. die auswärtigen Angelegenheiten, das Heer- und Finanzwesen sowie die Justiz unterfielen nicht dem Polizeibegriff.[235] Daneben diente die Polizei als Instrument der Wohlfahrtspflege.[236] Der Begriff Wohlfahrtspflege darf aber nicht im Lichte unseres heutigen sozialstaatlichen Sinne verstanden werden. Vielmehr repräsentierte die *„Beförderung der allgemeinen Wohlfahrt bzw. der allgemeinen Glückseligkeit"* das Recht des Monarchen, seinen Untertanen Reglementierungen jeglicher Art aufzuerlegen.[237] Diese Entwicklung fand ihren Höhepunkt im sogenannten *Polizeistaat*, der die Kehrseite der absolutistischen Befugnisse des Landesherrn war.

B. Ende des 18. Jahrhunderts

Im ausgehenden 18. Jahrhundert wurden, inspiriert durch die *Aufklärung*, vermehrt Stimmen laut, welche den Einfluss des Staates auf den mündigen, d. h. aufgeklärten Bürger minimieren wollten. Dennoch wurde von vielen noch am Polizeistaat festgehalten. Hierzu legte *Chr. Wolff* dar, dass

---

[231] Die historische Darstellung bezieht sich für die Zeit nach dem Zweiten Weltkrieg bis zur deutschen Wiedervereinigung nur auf die Bundesrepublik Deutschland.

[232] Ausf. hierzu Knemeyer, AöR 92 (1967), S. 153 ff.; Preu, Polizeibegriff und Staatszwecklehre, 1983, S. 15 ff, 20 f.

[233] Lisken/Denninger-Boldt, Handbuch des Polizeirechts, A Rn. 1 ff.

[234] Drews/Wacke/Vogel/Martens-Martens, Gefahrenabwehr, S. 3 ff; Boldt aaO., Rn. 11 ff.

[235] Drews/Wacke/Vogel/Martens-Martens, Gefahrenabwehr, S. 3.

[236] Götz, Allgemeines Polizei- und Ordnungsrecht, Rn. 9; Lisken/Denninger-Boldt, Handbuch des Polizeirechts, A Rn. 16.

[237] Götz, Allgemeines Polizei- und Ordnungsrecht, Rn. 9; Lisken/Denninger-Boldt, aaO., A, Rn. 16.

„...der Polizeistaat seine Existenzberechtigung in dem beschränkten Verstand der Untertanen finde, die ihr Recht und Glück nicht erkennen könnten."

Joh. St. Pütter hingegen vertrat einen konträren Standpunkt. Er war der Auffassung, dass

„...der Einzelne zu seinem Glück nicht gezwungen werden dürfe; die Beförderung der Wohlfahrt sei nicht eigentlich Aufgabe der Polizei; vielmehr komme der Polizeigewalt die Aufgabe der ***Gefahrenabwehr*** *zu."*

Diesen Standpunkt verdeutlicht dann die Einführung des § 10 Teil II Titel 17 PrALR von 1794:

„Die nötighen Anstalten zur Erhaltung der öffentlichen Ruhe, Sicherheit und Ordnung und zur Abwendung der dem Publico, oder einzelnen Mitgliedern derselben, bevorstehenden Gefahr zu treffen, ist das Amt der Polizey."

C. Weitere Entwicklung

Die ältere, weitreichende Definition des Begriffes „Polizei" des 18. Jahrhunderts kam bald aus der Mode. An seine Stelle trat die sogenannte ***„öffentliche Verwaltung"***[238]. Diese Entwicklung bildet den Grundstein der ***„Entpolizeilichung"***, die sich bis ins 20. Jahrhundert fortsetzt. Begleiterscheinung dieser Reform waren mannigfaltige Änderungen des Polizeibegriffes. Folgende Grundtendenzen waren zu erkennen:

I. Institutioneller Polizeibegriff

Der ***institutionelle Begriff*** bezieht sich auf bestimmte, als Polizei tätig werdende Behörden[239]. Diese Begrifflichkeit findet sich zuerst bei *Gustav Zimmermann*[240]. Sie umfasst allerdings nicht den *sachlichen* Umfang polizeilicher Tätigkeit.

II. Materieller Polizeibegriff

Diese Lücke versucht der ***materielle Polizeibegriff*** zu schließen. Polizei im materiellen Sinne ist die mit Zwangsgewalt verbundene Staatstätigkeit. Wird die

---

238 Wulf Damkowski, Die Entstehung des Verwaltungsbegriffes, 1969; Hans Erich Bödeker, „Verwaltung", „Regierung" und „Polizei" in deutschen Wörterbüchern und Werken des 18. Jahrhunderts, JEV Nr. 1, 1989, S. 5 ff.

239 Lisken/Denninger-Boldt, Handbuch des Polizeirechts, A Rn. 39.

240 Gustav Zimmermann, Die deutsche Polizei im 19. Jahrhundert, 3 Bde., Hannover 1845 - 1849.

öffentliche Sicherheit oder Ordnung bedroht, wehrt sie von der Allgemeinheit oder dem Einzelnen Gefahren ab und beseitigt bereits eingetretene Störungen[241]. Allein aufgrund jenes Polizeibegriffes können jedoch nicht ohne weiteres Verwaltungsbehörden ausgeschlossen werden, die diese Aufgaben gleichfalls wahrnehmen, so zum Beispiel die Gesundheitsämter. Zudem wurde erkannt, dass die Polizei nicht nur zum Zwecke der Gefahrenabwehr tätig wird. Vielmehr wurden ihr sowohl Aufgaben auf dem Gebiet der „Leichtigkeit des Verkehrs" als auch Tätigkeiten mit dem Ziel der Aufklärung geschehener Verbrechen übertragen[242]. Weil der materielle Polizeibegriff mit einer derartigen Ausdehnung der Polizeiarbeit an seine Grenzen stieß, wurde ein weiterer Begriff entwickelt.

III. Formeller Polizeibegriff

Zusätzlich entstand deshalb der ***formelle Begriff***. Dieser umschreibt die Aufgaben, die von der Polizei im institutionellen Sinne wahrgenommen werden, unabhängig davon, ob es sich um Gefahrenabwehr oder um sonstige Verwaltungstätigkeit handelt[243]. Polizei im inhaltlichen Sinne ist somit alles, was die „Polizei" genannten Behörden tun[244]. Der formelle Begriff birgt einige Unklarheiten, zumal bis heute nicht eindeutig zu klären ist, was unter dem Begriff der „Polizei" genannten Behörden subsumiert werden kann. Denn das Produkt Polizei unterlag und unterliegt bis heute der geschichtlichen Entwicklung und stellt keine rationale Konstruktion von Staatsverwaltung dar[245].

IV. Funktionale Bestimmung

Das wird auch durch die **„funktionale"** Bestimmung der Polizei bestätigt. Einer der Hauptvertreter war *Lorenz von Stein*[246]. Dieses Polizeiverständnis dominierte in der zweiten Hälfte des 19. Jahrhunderts und besagte, dass die Polizei mittels ihrer typischen Befugnis zu charakterisieren sei, zum Beispiel anhand des Rechtes, etwas mit Zwang durchzusetzen[247]. Jene funktionale Bestimmung ist aber viel zu einseitig. Die Polizei wurde nur noch als Vollzugsbehörde des Staates für den äußersten Fall angesehen; man übersah, dass auch anderen Behörden

---

[241]Steiner-Schenke, Besonderes Verwaltungsrecht, II Rn. 8; Friauf, in: v. Münch/Schmidt-Aßmann, Besonderes Verwaltungsrecht, 2. Abschnitt Rn. 10.
[242] Lisken/Denninger-Boldt, Handbuch des Polizeirechts, A Rn. 39.
[243]Lisken/Denninger-Boldt, aaO., A Rn. 39.
[244]Lisken/Denninger-Boldt, aaO., A Rn. 39.
[245]Lisken/Denninger-Boldt, aaO., A Rn. 39.
[246]vgl. Lorenz von Stein, Verwaltungslehre, 8 Bde., Stuttgart 1866 ff.
[247]vgl. Bluntschi, Stein u.a.; zu Stein vgl. Lüdtke, Von der „Tätigen Verfassung" zur Abwehr von „Störern"; Zur Theoriegeschichte von „Polizei" und staatlicher Zwangsgewalt im 19. und frühen 20. Jahrhundert, Der Staat 20 (1981), S. 215.

die Möglichkeit einer zwangsweisen Durchsetzung zusteht, beispielsweise den Finanzämtern[248].

D. Übergang zum liberalen Rechtsstaat

Die Schlüsselrolle für den Übergang des Polizeistaates zum liberalen Rechtsstaat spielte die sogenannte ***Kreuzberg-Entscheidung*** des PrOVG vom 14.06.1882[249]. In diesem Urteil ging es um die Frage der Rechtsgültigkeit einer Polizeiverordnung und einer darauf basierenden Verfügung, die eine bestimmte Bebauung der Umgebung eines Siegesdenkmales auf dem Berliner Kreuzberg untersagte mit der Begründung, dass dadurch die Aussicht auf das Denkmal erschwert werde[250]. Weil in dem der Entscheidung zugrunde liegenden Fall für das Bauverbot eine spezielle gesetzliche Grundlage nicht bestand, kam nach Auffassung des Gerichts nur die allgemeine Ermächtigung für polizeiliches Handeln gemäß § 10 II 17 ALR in Betracht. Nach dieser Vorschrift konnte die Polizei aber nur Maßnahmen zur *Abwehr von Gefahren* für eines der genannten Rechtsgüter ergreifen. Die Förderung des allgemeinen Wohls gehörte dagegen nach Ansicht des PrOVG nicht mehr zum Aufgabenkreis der Polizei. Vielmehr müsse die Polizei zur Wahrnehmung wohlfahrtspflegerischer Aufgaben spezialgesetzlich ermächtigt werden. [251]

E. 20. Jahrhundert

Auch im 20. Jahrhundert fand die Rechtsprechung des PrOVG ihre Bestätigung. Sie fand Eingang in die polizeirechtlichen Kodifikationen. § 14 des Preußischen Polizeiverwaltungsgesetzes (PrPVG) vom 1.6.1931[252] enthielt die klassische Formulierung der Generalklausel, die bis heute fortwirkt:

„ (1) Die Polizeibehörden haben im Rahmen der geltenden Gesetze die nach pflichtgemäßem Ermessen notwendigen Maßnahmen zu treffen, um von der Allgemeinheit oder dem Einzelnen Gefahren abzuwehren, durch die die öffentliche Sicherheit oder Ordnung bedroht wird.
(2) Daneben haben die Polizeibehörden diejenigen Aufgaben zu erfüllen, die ihnen durch Gesetz besonders übertragen sind. "

Ein jähes Ende fand diese Entwicklung zum liberalen Rechtsstaat jedoch in der NS-Diktatur. Die Polizei wurde von der inneren Verwaltung abgetrennt und mit

---

[248] Lisken/Denninger-Boldt, Handbuch des Polizeirechts, A Rn. 39.
[249] PrOVG E 9, S. 353 = Neuabdruck DVBl. 1985, S. 219 = (Neuabdruck) VBlBW 1993, S. 271; Kroeschell, VBlBW 1993, S. 268 ff.
[250] Lisken/Denninger-Boldt, Handbuch des Polizeirechts, A Rn. 49.
[251] PrOVG, DVBl. 1985, S. 219 (223 f.); Götz, JuS 1991, S. 805 ff.
[252] Preußische Gesetzessammlung 1931, S. 77; Götz, JuS 1991, S. 805 ff.

der Parteipolizei der NSDAP, der SS, verbunden. Die Polizei wurde ***das*** Machtinstrument der Nationalsozialisten. Eine gerichtliche Kontrolle der Tätigkeit der Polizei fand nicht mehr statt. Die Polizei konnte schrankenlos agieren. Allenfalls fanden sogenannte „Scheinprozesse“ statt, in denen der Urteilsspruch aber von vornherein feststand. Die Polizei konnte deshalb unbegrenzte Maßnahmen bis hin zur „Vorbeugehaft“ und „Schutzhaft“ verhängen[253].

Nach dem Ende des 2. Weltkrieges erfolgte die Entwicklung des Polizeibegriffs zwar noch in Anlehnung an das Preußische Polizeiverwaltungsgesetz, wurde aber zusehends durch die britischen und amerikanischen Besatzungsmächte beeinflusst.

In den Ländern der *Bundesrepublik Deutschland* kam es zur sog. Entpolizeilichung, d.h. als Polizei sollte nur mehr die Vollzugspolizei gelten. In Titel IX der Vorschriften der US-Militärregierung vom 1.2.1946 heißt es im Untertitel 235[254]:

„Alle früher von der deutschen Polizei wahrgenommenen Aufgaben, die nicht unmittelbar im Zusammenhang mit dem Schutz von Leben und Eigentum, der Aufrechterhaltung der öffentlichen Ordnung und der Verhütung und Entdeckung von Straftaten stehen, werden dem polizeilichen Tätigkeitsgebiet entzogen. Derartige Pflichten können von anderen geeigneten Stellen wahrgenommen werden, doch ist die Bezeichnung >>Polizei<< für derartige Funktionen oder für die sie ausübenden Dienststellen oder Personen nicht zu benutzen.“

Die bis dahin eigentlichen Polizeiangelegenheiten, *Gefahrenabwehraufgaben,* wurden von der Polizei auf die *Ordnungs- bzw. Sicherheitsbehörden als Teil der allgemeinen inneren Verwaltung* übertragen. Diese Entwicklung führte dazu, dass die Begriffe „Gefahrenabwehr“ und „Polizei“ nicht mehr notwendig kongruent sind. Vielmehr soll zwischen unterschiedlichen Begriffen der Polizei unterschieden werden, was im Folgenden dargestellt wird.

I. Polizei im materiellen Sinne

Unter Polizei im ***materiellen Sinne*** ist die Zielsetzung und Qualität derjenigen staatlichen Tätigkeiten zu verstehen, die inhaltlich durch ein Handeln zum Zwecke der Gefahrenabwehr für die öffentliche Sicherheit gekennzeichnet sind[255]. Zu beachten ist hierbei, dass dieser Begriff lediglich auf den Schutz vor Beeinträchtigungen der öffentlichen Sicherheit (und Ordnung) abstellt. Eine allum-

[253] Drews/Wacke/Vogel/Martens-Martens, Gefahrenabwehr, S. 11 ff; Götz, Allgemeines Polizei- und Ordnungsrecht, Rn. 16.
[254] Abgedruckt in: Honnacker/Beinhofer, Polizeiaufgabengesetz, S. 29.
[255] Lisken/Denninger-Hilse, Handbuch des Polizeirechts, B Rn. 3.

fassende allgemeine Wohlfahrtsfürsorge und Vorsorge findet nicht mehr statt[256]. Maßgebend ist hier somit die Funktion der Verwaltungstätigkeit als Gefahrenabwehrtätigkeit. Wer organisatorisch diese Aufgaben der Gefahrenabwehr erfüllt, spielt hier keine Rolle. Zum materiellen Polizeirecht gehören folglich alle Rechtsnormen, die Fragen der Gefahrenabwehr regeln. In diesem Sinne bestimmt zum Beispiel § 1 II Saarländisches Polizeigesetz[257], dass die Polizei die Aufgabe hat,

„...eine im einzelnen Fall bestehende Gefahr für die öffentliche Sicherheit oder Ordnung (Gefahr) abzuwehren..."

Bei der Eingriffsermächtigung des § 18 VIII S. 1 Saarländisches Straßengesetz, welcher der zuständigen Behörde die Befugnis verleiht, Maßnahmen zur Beendigung einer ohne Erlaubnis wahrgenommenen Sondernutzung zu treffen, handelt es sich um materielles Polizeirecht[258].

II. Polizei im institutionellen Sinne

Polizei im ***institutionellen Sinne*** umfasst die Beschreibung der Stellen der öffentlichen Verwaltung, die dem Organisationsbereich der Polizei angehören[259]. Somit sind unter Polizei diejenigen Stellen der öffentlichen Verwaltung zu verstehen, die vom Landesgesetzgeber dem Organisationsbereich der Polizei zugewiesen wurden. § 1 I Saarländisches Polizeigesetz beschreibt diesen institutionellen Polizeibegriff[260]:

„Polizei im Sinne dieses Gesetzes sind die Polizeiverwaltungsbehörden und die Vollzugspolizei."

III. Polizei im formellen Sinne

Unter Polizei im ***formellen Sinne*** ist der Kreis der Aufgaben zu verstehen, die von der Polizei im institutionellen Sinne wahrgenommen werden, unabhängig davon, ob es sich um Gefahrenabwehr oder um sonstige Verwaltungstätigkeit handelt[261]. Zu diesen von der Polizei im institutionellen Sinne wahrgenommenen Tätigkeiten gehören unter anderem Aufgaben nach dem Straßenverkehrsrecht[262]. Auch die Funktionen im Rahmen der Verfolgung von Ordnungswid-

---

[256] Lisken/Denninger-Hilse, Handbuch des Polizeirechts, B Rn. 3.
[257] Mandelartz/Sauer/Strube, Polizeigesetz, § 1 Anm. 5.
[258] DÖV 1996, S. 1055; NVZ 1996, S. 511.
[259] Lisken/Denninger-Hilse, Handbuch des Polizeirechts, B Rn. 4.
[260] Mandelartz/Sauer/Strube, Polizeigesetz, § 1 Anm. 3.
[261] Lisken/Denninger-Hilse, aaO., B Rn. 5.
[262] vgl. Landtag des Saarlandes, Drucksache 9/1929, Begründung S. 12, zu § 8 II.

rigkeiten und Straftaten gehören dazu. In § 85 I S. 2 HS 2 Saarländisches Polizeigesetz wird der Aufgabenkreis der Polizeivollzugsbehörden deshalb wie folgt beschrieben:

„...Sie[263] sind insbesondere zuständig ...für die Erforschung und Verfolgung von Straftaten und Ordnungswidrigkeiten."

§ 11 Einordnung der vorbeugenden Verbrechensbekämpfung

Nach der Skizzierung der historischen Entwicklung des Polizeibegriffes soll folgend der Begriff der vorbeugenden Verbrechensbekämpfung erörtert werden.

Die vorbeugende Verbrechensbekämpfung wird in einer Entscheidung des Sächsischen Verfassungsgerichtshofes vom 14.05.1996 ausdrücklich als *unverzichtbares Mittel* im Kampf gegen die moderne Kriminalität angesehen. Das Gericht betont allerdings zunächst:

Zwar... *„rechtfertige sich ein generelles staatliches Tätigwerden im Vorfeld konkreter Gefahrensituationen zum Schutz von Sach- oder Vermögenswerten weder aus der objektivrechtlichen Pflicht der Staatsorgane zum Schutz der von der Rechtsordnung gesicherten Individualgüter noch aus dem allgemeinen Sicherheitsbedürfnis der Bevölkerung."*[264]

Dennoch betont das Gericht, wie im Folgenden ausgeführt, dass

„... der Einsatz der besonderen Mittel der Datenerhebung auch schon im Vorfeld konkreter Gefahrensituationen zur Verhinderung und vorbeugenden Bekämpfung von Straftaten geeignet und erforderlich ist."[265]

Auch das Landesverfassungsgericht Mecklenburg-Vorpommerns[266] bestätigt in seinem am 21.10.1999 ergangenen Urteil zur Schleierfahndung, dass die vorbeugende Verbrechensbekämpfung zulässig ist.

Geht man von der dargelegten zweiteiligen Definition der vorbeugenden Verbrechensbekämpfung

- einerseits Verhütung von Straftaten, andererseits Vorsorge für die Verfolgung künftiger Straftaten -

---

[263] Anmerkung der Verfasserin: „Sie" bezieht sich auf die Polizeivollzugsbehörden.
[264] Götz, JZ 1996, S. 960.
[265] Abdruck des Urteil des Landesverfassungsgerichts Mecklenburg-Vorpommern, DVBl. 1996, S. 1429.
[266] Vgl. dazu bereits oben.

aus, so ist fraglich, ob jene *Verhütung* bzw. jene *Vorsorge* einen Unterfall der Gefahrenabwehr oder aber der Strafverfolgung darstellen. In Betracht kommt zudem noch eine Zuordnung zum Bereich der Vorbereitung auf die Strafverfolgung. Im Schrifttum, in der Rechtsprechung und in der Gesetzgebung werden hierzu unterschiedliche Auffassungen vertreten.

A. Vorbeugende Verbrechensbekämpfung in der Erscheinungsform der Verhütung von Straftaten

Befassen wir uns zunächst mit der Einordnung der vorbeugenden Verbrechensbekämpfung in der Erscheinungsform der Verhütung von Straftaten:

I. Heutiger Meinungsstand im Schrifttum

1. Mindermeinung

Vereinzelt finden sich Anhänger der Auffassung, welche die vorbeugende Verbrechensbekämpfung *insgesamt*, und damit auch die Verhütung von Straftaten, zum Regelungsbereich des *Strafrechtes*[267] oder der StPO[268] zählen. Im Rahmen der Einordnung der Vorsorge für die Verfolgung künftiger Straftaten wird auf diese Meinung ausführlich eingegangen. Vorab kann aber schon an dieser Stelle darauf hingewiesen werden, dass die Anhänger jenes Standpunktes ganz einfach eine Einsicht vernachlässigen, die lautet: *Die Verhütung von Straftaten ist der Kernbereich präventiv-polizeilicher Gefahrenabwehr.*

2. Herrschender Standpunkt

Demgemäß dominiert in der Literatur die Ansicht, welche die Verhütung von Straftaten

- die erste Säule der vorbeugenden Verbrechensbekämpfung -

als normale polizeiliche *Gefahrenabwehr* im Sinne der Aufgaben- und Eingriffsgeneralklausel der Landespolizeigesetze einordnet.[269] Dies wird damit begründet, dass durch die Verhütung der Straftat zugleich eine Gefahr für die öffentliche Sicherheit abgewehrt wird.[270]

---

[267]so zum Beispiel Merten, ZRP 1991, S. 217.
[268]vgl. nur Hund, ZRP 1991, S. 466 ff.
[269]Denninger, CR 1988, S. 53 f; Kniesel, ZRP 1989, S. 330 f.
[270]Drews/Wacke/Vogel/Martens-Vogel, Gefahrenabwehr, S. 132.

3. Eigene Stellungnahme

Es fragt sich, welcher Ansicht zu folgen ist. Um zu einer einleuchtenden Antwort zu gelangen, muss meines Erachtens zunächst geklärt werden, welche *Zielrichtung* mit der vorbeugenden Verbrechensbekämpfung in der Erscheinungsform der Verhütung von Straftaten verfolgt werden könnte. Die Verhütung von Straftaten müsste zum präventiven Aufgabenbereich - Gefahrenabwehr - gezählt werden, wenn sich die Tätigkeit der Polizei in diesem Fall auf eine ereignisbezogene, prognostisch fundierte und effektive Reaktion auf eine *Schadenswahrscheinlichkeit* beziehen sollte.[271] Ein Beispielsfall soll hier Klarheit verschaffen:

Man weiß, dass eine Gruppe von Kurden plant, eine Botschaft zu stürmen. Die Polizei will dagegen unter Berufung auf die vorbeugende Verbrechensbekämpfung in der Erscheinungsform der Verhütung von Straftaten einschreiten. Welches Ziel verfolgt die Polizei bei diesem Vorgehen?

Hier ist es evident, dass die Polizei eine *konkrete*, d. h. eine im Einzelfall bestehende *Gefahr*, nämlich das Stürmen der Botschaft, verhindern will. Somit ist festzustellen, dass das Ziel der Verhütung von Straftaten darin gesehen werden kann, Verbrechen und Vergehen mit polizeilichen Mitteln zu verhindern.[272] Das Handeln der Polizei ist auch auf eine effektive Reaktion hinsichtlich einer Schadenswahrscheinlichkeit bezogen.

Folglich ist festzuhalten, dass die vorbeugende Verbrechensverhütung jedenfalls dann zum Bereich der Gefahrenabwehr zählt, solange eine *konkrete Gefahr* der Begehung von Verbrechen und Vergehen besteht. Weil eine Straftat immer auch eine Gefahr für die öffentliche Sicherheit darstellt, zählt gerade auch die Verhütung von Straftaten zum Aufgabenbereich der Gefahrenabwehr,

„...weil durch die Verhütung der Straftat zugleich eine Gefahr für die öffentliche Sicherheit abgewehrt wird.“[273]

Der ganz dominierenden Ansicht im Schrifttum, welche die Verhütung von Straftaten zum Bereich der Gefahrenabwehr rechnet, ist somit zu folgen.

Dem widerspricht nicht die Erkenntnis, dass auch Strafrecht und Strafprozessrecht der präventiven Kriminalitätsbekämpfung dienen, da Sinn und Zweck der Strafe entweder *neben der Vergeltung* oder *allein* in der *General- und Spezial-*

---

[271] Ahlers, Grenzbereich, S. 138.
[272] vgl. Krey, Rechtsprobleme, Rn. 203.
[273] Ahlers, Grenzbereich, S. 140; Drews/Wacke/Vogel/Martens-Vogel, Gefahrenabwehr, S.132.

prävention liegen. Dass die Verfolgung und Bestrafung begangener Verbrechen und Vergehen (zumindest auch) präventiven Zwecken dient

- und dass erst Recht die Verhängung von Maßregeln der Besserung und Sicherung (§§ 61 ff. StGB) wegen einer begangenen rechtswidrigen Tat präventiver Natur ist -

ändert nichts an der Feststellung: *Die vorbeugende Verbrechensbekämpfung in der Form der Verhütung konkret drohender Straftaten ist eine genuin präventiv-polizeiliche Aufgabe der Gefahrenabwehr nach Landespolizeirecht,*

II. Standpunkt der Rechtsprechung zur Einordnung der Verhütung von Straftaten

1. Darstellung der Meinungen

Auch die Rechtsprechung hat sich der Ansicht des Schrifttums

- jene Verhütung zähle unproblematisch zur Gefahrenabwehr –

angeschlossen:

In einem *Urteil* des Landesverfassungsgerichtshofes Mecklenburg-Vorpommern vom 21.10.1999 führt das Gericht im Hinblick auf die Frage, *ob den Ländern die Gesetzgebungskompetenz hinsichtlich der vorbeugenden Verbrechensbekämpfung zustehe*, aus:

*„...Diese polizeiliche Aufgabenzuweisung liegt **weder** in der Variante der Verhütung von Straftaten **noch** in der Variante der vorbeugenden Bekämpfung von Straftaten **außerhalb der Gesetzgebungszuständigkeit des Landes**[274]. Der Polizei werden Aufgaben im Vorfeld der repressiven Tätigkeit zugewiesen, die keinen Bezug zu einer konkreten Straftat haben. Die Vollzugspolizei soll entweder Straftaten von vornherein verhüten oder eine künftige mit der konkreten polizeilichen Aktion noch nicht verbundene Strafverfolgung erleichtern.“*[275]

Neben dem Verfassungsgerichtshof des Landes Mecklenburg-Vorpommern hat sich auch der Sächsische Verfassungsgerichtshof in seiner Entscheidung vom 14.5.1996 mit der Frage der Einordnung der Verhütung von Straftaten befasst. Er gelangt zu dem Ergebnis, dass sogenannte Vorfeldbefugnisse der Polizei nach neueren kriminalistischen Erkenntnissen im Kampf gegen die modernen

[274]Hervorhebung von Verfasserin.
[275]Landesverfassungsgericht Mecklenburg-Vorpommern, Endurteil vom 21.10.1999, S. 16.

Kriminalitätsformen unerlässlich seien[276]. Der Verfassungsgerichtshof führt weiter aus, dass z.B. der Einsatz der besonderen Mittel der Datenerhebung auch schon im Vorfeld konkreter Gefahrensituationen zur *Verhinderung* und vorbeugenden Bekämpfung von Straftaten geeignet und erforderlich sei.[277]

2. Eigene Stellungnahme

Festzuhalten bleibt, dass auch die Rechtsprechung die Verhütung von Straftaten zur Gefahrenabwehr rechnet, was wie oben dargelegt, m.E. auch die richtige Lösung ist.

III. Standpunkt der Landesgesetzgeber

Zu untersuchen ist, ob die Landesgesetzgeber denselben Standpunkt vertreten.

In den meisten modernen Polizeigesetzen der Länder, unter anderem in

a) § 1 I S. 3 POG Rheinland-Pfalz,
b) § 7 I Nr. 4 SOG Mecklenburg-Vorpommern

finden sich heute Regelungen für die der Polizei zustehende Kompetenz der vorbeugenden Verbrechensbekämpfung. Danach hat die Polizei die Aufgabe, Straftaten zu verhüten und für die Verfolgung von Straftaten vorzusorgen (vorbeugende Verbrechensbekämpfung). Der erwähnte § 1 I S. 3 POG RP lautet:

„...Die Polizei hat im Rahmen der Gefahrenabwehr auch Straftaten zu verhüten und für die Verfolgung von Straftaten vorzusorgen (vorbeugende Bekämpfung von Straftaten).“

Eine Außenseiterrolle nimmt Bremen ein. Dort wird die Polizei nicht ausdrücklich beauftragt und ermächtigt, im Vorfeld der Deliktsbegehung tätig zu werden.

Resümee: Die Ansichten der Landesgesetzgeber untermauern folglich die bereits oben entwickelte Ansicht hinsichtlich der Einordnung der Verhütung von Straftaten zum Regelungsbereich der Gefahrenabwehr.

---

[276] Götz, JZ 1996, S. 959.
[277] Götz, JZ 1996, S. 960.

IV. Bundesrecht: Darstellung der Rechtslage

§ 1 III BKAG idF. 7.7.1997 besagt:

„Die Verfolgung sowie die Verhütung von Straftaten und die Aufgaben der sonstigen Gefahrenabwehr bleiben Sache der Länder, soweit gesetzlich nichts anderes bestimmt ist.“

Und in § 1 V BGSG in der Fassung vom 19.10.1994 ist geregelt, dass die dem Bundesgrenzschutz obliegenden Aufgaben der Gefahrenabwehr auch die *Verhütung* von Straftaten nach Maßgabe des BGSG umfassen.
Auch das Bundesrecht bestätigt mithin die Zuordnung der Verhütung von Straftaten zum Bereich der Gefahrenabwehr. Diese Einordnung ist auch sinnvoll, weil im Rahmen der Verhütung von Verbrechen und Vergehen die öffentliche Sicherheit in dem Sinne aufrechterhalten wird, dass eine Verletzung der strafrechtlichen Rechtsordnung verhindert wird[278].

V. Resümee

Die vorbeugende Verbrechensbekämpfung in der Erscheinungsform der Verhütung von Straftaten muss zur Gefahrenabwehr gerechnet werden. Durch die Verhütung einer Straftat wird zugleich eine Gefahr für die öffentliche Sicherheit abgewehrt. Eine Zuordnung zum Bereich der Strafverfolgung verbietet sich m.E. aus diesem Grunde. Das gefundene Ergebnis hinsichtlich der Einordnungsfrage bestätigt auch die gängige neue Rechtsprechung, beispielsweise diejenige des Verfassungsgerichtshofes Mecklenburg-Vorpommern.

B. Vorbeugende Verbrechensbekämpfung in der Erscheinungsform der Vorsorge für die Verfolgung künftiger Straftaten

Die Einordnung der vorbeugenden Verbrechensbekämpfung in der Erscheinungsform der Vorsorge zur Verfolgung künftiger Straftaten erweist sich im Gegensatz zur Verhütung von Straftaten als problematisch, sehr umstritten und nach wie vor nicht ausreichend geklärt. Von der Art der Einordnung hängt es aber ab,

- ob dem Bund oder den Ländern die Gesetzgebungskompetenz zusteht;
- welche Eingriffsbefugnisse die Polizei besitzt, d.h. ob die Ermächtigungsgrundlage für ihr Handeln in den Polizeigesetzen der Länder oder in der StPO zu finden ist;

---

[278] OVG Lüneburg NJW 1974, S. 820; Drews/Wacke/Vogel/Martens, Gefahrenabwehr, § 15 2 c, S. 236 f.

- ob die Polizei aufgrund des Legalitätsprinzips verpflichtet ist einzuschreiten oder ob das Opportunitätsprinzip eingreift;
- ob die Weisungskompetenz der Staatsanwaltschaft gilt;
- welcher Rechtsweg gegeben ist[279]. Denn für Klagen gegen präventivpolizeiliches Handeln ist gemäß § 40 VwGO der Verwaltungsrechtsweg eröffnet. Rechtsschutzgesuche gegen strafprozessuale Maßnahmen der Polizei, die aufgrund der heute verbreiteten „funktionalen" Betrachtungsweise[280] als Justizbehörde iSd. § 23 EGGVG eingestuft wird, unterfallen entweder den Sonderregeln für Justizverwaltungsakte nach §§ 23 ff. EGGVG oder dem richterlichen Rechtsschutzsystem des § 98 II 2 StPO[281].

Eine einheitliche Meinung hat sich bezüglich jener Einordnungsproblematik weder in Schrifttum noch in der Rechtsprechung gebildet. Teils wird die Vorsorge zum Bereich der Gefahrenabwehr gerechnet, teils aber auch zum Bereich der Strafverfolgung. Darüber hinaus könnte die Vorsorge aber auch ein eigenständiger („dritter") Regelungsbereich sein.

Doch warum erweist sich jene Einordnung als problematisch? Um diese Frage zufriedenstellend beantworten zu können, ist zunächst die *Bedeutung* der Vorsorge für die künftige Strafverfolgung zu klären. Auch hier muss wie auch im Rahmen der Prüfung der Verhütung von Straftaten untersucht werden, welche *Zielrichtung* mit der Vorsorge zur Verfolgung künftiger Straftaten verfolgt werden soll. Ohne diese Untersuchung ist auch hier eine Einstufung nicht möglich.

Die Vorsorge für die künftige Strafverfolgung erfordert, dass im Vorfeld von noch nicht begangenen Straftaten Daten und Informationen

- gegebenenfalls auch heimlich durch verdeckte Ermittlungen -

erhoben und gespeichert werden[282].

Ohne zureichende tatsächliche Anhaltspunkte im Sinne eines Anfangsverdachtes wird also der Sache nach schon Strafverfolgung betrieben. Somit handelt es sich bei der Vorsorge zur Verhütung künftiger Straftaten um Strafverfolgung in

---

[279]Krey, Rechtsprobleme, Rn. 194 ff.
[280]Schenke, VerwArch 60 (1969), S. 332 ff; BVerwGE 47, S. 255; BayVGH BayVBl 1967, S. 97; VG Frankfurt DVR 1984, S. 273, 276 f; Schenke VerwArch 62 (1971), S. 176 ff; Dörr, NJW 1984, S. 2259; Kopp, VwGO, § 179 Rn. 6.
[281]Amelung, NJW 1979, S. 1687 ff; Rieß/Thym, GA 1981, S. 189 ff; Dreier, JZ 1987, S. 1009; Nach einer Mindermeinung ist die Polizei nur dann Justizbehörde, wenn und soweit sie Maßnahmen auf Ersuchen der StA trifft.
[282]Merten, ZRP 1991, S. 217.

einer *dem Anfangsverdacht des § 152 II StPO vorgelagerten Grauzone.*[283] Ein Beispiel soll dies verdeutlichen:

Ein bestimmter Hangtäter, beispielsweise ein notorischer Einbrecher, bricht immer wieder in Wohnungen und Häuser ein. Die Polizei will nun zum Zwecke der Versorge zur Verfolgung seiner etwaigen künftigen Straftaten einschreiten. Wie ist dies zu beurteilen?

Es fällt auf, dass es an strafprozessualen Ermittlungen wegen einer begangenen Straftat fehlt. Die Polizei will hier vielmehr *künftigen* Straftaten des Einbrechers, die man eigentlich gar nicht verhindern kann oder nur mit unverhältnismäßigen Mitteln

- beispielsweise mittels Überwachung ganzer Wohnviertel -

dadurch entgegentreten, dass für den Fall, dass ihre Begehung nicht verhindert werden kann, zumindest ihre *Aufklärung* ermöglicht werden soll. Somit gehört die zweite Spielart der vorbeugenden Verbrechensbekämpfung mangels Vorliegens einer konkreten Gefahr weder eindeutig zum Polizeirecht noch mangels Anfangsverdacht eindeutig zum Strafverfahrensrecht.

I. Zur Rechtsnatur der vorbeugenden Verbrechensbekämpfung in der Erscheinungsform der Vorsorge für die Verfolgung künftiger Straftaten

1. Ist diese Vorsorge ein Gegenstand der Gesetzgebungskompetenz des Bundes?

a) Zugehörigkeit zur Regelungsmaterie Strafrecht

Merten vertritt die Auffassung, dass die vorbeugende Bekämpfung von Straftaten *insgesamt zur Regelungsmaterie Strafrecht* gehöre[284]. Seiner Ansicht nach umfasst der geschlossene Kreis „Strafrecht“ alle damit im Zusammenhang stehenden Handlungen und Verrichtungen[285]. Deshalb zähle, so erklärt *Merten*, auch die vorbeugende Verbrechensbekämpfung zum Strafrecht[286]. Daraus folgt, dass nach *Merten* die zweite Säule der vorbeugenden Verbrechensbekämpfung, die Vorsorge für die künftige Verbrechensverfolgung zum Strafrecht gehört.

---

[283]Linden, in: Seminarbericht PFA - Münster; Bd. 30, 1988, S. 45 ff; Wolter, GA 1988, S. 52 f.

[284]Merten, ZRP 1988, S. 172.

[285]Merten, ZRP 1988. S. 172.

[286]Merten aaO., S. 172.

Dies wird von ihm weiterhin damit begründet, dass die Regelungen des StGB nicht nur für den jeweiligen Einzeltatbestand in Geltung seien, sondern für die gesamte, am gleichen Rechtsgut orientierte Materie Bedeutung erlangt hätten[287]. Folge dieser Ansicht wäre, dass dem Landesgesetzgeber keine Gesetzgebungskompetenz zustehen würde. Gemäß Art. 74 Nr. 1 GG wäre vielmehr der Bund zur Gesetzgebung befugt.

b) Diskussion

Wie ich meine kann der Ansicht von Merten nicht gefolgt werden.

Konsequenz seiner Meinung wäre, dass letztlich jede Maßnahme der vorbeugenden Verbrechensbekämpfung unter den Begriff des Strafrechts i.S. des Art. 74 Nr. 1 GG subsumiert werden könnte. Strafrecht ist dabei die Gesamtheit der Rechtsnormen, die für eine rechtswidrige und schuldhafte Tat als Rechtsfolge eine Strafe, Geldbuße oder Maßregel der Besserung und Sicherung festsetzen[288]. Von Art. 74 Nr. 1 GG werden ja bekanntlich das Kriminalstrafrecht[289] und das Ordnungswidrigkeitenrecht[290] erfasst. Dabei ist der Bundesgesetzgeber aber gehalten, die Kompetenz der Länder zur inhaltlichen Ausgestaltung des Landesrechts nicht zu beeinträchtigen[291]. Es ist ihm folglich nicht gestattet, durch die Hintertür der Zuständigkeit für das Strafrecht die Gesetzgebungszuständigkeit der Länder aufzuzehren[292].

Doch genau ein solches unzulässiges Verhalten wird durch die Ansicht *Mertens* gefördert. Er verkennt, dass es sich bei der vorbeugenden Verbrechensbekämpfung im allgemeinen und der Vorsorge für Verfolgung künftiger Straftaten im besonderen nicht um die Schaffung von Tatbeständen handelt, die ein Verhalten bei Strafe oder unter Androhung von Geldbuße verbieten. In diesen Fällen könnte der Bund die ansonsten bestehenden Zuständigkeitsanordnungen außer Acht lassen[293]. Doch erklärtes Ziel der Vorsorge für die künftige Verbrechensverfolgung ist gerade nicht die Repression als solche, sondern die Vorbeugung, die darin liegt, dass mit der Aufklärung von Straftaten zu rechnen ist.

Folglich kann der Ansicht *Mertens* nicht gefolgt werden.

---

[287]Merten, ZRP 1988, S. 172 unter Berufung auf LG Bad Kreuznach, NJW 1978, S. 1931 u. BT-Dr. 7/550, S. 199.
[288] Maunz/Dürig-Maunz, GG, Art. 74 Nr. 63; v. Münch, GG, Art. 74 Rn. 7.
[289]BVerfGE13, S. 367 (372)=NJW 1962, S. 789.
[290]BVerfGE 27, S. 18/32 f; 29, 1S. 11,16; 31, S. 141,144.
[291]BVerfGE 13, S. 367,373; 23, S. 113,125; 26, S. 246,258.
[292]Kniesel, ZRP 1989, S. 331.
[293]Maunz/Dürig-Maunz, GG, Art. 74 Rn. 69.

c) Die Vorsorge für die Verfolgung künftiger Straftaten als Regelungsgegenstand des Strafprozessrechts, weil es typischerweise um Informationen aus einem staatsanwaltlichen Ermittlungsverfahren gehe?

Wolter erkennt, dass es sich bei der Vorsorge zur Verfolgung künftiger Straftaten nicht um klassisches Polizeirecht handelt. Denn es mangelt am Vorliegen einer konkreten Gefahr oder am nahen Bevorstehen einer Straftat. Weil zudem kein Anfangsverdacht einer Straftat vorliegt, kann die Vorsorge nach Ansicht *Wolters* auch nicht zum herkömmlichen Strafprozessrecht gerechnet werden[294]. Allerdings führt *Wolter* aus, dass im Rahmen der Vorsorge zur Aufklärung künftiger Straftaten in aller Regel Informationen aus einem staatsanwaltlichen Ermittlungsverfahren verwendet werden[295]. Deshalb sind, so meint *Wolter*, entsprechende Informationssysteme der StA und Kriminalaktennachweissysteme der Polizei sowie andere Informationsspeicher nach Art. 74 Nr. 1 GG Regelungsgegenstand der StPO[296]. Für eine Zuordnung zum Regelungsbereich der StPO spreche auch, dass es

„ ohnehin bei der Vorsorge für die künftige Strafverfolgung nicht durchweg um Vorkehrungen für die Aufklärung künftiger Delikte geht, sondern auch um die Vorsorge für die künftige Aufklärung von bereits begangenen (noch unbekannten) Straftaten.“[297]

W*olter* legt dar, dass diese beiden Fälle der Vorsorge für die künftige Strafverfolgung nicht auseinandergerissen werden sollten, wie dies in einigen neuen Polizeigesetzen, etwa § 1 I S. 2 Polizeigesetz Nordrhein-Westfalen geschehe, nämlich durch die Formulierung:

“...für die Verfolgung künftiger Straftaten vorzusorgen.“

Konsequenz dieser Ansicht wäre, dass dem Landesgesetzgeber keine Gesetzgebungskompetenz für den Bereich jener Vorsorge zustehen würde. Überzeugt diese Argumentation?

---

[294]Systematischer Kommentar-Wolter, StPO, vor § 151 Rn. 160 a.
[295]Wolter aaO, vor § 151 Rn. 160 a.
[296]Wolter aaO, vor § 151 Rn. 160 a; BVerwGE 2, S. 304; Amelung NJW 1979, S. 1688 Fn. 8; Backes KritV 1986, S. 332; Benfer NJW 1980, S. 902; Blau NJW 1956, S. 805; Burghard Kriminalistik 1987, S. 520; Denninger CR 1988, S. 54.
[297]Systematischer Kommentar-Wolter, StPO, vor § 151 Rn. 160 a.

d) Diskussion

Wolter verkennt, dass die Aufnahme der Vorsorge für die Verfolgung zukünftiger Straftaten in den Normierungsbereich der StPO die Notwendigkeit mit sich bringen würde, den ***Typus eines Vorverdächtigen*** einzuführen. Möchte beispielsweise die Polizei eine greifbare Kriminellen-Szene ohne das Vorliegen einer konkreten Bezugstat überwachen, so zum Beispiel die Drogenszene in einem Park, dann würde in diesem Falle ja kein Anfangsverdacht vorliegen. Würde man hier aber gemäß der Auffassung *Wolters* ein Vorfeld des konkreten Anfangsverdachtes bejahen, so würde dies den Anforderungen des § 152 II StPO widersprechen. Denn eine komplette Einordnung der Vorsorge für künftige Strafverfolgung in die StPO scheitert aus verfassungsrechtlichen Gründen. Nur punktuelle präventive Regelungen in der StPO lassen sich über eine Annexkompetenz[298] rechtfertigen[299]. Der Verhütungsauftrag ist aber ein Kernbereich der Gefahrenabwehr[300] als Domäne der Länder (Art. 30, 70 GG). Somit verbietet sich eine Regelung der Vorsorge für die künftige Verbrechensverfolgung in der StPO.

Auch der Ansicht *Wolters* kann nicht zugestimmt werden.

e) Zugehörigkeit jener Vorsorge zur StPO, weil es um die „Überwindung strafprozessualer Effektivitätshindernisse" gehe?

Auch *Hund* ist der Ansicht, dass die Zugehörigkeit zur StPO bejaht werden müsse. Dazu führt er aus:

„Es geht bei der angeblichen „vorbeugenden Verbrechensbekämpfung" nicht um Gefahrenabwehr, es geht um Erleichterung der Strafverfolgung, es geht um die Überwindung strafprozessualer Effektivitätshindernisse. Und hierfür besteht angesichts der abschließenden Regelung der StPO unter keinem Gesichtspunkt eine Gesetzgebungskompetenz der Länder."[301]

[298] Anmerkung der Verfasserin: Neben der sog. Annexkompetenz gibt es auch die Kompetenz kraft Natur der Sache. Diese liegt vor, wenn eine Regelung dem Wesen nach nur bundeseinheitlich getroffen werden kann, vgl. BVerfGE 11, 89 (99); BVerfGE 26, 246 (257). Diese sog. Kompetenz kraft Natur der Sache ist eng auszulegen, was das BVerfG auch in seinem Urteil zur Verfassungsmäßigkeit der Rechtschreibreform vom 14.07.1998 (BVerfGE 98, S. 218 ff.) festgestellt hat. Hervorzuheben ist jedoch, dass über das Verhältnis der Kompetenz kraft Sachzusammenhangs zur Annexkompetenz bis heute keine Einigkeit besteht (vgl. Jarass, NVwZ 2000, S. 1089 f.). Deshalb wird in der Literatur die Forderung erhoben, die Unterscheidung aufzuheben. Vgl. dazu auch Karpen/Becker, JZ 2001, S. 966 ff.

[299] BVerfGE 8, S. 143, 149 f; BVerwGE 28, S. 310, 311 ff; Fugmann, NJW 1981, S. 2227 f.

[300] Götz, Allgemeines Polizei- und Ordnungsrecht, Rn. 426; Knemeyer, Polizei- und Ordnungsrecht, Rn. 87 f.

[301] Hund, ZRP 1991, S. 466.

Als weitere Untermauerung für die Richtigkeit seiner Argumentation weist er auf die anerkannte Notwendigkeit hin, im BKAG eine Regelung der „Vorsorge für künftige Verbrechensverfolgung“ zu schaffen, was in § 5 BGAG idF. 07.07.1997 inzwischen geschehen ist. Weil das BKA nach *Hunds* Meinung keine selbständige Gefahrenabwehrkompetenz besitze[302], sei dies der Beweis dafür, dass die Vorsorge dem Bereich Strafverfolgung zuzurechnen ist.

Außerdem vertritt *Hund* die Auffassung, dass gerade für den Bereich der Organisierten Kriminalität der Tatbestand der Kriminellen Vereinigung in § 129 StGB nahezu jede relevante Vorfeldaktivität erfassen dürfte[303]. Deshalb sei die Verdachtsschwelle zu Beginn eines Ermittlungsverfahrens nicht allzu hoch, mit der Folge, dass ein Anfangsverdacht iSd. § 152 II StPO schon früh bejaht werden könne. Das gleiche gilt nach *Hund* auch für den *Versuch der Beteiligung an einem Verbrechen iSd. § 30 StGB* und für §§ 129, 129 a StGB. Hier sei die Strafbarkeitsgrenze vorverlagert[304].

Nach Auffassung von *Hund* ist somit die Vorsorge für die Ermöglichung künftiger Strafverfolgung der Gesetzgebungskompetenz der Länder entzogen.

f) Eigene Stellungnahme

Meines Erachtens kann der Auffassung von *Hund* nicht gefolgt werden. Zum einen deshalb nicht, weil das BKA-Gesetz sehr wohl Aufgaben der Gefahrenabwehr enthält, so zum Beispiel in § 9 I BKAG. Zum anderen übersieht *Hund*, dass aus der Erhebung personenbezogener Daten zur Ermöglichung künftiger Strafverfolgung ein präventiver Effekt resultiert[305]. *Hund* stellt nur auf die Datenspeicherung zu diesem Zweck ab; aber auch sie hat entgegen seiner Ansicht präventive Funktion.

Wenn *Hund* postuliert, praktisch jede Vorfeldaktivität im Rahmen der Organisierten Kriminalität sei von § 129 StGB erfasst, dann spricht er sich für die Schaffung von Vorfeldtatbeständen in Form abstrakter Gefährdungsdelikte aus, zum Beispiel §§ 129, 129 a StGB. Hierbei übersieht er aber, dass dieser Weg rechtsstaatlich bedenklich ist. Denn damit besteht die Gefahr, dass mittels der Straftatbestände des Strafrechts der vermuteten Gefährlichkeit von Personen und Gruppen entgegengetreten werden soll. Hierdurch würde aber das Strafrecht geradezu systemwidrig das Polizeirecht unterwandern[306]!

---

[302]Hund, ZRP 1991, S. 467.
[303]Hund, ZRP 1991, S. 464.
[304]Hund, aaO., S. 464.
[305]Kniesel, ZRP 1992, S. 165.
[306]so auch Kniesel, ZRP 1992, S. 166.

Auch diese Ansicht kann somit nicht überzeugen.

g) Zugehörigkeit der vorbeugenden Verbrechensbekämpfung in der Modalität der Vorsorge für die Verfolgung künftiger Straftaten zur StPO wegen der Existenz von Präventivregelungen in dieser Kodifikation?

Fraglich ist, ob die Vorsorge für eine künftige Strafverfolgung als *Regelung des gerichtlichen Verfahrens* im Strafprozessrecht eingeordnet werden kann. An den vermeintlichen Präventivregelungen in der StPO wird schon seit langer Zeit der Streit um das Verhältnis der Gefahrenabwehr zur Strafverfolgung festgemacht. Hierbei steht u.a. § 81 b 2. Alt. StPO (Erkennungsdienst) im Mittelpunkt dieser lebhaften Diskussion.

Unter Bezugnahme auf jenen Streit könnte eine Bundeszuständigkeit, genauer: eine Regelung der Vorsorge für eine künftige Strafverfolgung ***in der StPO*** verlangt werden, wenn jene Vorsorge ebenso wie die erkennungsdienstlichen Maßnahmen unter den Regelungskomplex des „gerichtlichen Verfahrens" iSd. Art. 74 Nr. 1 GG zu subsumieren wäre.

§ 81 b StPO wurde zusammen mit den §§ 81, 81 a, 81 c StPO durch das Ausführungsgesetz zum Gesetz gegen gefährliche Gewohnheitsverbrecher und über Maßregeln der Sicherung und Besserung bereits am 24.11.1933 in die StPO aufgenommen[307]. Durch das Gesetz zur Wiederherstellung der Rechtseinheit auf dem Gebiet der Gerichtsverfassung, der bürgerlichen Rechtspflege, des Strafverfolgungs- und des Kostenrechts vom 12.09.1950[308] erfuhr die Regelung nur eine unbedeutende sprachliche Korrektur[309].

Vor der Erfassung erkennungsdienstlicher Maßnahmen in § 81 b 2. Alt. StPO konnten derartige Maßnahmen nur auf *landesrechtliche* Regelungen gestützt werden. Dieser Umstand allein ist aber noch keine ausreichende Begründung für die These, bei § 81 b 2. Alt StPO handele es sich um eine polizeiliche Aufgabe.

Die in § 81 b 2. Alt. StPO normierte Anfertigung von Lichtbildern, Fingerabdrücken und ähnlichem und auch ihre Aufbewahrung (z.B. in Verbrecherordnern) könnte indes wegen ihres vorsorgerischen Charakters für die künftige Strafverfolgung *ungeachtet ihrer Regelung in der StPO* präventivpolizeilicher Natur sein. Der vorsorgerische Charakter der Anfertigung ist dadurch begründet, dass die dabei gewonnenen Unterlagen nicht in die Ermittlungsakten auf-

---

[307]RGBl I, S. 1000.
[308]BGBl S. 455.
[309]Das BverfG hat in seiner Entscheidung E 8, S. 210 klargestellt, dass § 81 b StPO nachkonstitutionelles Recht ist.

genommen werden, sondern vielmehr in örtliche und zentrale polizeiliche Materialsammlungen, vor allem in Dateien, aufgenommen werden[310]. Hierdurch wird die Observation und die Ermittlung *unbekannter* oder *künftiger* Straftaten ermöglicht[311].

Es ist zu untersuchen, wie diese ohne Zweifel vorsorgerische Regelung des § 81 b 2. Alt. StPO in Rechtsprechung und Literatur eingeordnet wird. Wird § 81 b 2. Alt StPO als Aufgabe auf dem Gebiet der Strafrechtspflege angesehen oder ist sie vielmehr präventivpolizeilicher Natur?

aa) Entwicklung der Rechtsprechung

In seiner Entscheidung vom 03.11.1955 hat das BVerwG[312] die auf § 81 b 2. Alt. StPO gestützten erkennungsdienstlichen Maßnahmen als Justizverwaltungsakt auf dem Gebiet der Strafrechtspflege eingeordnet.

Jedoch gab derselbe Senat[313] diese Ansicht im Jahre 1960 auf, indem er die Anfertigung der Unterlagen und deren Aufbewahrung als „polizeiliche Aufgabe" einordnete. Denn, so führte das BVerwG in seiner Begründung aus, die Anfertigung der notwendigen Unterlagen, z.B. Lichtbilder, Fingerabdrücke etc., dienten dazu,

„der Kriminalpolizei die Bekämpfung zukünftiger Verbrechen und Vergehen im Interesse eines wirksamen Schutzes der Allgemeinheit zu erleichtern."[314]

Die erkennungsdienstlichen Maßnahmen sind danach vorbeugend und sichernd[315].

Seit dieser Entscheidung wird dem Bundesgesetzgeber die Gesetzgebungskompetenz zugesprochen, in der StPO ausnahmsweise *materiell* ***polizeirechtliche*** Vorschriften zu normieren. Die Anfertigung und auch Aufbewahrung von Fingerabdrücken etc. für die Zwecke des Erkennungsdienstes sind somit im Schwerpunkt präventiv-polizeilicher Natur[316]. Ihre Normierung in der StPO beruht dabei auf dem engen Sachzusammenhang zum Strafverfahrensrecht iSd. Art. 74 Nr. 1 GG[317].

---

[310]Lemke/Julius/Krehl/Kurth Rautenberg/Temming-Lemke, StPO, § 81 b Rn. 1.
[311]ebda.
[312]BVerwGE 2, S. 302 = NJW 1956, S. 234.
[313]BVerwGE 11, S. 181 = NJW 1961, S. 571.
[314]BVerwGE 11, S. 181,183.
[315]OLG Düsseldorf NJW 1959, S. 1790; OVG Münster NJW 1972, S. 2147.
[316]Lemke/Julius/Krehl/Kurth Rautenberg/Temming-Lemke, StPO, § 81 b Rn. 1.
[317]vgl. BVerwG NJW 1983, S. 773.

Auch bei den Instanzgerichten findet diese Ansicht Zustimmung, z.B. beim OLG Düsseldorf[318], VG Freiburg[319], VG Frankfurt[320], OVG Berlin[321], OVG Münster[322] oder VGH Mannheim[323].

bb) Meinungsstand in der Literatur

Vereinzelt gibt es aber auch *Gegenstimmen* zu der soeben dargestellten Auffassung. § 81 b 2. Alt. StPO wird von ihnen als repressive Regelung, mithin zum Strafprozessrecht gehörend, eingestuft[324]. Sie stützen sich hierbei in ihrer Argumentation auf die bereits erwähnte Entscheidung des BVerwG vom 03.11.1995.

So betont etwa *Schwan*[325], dass die erkennungsdienstliche Behandlung eher ein „Akt der vorgezogenen, antizipierten Strafverfolgung" sei. Daraus folgt, dass die Anhänger dieser Ansicht in den Maßnahmen iSd. § 81 b 2. Alt. StPO keinen echten Vorbeugungseffekt sehen[326].

Diese Ansicht übersieht aber

- was oben bereits festgestellt wurde –,

dass die im Wege der erkennungsdienstlichen Maßnahmen erlangten Unterlagen sogar die Grundlage für Observationen und die Ermittlung unbekannter oder künftiger Straftäter liefern[327]. Mithin ist richtigerweise ein *Vorbeugungseffekt* zu bejahen. Jenen Gegenstimmen kann somit nicht gefolgt werden.

Schließlich gibt es noch Vertreter einer weiteren Auffassung. Sie ordnen zwar § 81 b 2. Alt. StPO als materielles Polizeirecht ein. Doch verneinen sie eine Annexkompetenz des Bundes auf diesem Gebiet. Vielmehr ist nach ihrer Ansicht kein Zusammenhang zwischen dem Sachkomplex Strafprozessrecht und

---

318 OLG Düsseldorf NJW 1959, S. 1790.
319 VG Freiburg NJW 1980, S. 901.
320 VG Frankfurt DVR 1985, S. 234.
321 OVG Berlin JR 1971, S. 392.
322 OVG Münster DÖV 1983, S. 603.
323 VGH Mannheim NJW 1973, S. 1663.
324 Schwan, VerwArch 70 (1979), S. 109 ff; Sydow, ZRP 1977, S. 119 ff; Benfer NJW 1980, S. 902; Kickartz, Ermittlungsmaßnahmen zur Gefahrenerforschung und einstweilige polizeiliche Anordnungen, 1984, S. 188 f.
325 Schwan VerwArch 70 (1979), S. 121.
326 Fuß, FS Wacke, 1972, S. 320; ähnlich Hust, Kriminalistik 1965, S. 500: „vorbeugender Nebeneffekt".
327 Lemke/Julius/Krehl/Kurth Rautenberg/Temming-Lemke, StPO, § 81 b StPO Rn. 1.

den Maßnahmen des Erkennungsdienstes ersichtlich[328]. Weil der Bund die erkennungsdienstlichen Maßnahmen in der StPO geregelt habe, obwohl ihm keine Gesetzgebungskompetenz dafür zustehe, ist nach dieser Ansicht § 81 b 2. Alt. StPO verfassungswidrig und nichtig[329]. Vielmehr seien die Länder zuständig.

Dieser Meinung kann aber gleichfalls nicht gefolgt werden. Denn weder dem materiellen Strafrecht noch dem Strafverfahrensrecht sind präventivpolizeiliche Regelungen unbekannt[330],

„ *da zu den Aufgaben des Strafrechts ja neben der Vergeltung die Spezial- und Generalprävention zählt.* "[331]

Ganz überwiegend folgt auch die *Lehre* der dargelegten Ansicht der Rechtsprechung, § 81 b 2. Alt. StPO stelle eine präventivpolizeiliche Regelung dar[332]. Dem Bundesgesetzgeber stehe die Gesetzgebungskompetenz zu, weil sie sich aus dem engen sachlichen Sachzusammenhang mit den strafverfahrensrechtlichen Aufgaben der Polizei ergebe[333].

cc) Bekräftigung des Sachzusammenhangsargumentes durch § 81 g StPO[334]

Ein Indiz dafür, dass der Bundesgesetzgeber die Gesetzgebungskompetenz für § 81 b 2. Alt. StPO (Erkennungsdienst) besitzt, ist der Umstand, dass auch die neueste *erkennungsdienstliche* Vorschrift wieder in der StPO geregelt wurde; gemeint ist § 81 g StPO:

Konnten zunächst nur in einem *anhängigen* Strafverfahren nach §§ 81 e, 81 f StPO molekulargenetische Untersuchungen durchgeführt werden, so sind sie nun wegen § 81 g StPO zur Identitätsfeststellung in ***künftigen*** Strafverfahren erlaubt. Diese Regelung in der Strafprozessordnung zeigt, dass der Gesetzgeber gezielt Maßnahmen der vorbeugenden Verbrechensbekämpfung in der Form des *Erkennungsdienstes,* die wegen des engen Sachzusammenhanges mit strafpro-

---

[328]Mansperger, Die verwaltungs- und verfassungsrechtliche Problematik des polizeilichen Erkennungsdienstes, Diss. Würzburg 1971, S. 30 ff; 41; zumindest andeutungsweise Knemeyer, Polizei- und Ordnungsrecht, S. 76 f.
[329]Mansperger aaO, S. 41.
[330] Kühne, StPO, Rn. 482.
[331]Krey, AT 1, Rn. 118 ff, 146 ff.
[332]Kohlhaas, Körperliche Untersuchung und erkennungsdienstliche Maßnahmen, S. 9, 29; Geerds Jura 1986, S. 8; Krey, StPO Band 2, Rn. 277.
[333]Götz, Allgemeines Polizei- und Ordnungsrecht, Rn. 402, 422; wohl auch Fuß/ Wacke, Rechtsfragen des polizeilichen Erkennungsdienstes, S. 317 ff.
[334]§ 81 g StPO eingeführt durch Gesetz vom 7.9.1998.

zessualen Normen (hier: §§ 81 e, 81 f StPO) eigentlich einen Fremdkörper in der StPO darstellen, im Strafverfahrensrecht regelt

- mithin seine Gesetzgebungskompetenz bejaht-,

und zwar zu Recht.

dd) Kammerbeschluss des BVerfG zur DNA-Identitätsfeststellung - „genetischer Fingerabdruck"

Gegenstand des Beschlusses vom 14.12.2000 war die Klärung der Frage, ob die Regelung des § 2 DNA-IFG[335] iVm. § 81 g StPO gegen Verfassungsrecht verstößt.

Seit 1998[336] gestattet § 81 g StPO zu Zwecken vorbeugender Ermittlungsarbeit bei schweren Delikten mit Wiederholungsgefahr die Entnahme und die Untersuchung von Körperzellen sowie deren Speicherung in einer Gendatenbank beim BKA[337]. Jene Vorschrift lautet:

„(I) Zum Zwecke der Identitätsfeststellung in künftigen Strafverfahren dürfen dem Beschuldigten, der einer Straftat von erheblicher Bedeutung, insbesondere eines Verbrechens, eines Vergehens gegen die sexuelle Selbstbestimmung, einer gefährlichen Körperverletzung, eines Diebstahls in besonders schwerem Fall oder einer Erpressung verdächtig ist, Körperzellen entnommen und zur Feststellung des DNA-Identifizierungsmusters molekulargenetisch untersucht werden, wenn wegen der Art oder Ausführung der Tat, der Persönlichkeit des Beschuldigten oder sonstiger Erkenntnisse Grund zu der Annahme besteht, dass gegen ihn künftig erneut Strafverfahren wegen einer der vorgenannten Straftaten zu führen sind.
(II) Die entnommenen Körperzellen dürfen nur für die in Absatz 1 genannte molekulargenetische Untersuchung verwendet werden; sie sind unverzüglich zu vernichten, sobald sie hierfür nicht mehr erforderlich sind. Bei der Untersuchung dürfen andere Feststellungen als diejenigen, die zur Ermittlung des DNA-Identifizierungsmusters erforderlich sind, nicht getroffen werden; hierauf gerichtete Untersuchungen sind unzulässig.
(III) § 81 a Abs. 2 und § 81 f gelten entsprechend."

---

[335] DNA-IFG = DNA-Identitätsfeststellungsgesetz, geändert durch Gesetz vom 02.06.1999, BGBl. I, S. 1242.
[336] Gesetz vom 07.09.1998, BGBl. I, S. 2646, Identitätsfeststellungsgesetz.
[337] Kühne, StPO, Rn. 491; Kleinknecht/Meyer-Goßner, StPO, § 81 g Rn. 3.

Und § 2 DNA-IFG in der Fassung vom 02.06.1999 besagt:

„(I) Maßnahmen, die nach § 81 g der Strafprozessordnung zulässig sind, dürfen auch durchgeführt werden, wenn der Betroffene wegen einer der in § 81 g Abs. 1 der Strafprozessordnung genannten Straftaten rechtskräftig verurteilt oder nur wegen erwiesener oder nicht auszuschließender Schuldunfähigkeit, auf Geisteskrankheit beruhender Verhandlungsunfähigkeit oder fehlender oder nicht ausschließbar fehlender Verantwortlichkeit (§ 3 des Jugendgerichtsgesetzes) nicht verurteilt worden ist und die entsprechende Eintragung im Bundeszentralregister oder Erziehungsregister noch nicht getilgt ist.
(II) Für Maßnahmen nach Absatz 1 gelten § 81 a Abs. 2, §§ 81 f und 162 Abs. 1 der Strafprozessordnung entsprechend.
(III) Bezüglich der in Absatz 1 genannten Personen gelten die §§ 131 a und 131 c der Strafprozessordnung entsprechend."

Die 3. Kammer des Zweiten Senats des BVerfG gelangte in seiner Entscheidung unter anderem zu folgenden Ergebnissen[338]:

„...Die angegriffenen Maßnahmen finden in § 2 DNA-Identitätsfeststellungsgesetz (DNA-IFG) i. V. mit § 81 g StPO eine gesetzliche Grundlage. Die Regelung ist formell verfassungsgemäß. Sie wurde vom Bundesgesetzgeber auf Grund seiner konkurrienden Gesetzgebungszuständigkeit für das gerichtliche Verfahren in Strafsachen erlassen. Art. 74 I Nr. 1 GG weist dem Bund die konkurrierende Gesetzgebungszuständigkeit unter anderem für >>das Strafrecht und den Strafvollzug<< sowie >>das gerichtliche Verfahren<< zu. Diese Kompetenzregelung enthält in ihrem Wortlaut keine Einschränkung dahin, dass Maßnahmen, die sich auf zukünftige Strafverfahren beziehen, von der Zuweisung der konkurrienden Gesetzgebungskompetenz nicht erfasst sein sollen..."[339].

Weiter heißt es:

„Insoweit ist es ohne Belang, ob der Bundesgesetzgeber inhaltlich befugt ist, strafverfahrensrechtliche Normen zu schaffen, die schon eingreifen, ***bevor***[340] *der Anfangsverdacht einer Straftat vorliegt...*[341]*. Die strafverfahrensrechtliche Einordnung ergibt sich auch systematisch aus der Verknüpfung des § 2 DNA-IFG mit § 81 g StPO, der im Regelungszusammenhang mit §§ 81 e, 81 f StPO steht. Dadurch wird die Beschaffung des DNA-Identifizierungsmusters in verschiedenen Konstellationen jeweils zur Beweisführung in anhängigen oder zu-*

---

[338] Vgl. BVerfG, NJW 2001, S. 879 ff.
[339] aaO.
[340] Hervorhebung von Verfaserin.
[341] BVerfG, NJW 2001, S. 879.

künftigen Strafverfahren genutzt... Die Funktion, künftige Straftaten präventiv abzuwehren, kommt den Vorschriften weder nach ihrem Wortlaut noch nach ihrem Zweck zu. Künftige Straftaten können sie im Regelfall auch tatsächlich nicht verhindern (vgl. OLG Hamburg, OLGSt DNA-IFG § 2 Nr. 4). Dienen die Vorschriften ausschließlich der Beweisbeschaffung zur Verwendung in Strafverfahren, so sind sie dem Strafverfahrensrecht zuzuordnen (vgl. BVerfGE 36, 193 (203)= NJW 1974, 356; BVerfGE 36, 314 (319) = NJW 1974, 743 L; BVerfGE 48, 367 (373) = NJW 1978, 1911).[342] *§ 2 DNA-IFG ist demnach – unbeschadet der Vorschriften über eine nachträgliche Verwendungsänderung (vgl. §§ 477 ff. StPO i.d.F. des StVÄG 1999) – auf Zwecke der (künftigen) Strafverfolgung, nicht auf Zwecke der Gefahrenabwehr ausgerichtet. Daher handelt es sich um >>genuines Strafprozessrecht<<.*[343]

Festzuhalten ist, dass nach Auffassung der 3. Kammer des Zweiten Senats des BVerfG § 2 DNA-IFG i.V. mit § 81 g StPO eine verfassungskonforme gesetzliche Grundlage darstellt.

Dieser Beschluss der 3. Kammer des Zweiten Senats ist aus mehreren Gründen ein Ärgernis:

Erstens hat sich bis heute kein ***Senat*** *des BVerfG* mit den Verfassungsproblemen der DNA-Analyse als Instrument des Erkennungsdienstes (§ 2 I DNA-IFG mit § 81 g StPO) befasst[344]. Demgemäß hat die Kammer m.E. zu Unrecht die Voraussetzung des § 93 c I S. 1 BverfGG

- das BVerfG (zuständiger Senat) muss die maßgeblichen Verfassungsfragen bereits entschieden haben -

bejaht. Folglich bestehen massive Zweifel daran, dass die Kammer an Stelle des 2. Senats eine stattgebende Entscheidung treffen durfte. Vielmehr sprechen gute Gründe für die Annahme, die Kammer habe gegen das Verfassungsprinzip des gesetzlichen Richters verstoßen (Art. 101 I S. 2 GG).

Ein solcher Verstoß ist erstens eine Missachtung jenes justiziellen Grundrechtes. Er ist weiterhin potentiell entscheidungserheblich, und zwar auch wegen der unterschiedlichen politischen Ausgewogenheit der Spruchkörper:

- Drei Richter in der Kammer.
- Acht Richter im Senat.

---

[342] BVerfG, NJW 2001, S. 880.

[343] aaO.

[344] 18.09.1995, NStZ 1996, S. 45 f.; 27.02.1996, NStZ 1996, S. 345 f.; 02.08.1996, NStZ 1996, S. 606 f.

Schließlich ist die präjudizielle Bindungswirkung eines bloßen ***Kammerbeschlusses*** grundsätzlich schwächer als die von ***Senatsentscheidungen***: Nur bei letzteren ist die Geltung des § 31 I BVerfGG weitgehend akzeptiert. Die Vorschrift lautet:

„Die Entscheidungen des Bundesverfassungsgerichts binden die Verfassungsorgane des Bundes und der Länder sowie alle Gerichte und Behörden."

Zweitens ist die Erörterung der Frage der *Bundeskompetenz* für die Regelungsmaterie der vorbeugenden Verbrechensbekämpfung in der Erscheinungsform *„Vorsorge für die Verfolgung künftiger Straftaten" durch erkennungsdienstliche Maßnahmen* in jenem Kammerbeschluss ohne ausreichendes Problembewusstsein:

Die präventive Funktion solcher Maßnahmen wird schlechthin verneint, was der h.M. widerspricht und ohne jede Auseinandersetzung mit den modernen Polizeigesetzen, mit Rechtsprechung und Lehre erfolgt. Die Verfassungsfrage, ob der Bundesgesetzgeber gemäß Art. 74 I Nr. 1 GG befugt ist, strafverfahrensrechtliche Normen zu schaffen, die Ermittlungsmaßnahmen *ohne Anfangsverdacht* zulassen, wird unter Unterschlagung der kompletten polizeirechtlichen Diskussion erörtert. Die These, § 81 g StPO als Beispiel solcher Normen sei *„genuines Strafprozessrecht"*, ist fast schon abenteuerlich; denn *„strafprozessuale Maßnahmen* ***ohne Anfangsverdacht****"* sind im Grunde ein Widerspruch in sich.

Die dritte Kammer des Bundesverfassungsgerichts hat sich auf ein gefährliches Terrain begeben. Oben wurde ja bereits dargelegt, dass nach weit verbreiteter und zutreffender Ansicht die vorbeugende Verbrechensbekämpfung auch in ihrer Spielart *Ermöglichung künftiger Strafverfolgung* durch Erkennungsdienst wie Fingerabdruckdateien zum Polizeirecht gezählt wird. Dies ist auch der Standpunkt der *Polizeigesetzte der Länder* seit den neunziger Jahren des letzten Jahrhunderts. Deshalb wurde und wird § 81 b 2. Alt. StPO als polizeirechtlicher Fremdkörper in der StPO gesehen:

Die Gesetzgebungskompetenz des Bundes besteht nach herrschender und zutreffender Ansicht nur unter dem Gesichtspunkt des unmittelbaren Sachzusammenhangs.

Nichts anderes gilt für § 81 g StPO und das DNA-IFG. Der Sache nach geht es hier wie bei § 81 b 2. Alt. StPO um vorbeugende Verbrechensbekämpfung als Teilbereich der Gefahrenabwehr (Polizeirecht).[345]

---

[345] Kleinecht/Meyer-Goßner, StPO, § 81 g Rn. 2; Beulke, Strafprozessrecht, Rn. 328.

Die dritte Kammer des Bundesverfassungsgerichts hat entgegen dieser Auffassung entschieden, dass es sich bei diesen Vorschriften um ***„genuines Strafprozessrecht“***[346] handele. Damit hat die Kammer eigenmächtig eine verfehlte und „brandgefährliche“ Rechtsfortbildung im Bereich des Verfassungsrechts betrieben. Unter Berufung auf den Gesichtspunkt des „künftigen Strafverfahrens“ (so die Kammer) könnte man

- gestützt auf jene Argumentation des BVerfG -

auf dem Gebiet der vorbeugenden Verbrechensbekämpfung die Gesetzgebungskompetenz der Länder aus den Angeln heben. So wäre es denkbar, den polizeirechtlichen Lauschangriff nach Landesrecht unter Berufung auf Verwertbarkeitsfragen für künftige Strafverfahren zur Materie des Bundesrechts zu machen

- kurz: Die These des BVerfG von der vorbeugenden Verbrechensbekämpfung in der Form der Vorsorge für künftige Strafverfahren als *„genuines Strafprozessrecht“* begründet die Gefahr massiver Einbrüche in die Gesetzgebungskompetenz der Länder für Polizeirecht (Art. 30, Art. 70 GG), einem der wenigen Kernbereiche ihrer Befugnis zur Gesetzgebung. Das dürfte eine grobe Vernachlässigung des Prinzip des Bundesstaates bedeuten.

Wegen dieser höchst problematischen und dürftig begründeten, zudem im Hinblick auf die beschränkten Kompetenzen der *Kammern* gegenüber den *Senaten* des BVerfG „eigenmächtigen“ Behandlung der Materie der Abwehr künftiger Straftaten erscheint die Kammerentscheidung des BVerfG nicht geeignet, neue Weichen hinsichtlich der Einordnungsfrage der vorbeugenden Verbrechensbekämpfung zu stellen. Die Kammer verkennt die präventivpolizeiliche Bedeutung des § 81 g StPO/DNA-IFG praktisch vollständig.

ee) Schlussfolgerungen

Mithin kann zusammenfassend festgestellt werden: § 81 b 2. Alt. StPO ist ungeachtet seiner systematischen Einordnung im Strafverfahrensrecht materiell Polizeirecht. Gleichwohl steht dem Bund kraft Sachzusammenhanges zum Strafverfahrensrecht iSd. Art. 74 Nr. 1 GG die Gesetzgebungskompetenz zu. Somit ist zu klären, ob daraus gefolgert werden muss, dass die Vorsorge für die künftige Strafverfolgung ganz allgemein in die Bundesgesetzgebungskompetenz fällt und damit eigentlich in der StPO zu regeln wäre.

Diese Frage ist jedoch zu verneinen und zwar aus den folgenden Erwägungen:

---

[346] BVerfG, NJW 2001, S. 879 ff.

Zwar erfährt das Argument des Sachzusammenhanges durch die Einführung des neuen § 81 g StPO eine Bekräftigung, was oben bereits dargelegt wurde.

Wie *Deutsch* richtig ausführt, geht es bei der vorbeugenden Verbrechensbekämpfung in der Erscheinungsform der Ermöglichung *künftiger Strafverfolgung* in erster Linie um deren Erleichterung[347]. Dies scheint auf den ersten Blick für die Zuordnung der Vorsorge für die künftige Straftatenverfolgung zum Gebiet des Strafverfahrensrechts zu sprechen, was eine Gesetzgebungskompetenz des Bundes zur Folge hätte[348]. Allerdings würde diese Auffassung voraussetzen, dass alle Maßnahmen, die in irgendeinem Zusammenhang mit der Durchführung eines Strafverfahrens stehen, zum Regelungsbereich des gerichtlichen Verfahrens iSd. Art. 74 Nr. 1 GG zählen. Unter „gerichtlichem Verfahren" ist die Gesamtheit der Normen über die verfassungsmäßige Behandlung von Angelegenheiten durch die Gerichte zu verstehen[349].

Weil es aber bei den Maßnahmen auf dem Gebiet der Vorsorge für die künftige Strafverfolgung ***nicht*** darum geht, *an eine **konkrete** Tat anzuknüpfen*, die zur Aburteilung gebracht werden soll

- dies ist aber Voraussetzung einer Zuordnung zum gerichtlichen Verfahren[350] -,

ist eine derartige Einordnung jener „Vorsorge" als Strafverfahrensrecht verfehlt. Denn es ist bei der Vorsorge für die künftige Straftatenverfolgung immer zweifelhaft, ob ein Anfangsverdacht zu bejahen sein wird. Eine Einordnung der Vorsorge für eine künftige Strafverfolgung als Regelung des gerichtlichen Verfahrens scheidet mithin aus.

Im Gegensatz speziell zu den erkennungsdienstlichen Maßnahmen iSd. § 81 b 2. Alt StPO, die von der überwiegenden Meinung zu Recht als polizeirechtlich eingeordnet werden und nur wegen ihres Sachzusammenhangs mit Art. 74 Nr. 1 GG in die Gesetzgebungskompetenz des Bundes fallen, kann eine allgemeine Zuordnung der Vorsorge für die künftige Strafverfolgung als Verfahrensrecht **nicht** über eine Gesetzgebungskompetenz kraft Sachzusammenhang vorgenommen werden.

Eine ***Gesetzgebungskompetenz kraft Sachzusammenhang*** verlangt, dass der Bund eine ihm zugewiesene Materie vernünftigerweise nicht regeln kann, ohne

---

[347]Deutsch, Die heimliche Erhebung von Informationen, S. 186 unter Bezugnahme auf VGH Bad. - Württ., NJW 1987, S. 3022; OVG Münster, NJW 1980, S. 855.
[348]vgl. Deutsch, Die heimliche Erhebung von Informationen, S. 186.
[349]Maunz/Dürig-Maunz, GG, Art. 74 Rn. 79; v. Münch, GG, Art. 74 Rn. 11.
[350]Maunz/Dürig/-Maunz, GG, Art. 74 Rn. 82.

dass zugleich eine nicht ausdrücklich zugewiesene Materie mitgeregelt wird[351]. Das Bundesverfassungsgericht knüpft eine derartige Befugnis aber an strenge Voraussetzungen. So wird verlangt, dass dieser Übergriff eine unerlässliche Voraussetzung für die Ausübung der Bundeskompetenz ist[352]. Man wird aber unter keinem Gesichtspunkt einen Grund dafür finden, der dafür sprechen könnte, dass das gerichtliche Strafverfahren nur im Zusammenhang mit der Vorsorge zu regeln sei.

Auch eine Gesetzgebungskompetenz des Bundes kraft ***Annexkompetenz*** scheidet m.E. aus. Die Annexkompetenz verlangt, dass es um die Erstreckung einer Kompetenz in das Stadium der Vorbereitung und Durchführung der erlassenen Vorschriften geht[353]. Bei der Vorsorge für eine künftige Straftatenverfolgung handelt es sich aber gerade nicht um die bloße Vorbereitung oder Durchführung eines Strafverfahrens,

> *„...sondern die Maßnahmen der Vorsorge für eine künftige Strafverfolgung erfolgen ohne einen derart bestimmten Bezug.“*[354]

Mithin kann abschließend festgestellt werden, dass die Vorsorge für die künftige Straftatenverfolgung unter keinem Gesichtspunkt generell als Regelung des gerichtlichen Verfahrens und somit als Strafprozessrecht in die StPO einzuordnen ist, obwohl für § 81 b 2. StPO als präventive Regelung nach überwiegender Ansicht[355] kraft Sachzusammenhang eine Gesetzgebungskompetenz des Bundes bejaht wird.

2. Vorsorge für die zukünftige Strafverfolgung als selbständiges drittes Gebiet polizeilicher Tätigkeit?

Wesslau vertritt die Ansicht, dass diese *„operative“* Polizeiarbeit weder der Gefahrenabwehr noch der Strafverfolgung zugeordnet werden könne[356]. Nach ihr sollte dieser polizeiliche Aufgabenbereich als *„antizipierte Strafverfolgung“*[357] beschrieben werden. Weil eine entsprechende Aufgabenzuweisung fehle, müsse eine solche vom Gesetzgeber erst noch geschaffen werden[358].

---

351 v. Münch, GG, Art. 74 Rn. 18; Maunz/Dürig-Maunz, GG, Art. 74 Rn. 45.
352 vgl. BVerfGE 3, S. 407, 421, 423; 15, S. 1, 20; 26, S. 246,256.
353 BVerfGE 18, S. 104,118 f.; Maunz/Dürig-Maunz, GG, Art. 74 Rn. 49.
354 Deutsch, Die heimliche Erhebung von Informationen, S. 188.
355 Anmerkung: Dies wurde bereits von Verfasserin festgestellt.
356 Wesslau, Vorfeldermittlungen, S. 159.
357 Wesslau, aaO., S. 335.
358 Wesslau, aaO., S. 336.

3. Eigene Stellungnahme

Jener Auffassung von Wesslau ist nicht beizupflichten. Die Ansicht, die Vorsorge sei ein drittes Gebiet polizeilicher Tätigkeit, widerspricht der für die Polizei der Länder maßgeblichen Trennung ihrer Aufgabengebiete in Prävention und Repression. *Dreier* betont in diesem Zusammenhang zutreffend, dass auch die neuen Vorschriften der Polizeigesetze auf dem Gebiet der vorbeugenden Verbrechensbekämpfung[359] wegen der „streng alternative(n) Kompetenzverteilung"[360] des Grundgesetzes entweder als Strafverfahrensrecht der Gesetzgebungskompetenz des Bundes oder als Polizeirecht der Gesetzgebungskompetenz der Länder zugeordnet werden müssen.

4. Vorsorge für die künftige Strafverfolgung als Unterfall der Gefahrenabwehr?

Kniesel ist der Meinung, dass die Aufnahme dieser Vorsorge mit den entsprechenden Befugnisnormen in die Polizeigesetze der Länder erhebliche Vorteile mit sich bringt. Denn

„...*so besteht der rechtsstaatliche Zugewinn im >>Sauberhalten<< der StPO, insbesondere dann, wenn Beweisverwertungsverbote dafür sorgen, dass nicht alle im Vorfeld gewonnenen Informationen im Strafverfahren verfügbar sind.*"[361]

Auch *Vultejus* sieht die Polizeigesetze als sachgerechten Regelungsstandort an. Zwischen der Verhütung von Straftaten und der Vorsorge für spätere Strafverfolgung besteht nach seiner Ansicht ein enger Sachzusammenhang[362]. Dieser folge auch aus den für *beide Zwecke* benutzten Daten[363]. Werden zum Beispiel Karteien mit Bildern und Datensätzen über Personen angelegt, die in einem Fußballstadion als Randalierer, d.h. gewalttätige Störer oder sonstige Straftäter, aufgefallen sind, so dienen diese Karteien der Vorsorge für die spätere Strafverfolgung. Denn der zuständige Sachbearbeiter kann nach Begehung von Straftaten anlässlich eines Fußballspiels die in der Kartei gespeicherten Personen als mögliche Täter in Betracht ziehen. Und Verhütung von Straftaten wird getätigt, indem den zum Einsatz vorgesehenen Beamten z.B. die Lichtbilder der bekann-

---

[359] Anmerkung: Dreier spricht vom „operativen Vorgehen", vgl. JZ 1987, S. 1015.
[360] Dreier, JZ 1987, S. 1016 mit Verweis auf: Brohm DÖV 1983, S. 525; Bothe, AK - GG, Bd. 2, 1984, Art. 30 Rn. 27, Art. 70, Rn. 21: Doppelzuständigkeiten ließen sich faktisch niemals ganz ausschließen.
[361] Kniesel, ZRP 1992, S. 166.
[362] Vultejus, ZRP 1989, S. 332.
[363] Vultejus aaO., S. 332.

ten Rädelsführer ausgehändigt werden, damit diese an den Einlasstoren abgefangen werden können[364].

Damit zeigt *Vultejus,* dass dieselben Daten der Vorsorge für die künftige Strafverfolgung **und** der Verhütung von Straftaten dienen können. Dieser doppelte Charakter spiegelt die alltägliche Gemengelage der beiden polizeilichen Aufgaben wieder. Jener enge Zusammenhang, den auch *Dreier* betont[365], rechtfertigt eine zusammenhängende Regelung im Polizeigesetz.[366]

Aus dieser Meinung ergibt sich, dass den Ländern die Gesetzgebungskompetenz hinsichtlich der Vorsorge für die künftige Strafverfolgung zusteht.

5. Eigene Stellungnahme

Dem dürfte zu folgen sein. Denn die Polizei hat eine doppelte Aufgabenstellung, so dass das Zweckbindungsgebot[367] dieser Auffassung nicht entgegensteht. Außerdem würde eine Aufnahme der Vorsorge in die StPO, was bereits festgestellt wurde, die Grenzen des § 152 II StPO sowie des § 163 StPO weit überschreiten. Beide Vorschriften verlangen ja eine *begangene Straftat.* Die Kunstfigur eines Vorverdächtigen

- als Mittel zur *Umgehung des Erfordernisses eines* ***Anfangsverdachts*** für die Anwendbarkeit des Strafprozessrechts -

darf nicht anerkannt werden. Zudem besteht zwischen der Verhütung zukünftiger Straftaten und der Vorsorge für die spätere Strafverfolgung ein enger Zusammenhang.

Somit ist festzuhalten, dass den Ländern die Gesetzgebungszuständigkeit für den Bereich der *Vorsorge für künftige Strafverfolgung* zusteht.

6. Zusammenfassung

Beigepflichtet werden kann m.E. allein der Ansicht, welche die Vorsorge für die künftige Strafverfolgung zum Regelungsgebiet der Gefahrenabwehr rechnet. Insbesondere darf der **Anfangsverdacht** iSd. §§ 152 II, 160 I (StA) und 163 (Polizei) StPO nicht allzu großzügig ausgelegt werden. Andernfalls würde das Vorfeld in die StPO eingebettet, was möglicherweise folgende Konsequenzen hätte: Beispielsweise könnte strafprozessual gegen nicht näher bekannte türki-

---

[364]Vultejus aaO., S. 332.
[365]Dreier, JZ 1987, S. 1014.
[366]Vultejus, ZRP 1989, S. 332.
[367]BVerfGE 65, S. 1, 46 = NJW 1984, S. 419.

sche Eishändler vorgegangen werden, die nach polizeilicher Einschätzung **künftig** mit Rauschgift handeln *könnten*! Dies kann und darf nicht Sinn einer solchen Vorsorge sein.

Auch die ausdrückliche Aufnahme des Vorfeldes in der StPO würde die Systematik der StPO sprengen. Denn hierfür müsste die Figur eines **„Vorverdächtigen“** geschaffen werden, was rechtsstaatlich nicht tolerabel erscheint.

Konsequenz dieser Zuordnung der Vorsorge für die künftige Strafverfolgung ist, dass für Klagen gegen derartiges polizeiliches Handeln der Verwaltungsrechtsweg gemäß § 40 VwGO eröffnet ist.

II. Standpunkt der Rechtsprechung

Die verwaltungsgerichtliche Rechtsprechung ordnet die zweite Säule der vorbeugenden Verbrechensbekämpfung, die Vorsorge für künftige Strafverfolgung, als Bestandteil des polizeilichen Auftrags zur Gefahrenabwehr ein[368].

Wie oben bereits dargelegt worden ist, hat das Landesverfassungsgericht Mecklenburg-Vorpommern in seiner Entscheidung vom 21.10.1999 festgestellt, dass die vorbeugende Verbrechensbekämpfung nicht außerhalb der Gesetzgebungszuständigkeit des Landes stehe[369].

Begründet wird dies zutreffend damit, dass der Polizei hierbei Aufgaben im Vorfeld der repressiven Tätigkeit übertragen werden, die *keinen Bezug zu einer **konkreten** Straftat* besitzen[370]. Denn die Vollzugspolizei soll zum einen Straftaten *von vornherein*[371] verhüten und zum anderen eine künftige, mit der konkreten polizeilichen Aktion noch nicht verbundene, Strafverfolgung erleichtern[372].

III. Standpunkt der Gesetzgebung

Die zur Normierung des Polizeirechts berufenen Landesgesetzgeber (Art. 30, Art. 70 GG) haben in den neueren Polizeigesetzen die vorbeugende Bekämpfung von Straftaten ausdrücklich vorgesehen[373]. Dabei erscheint der Begriff der

---

[368]Vgl. BVerwGE 26, S. 169 ff; BayVerfGH, DVBl 1986, S. 35 f; BayVerfGH, NJW 1984, S. 2235 ff; OVG Berlin, NJW 1986, S. 2004; OVG Münster, NJW 1972, S. 2147 u. DVR 1984, S. 373 ff; VG Berlin, DVR 1985, S. 125 f; VG Frankfurt, DVR 1985, S. 236; VG Wiesbaden, DVR 1983, S. 341.
[369]vgl. Urteil, S. 16.
[370]vgl. Urteil, S. 16.
[371]Hervorhebung von Verfasserin.
[372]vgl. Urteil, S. 16.
[373]vgl. §§ 36 I Nr. 2 , 22 II PolG BW; Art. 14 I Nr. 2 BayPAG; § 14 I Nr. 2 PolGNW; § 11 I Nr. 2 POG RP; § 10 I Nr. 2 SPolG; § 20 I Nr. 2 SächsPolG.

vorbeugenden Bekämpfung von Straftaten zum einen in den polizeilichen Aufgabennormen[374], zum anderen aber auch in Befugnisnormen über die Erhebung und sonstige Verwendung personenbezogener Daten[375].

Zur Erfüllung des Vorsorgeauftrages sind in den Polizeigesetzen der Länder die tatbestandlichen Voraussetzungen für ein Tätigwerden im Vorfeld allgemein sehr weit gefasst. So soll es z.B. für die Erhebung personenbezogener Daten teilweise genügen, dass

„tatsächliche Anhaltspunkte die Annahme rechtfertigen, dass die Person Straftaten mit erheblicher Bedeutung begehen wird."[376]

IV. Resümee

Nicht nur die Verhütung von Straftaten, sondern auch die Vorsorge für die Verfolgung künftiger Straftaten kann m.E. dem Bereich der Gefahrenabwehr zugeordnet werden.

Nachdem nun diese Einordnungsfrage geklärt worden ist, kann mithin hinsichtlich der oben aufgeworfenen Fragen Folgendes festgehalten werden:

1. Die Gesetzgebungskompetenz für die vorbeugende Verbrechensbekämpfung steht nicht dem Bund, sondern den Ländern zu. Das folgt aus der Zuordnung dieses Aufgabenbereiches zur Gefahrenabwehr, für welche die Länder gemäß Art. 30, 70 GG grundsätzlich die Gesetzgebungskompetenz haben.
2. Die Ermächtigungsgrundlagen für das Handeln der Polizei auf dem Gebiet der vorbeugenden Verbrechensbekämpfung sind folglich in den Polizeigesetzen der Länder zu suchen.
3. Aus der Einordnung der vorbeugenden Verbrechensbekämpfung in den Bereich der Gefahrenabwehr folgt weiter, dass für die Polizei hier das Opportunitätsprinzip gilt. Ihr steht

   - außer im Falle einer Ermessensreduzierung auf Null –

   ein Entschließungs- und Auswahlermessen zu.
4. Hinsichtlich der Rechtswegfrage ist zu beachten, dass gemäß § 40 VwGO gegen präventiv-polizeiliches Handeln der Verwaltungsrechtsweg eröffnet ist.

---

[374] vgl. § 1 IV HSOG; § 1 I S. 2 PolGNW; § 1 I S. 3 POGRP; § 1 I Nr. 2 SächsPolG.
[375] Art. 33 III Nr. 2 BayPAG; § 27 II BremPolG; § 25 a I Nr. 2 POG RP; § 28 I SPolG.
[376] vgl. nur § 13 II Nr. 1 HSOG; § 20 III Nr. 1 PolG BW; § 26 II Nr. 1 SPolG; § 33 I ThürPAG.

Diese Zuordnung wirft wiederum eine Vielzahl neuer Fragen auf. Zu klären ist insbesondere, welche Auswirkungen sie auf das Verhältnis Staatsanwaltschaft/Polizei hat, insbesondere auf die Reichweite der Weisungskompetenz der StA. Fraglich ist außerdem, ob (und wieweit) die vorbeugende Verbrechensbekämpfung dennoch für das Strafprozessrecht relevant sein könnte, zum Beispiel gemäß Art. 13 V GG, §§ 100 f II, 161 II StPO n.F.[377] (Verwertbarkeitsprobleme).

Zudem muss geklärt werden, ob die Gefahr besteht, dass durch Rückgriff auf Polizeirecht als Normierung der vorbeugenden Verbrechensbekämpfung die Verfahrensherrschaft der StA und strafverfahrensrechtliche Richtervorbehalte umgangen werden.

Schließlich ist die Kollision zwischen Gefahrenabwehr und Strafverfolgung problematisch, wenn bei Bestehen der konkreten Gefahr der Begehung einer Straftat schon der Anfangsverdacht einer Straftat vorliegt (sei es auch nur gegen Unbekannt). Dies erscheint besonders wichtig im Hinblick auf § 30 II StGB, § 129 StGB, § 129 a StGB. Denn mit dem Anfangsverdacht beginnt die Geltung der StPO und die Verfahrensherrschaft der StA; gleichzeitig bleibt aber das Polizeirecht anwendbar.

---

[377] Die neue Fassung des § 161 II StPO beruht auf dem Gesetz zur Änderung und Ergänzung des Strafverfahrensrechts - Strafverfahrensänderungsgesetz 1999 (StVÄG 1999) vom 02.08.2000, Bundesgesetzblatt 2000, S. 1255.

Vierter Hauptteil: Verhältnis StA/Polizei

§ 12 Auswirkungen der Einordnung „vorbeugende Verbrechensbekämpfung" als präventiv-polizeiliche Gefahrenabwehr auf das Verhältnis StA/Polizei

Wie bereits festgestellt, unterfällt die Verhütung von Straftaten richtigerweise dem Bereich der Gefahrenabwehr. Auch die Vorsorge für die künftige Strafverfolgung ist nach zutreffender Ansicht zum Bereich der Gefahrenabwehr zu zählen. Fraglich ist, ob diese Einordnung der vorbeugenden Verbrechensbekämpfung in ihren beiden Erscheinungsformen Auswirkungen auf das Verhältnis zwischen der StA und der Polizei hat. Von Interesse ist bei dieser Frage primär die erste Säule der vorbeugenden Verbrechensbekämpfung, die Verhütung von Straftaten. Beruft sich die Polizei auf die Verhütung von Straftaten, so könnte hierin eine bedenkliche Ausweitung der Gefahrenabwehr auf Kosten der Strafverfolgung liegen. Denn die Polizei könnte sich bewusst unter dem Deckmantel des Polizeirechts der Länder von der strafprozessualen Verfahrensherrschaft der StA und den strafverfahrensrechtlichen Richtervorbehalten lossagen.

A. Zum Verhältnis zwischen StA/Polizei im allgemeinen

Die Staatsanwaltschaft ist eine Justizbehörde und als solche in ihren amtlichen Handlungen von den Gerichten unabhängig, § 150 GVG. Sie ist die *Herrin des Vorverfahrens*[378], d.h. sie leitet verantwortlich das Ermittlungsverfahren und soll zusammen mit ihren Hilfsbeamten die Ermittlungen soweit führen, dass geklärt ist, ob hinreichender Tatverdacht iSd. § 170 I StPO besteht.

Wer Hilfsbeamter der StA ist, bestimmt sich gemäß § 152 GVG nach Rechtsverordnungen der Länder. Außer den nach § 152 II GVG landesrechtlich bestellten gibt es noch weitere Hilfsbeamte der StA, die in speziellen Bundesgesetzen wie dem BKA-Gesetz (§ 8) oder der Abgabenordnung (§ 404) bezeichnet werden.

I. § 163 StPO: Eigene Ermittlungstätigkeit der Polizei

Zwar ist die Polizei gemäß §163 I StPO zu eigenen Ermittlungen berechtigt und verpflichtet. Dennoch besitzt die StA wegen ihrer Stellung als *Herrin des Ermittlungsverfahrens*[379] eine umfassende Leitungs- und Weisungsbefugnis ge-

---

[378] Roxin, § 10 Rn. 17; Wagner, PolG Nordrhein-Westfalen, Einleitung B 52; Kleinknecht/Meyer-Goßner, StPO § 163 Rn. 3.

[379] Karlsruher Kommentar-Wache, StPO, § 163 Rn. 4; Schwan, VerwArch, Bd. 70 (1979), S. 109, 115.

genüber der ermittelnden Polizeibehörde. Deshalb muss die Polizei ihre Ermittlungsergebnisse gemäß § 163 II StPO ohne Verzug

- also nach der unaufschiebbaren Beweissicherung und nach den gebotenen Untersuchungshandlungen unter Berücksichtigung des ungeschriebenen Rechtsprinzips der „engen Zusammenarbeit“[380] -

der zuständigen StA vorlegen.

II. Weisungsbefugnisse der StA

Hinsichtlich der Weisungsbefugnisse der StA gegenüber der Polizei muss streng differenziert werden. Grundsätzlich ist zwischen den zwei großen polizeilichen Aufgabenbereichen, einerseits Gefahrenabwehr und andererseits Strafverfolgung, zu unterscheiden:

Bei der *Gefahrenabwehr* unterliegt die Polizei nur den Anordnungen der Polizeivorgesetzten der inneren Verwaltung[381]. Eine Weisungsbefugnis steht der StA hier nicht zu[382].

Anders verhält es sich hingegen bei der *Strafverfolgung*. Gemäß §§ 152 GVG, 161 I StPO besitzt die StA hier gegenüber der Polizei ein Weisungsrecht. § 161 I S. 2 StPO differenziert zwischen der Verpflichtung der Behörden und Beamten, dem *Ersuchen* oder *Auftrag* der Staatsanwaltschaft zu genügen. Die Differenzierung zwischen Ersuchen und Auftrag basiert auf § 152 GVG. Durch ein *Ersuchen* der StA wird die Polizeibehörde verpflichtet, die notwendigen Maßnahmen mittels ihrer Beamten durchzuführen. Somit sind grundsätzlich nur die *Polizeibehörden*, aber nicht die einzelnen Polizeibeamten die Adressaten[383]. Ein *Auftrag* hingegen ist die unmittelbare Weisung der StA gegenüber einem ihrer Hilfsbeamten[384]. Hier ist also ein *einzelner Polizeibeamte*, d.h. ein Hilfsbeamte der StA, der Adressat des Auftrages. Er ist an die Anordnungen der StA gebunden. Der Unterschied zwischen den staatsanwaltlichen Weisungsrechten aus § 161 StPO und aus § 152 GVG besteht also nur in den unterschiedlichen Adressaten der Anweisung.

---

380 Kleinknecht/Meyer-Goßner, StPO, § 163 Rn. 23.
381 vgl. Anlage A zu den Richtlinien im Straf- und Bußgeldverfahren vom 01.01.1977, in der Fassung vom 01.05.1991, abgedruckt bei Kleinknecht/Meyer, StPO, Anhang S. 2052; Hirsch, ZRP 1971, S. 206; Kaiser, NJW 1972, S. 14; Krey, ZRP 1971, S. 224; Emmerig, DVBl 58, S. 338, 342.
382 Krey, ZRP 1971, S. 224.
383 Kleinknecht/Meyer-Großner, StPO, § 161 Rn. 11.
384 Roxin, § 10 I, S. 54; Ahlerts, Grenzbereich, S. 43.

Im Rahmen ihres Weisungsrechtes kann die StA das gesamte Ermittlungsverfahren an sich ziehen. Sie kann aber auch lenkend in die Ermittlungen der Polizei eingreifen. Diese dominierende Position der StA resultiert insbesondere aus §§ 161 S. 2 StPO, 152 I GVG. Gegenüber Hilfsbeamten der StA (§ 152 GVG) kann die StA dabei bestimmten einzelnen ihrer Hilfsbeamten direkt *Aufträge* erteilen. Dies folgt aus dem Wortlaut und Sinn der Vorschrift[385]. Hierbei muss sie sich nicht an deren Behörden wenden[386]. Gegenüber Polizeibeamten, die nicht Hilfsbeamte der StA sind, gilt das unmittelbare Weisungsrecht allerdings nicht. Hier ist die StA darauf beschränkt, ihre *Ersuchen* (§ 161 S. 2 StPO) an die *Polizeibehörde* zu richten[387].

Diese Unterscheidung muss allerdings in zweierlei Hinsicht noch relativiert werden: Bei *Gefahr im Verzuge* hat die StA einerseits das Recht, auch gegenüber Polizeibeamten, die nicht Hilfsbeamte der StA sind, direkte Weisungen zu erteilen. Die StA ist dann nicht gezwungen, erst ein bindendes Ersuchen an die Polizeibehörde zu richten[388]. Dies entspricht auch den Bedürfnissen der Praxis, in eilbedürftigen Situationen besonders handlungsfähig zu sein.

Andererseits hat die StA die Dienstpflicht, aus Rücksicht auf berechtigte Belange der Behörde, welcher der jeweilige Hilfsbeamte der StA angehört, sich grundsätzlich an die Behörde zu wenden und nicht unmittelbar den Hilfsbeamten der StA anzuweisen[389]. Abweichungen von diesem Grundsatz sollen nur aus triftigem Grunde erfolgen. Verstößt die StA gegen dieses Prinzip, bleibt die staatsanwaltliche Weisung an den Hilfsbeamten aber dennoch verbindlich[390].

1. Ermittlungen von Hilfsbeamten

Grundsätzlich wendet sich die StA also, solange noch kein bestimmter Beamter mit der Bearbeitung eines konkreten Falles betraut ist, an die Polizeibehörde. Unter Angabe von Gründen kann sie aber auch unmittelbar einen ***bestimmten*** Beamten anfordern und beauftragen[391]. Die Hilfsbeamten der StA iSd. § 152 GVG iVm. der jeweiligen Landesverordnung können von der StA im Rahmen

---

[385]Krey, StPO Band 1, Rn. 497.
[386]Krey, ZRP 1971, S. 224, 225; Peters, § 24 IV a.E.; OVG Hamburg, NJW 1970, S. 1699 f.
[387]Kleinknecht/Meyer-Goßner, StPO, § 161 Rn. 11; Krey, ZRP 1971, S. 224, 225.
[388]Kleinknecht/Meyer-Goßner, StPO, § 161 Rn. 11.
[389]Kleinknecht/Meyer-Goßner, StPO, § 152 GVG Rn. 2; Krey, StPO Band 1, Rn. 498.
[390]Die >>Gemeinsamen Richtlinien der Justizminister/-senatoren und der Innenminister/-senatoren des Bundes und der Länder über die Anwendung unmittelbaren Zwanges durch Polizeibeamte auf Anordnung des Staatsanwalts<< stehen dem nicht entgegen: Sie betreffen nur Ausnahmefälle -unmittelbarer Zwang- und sind nicht verallgemeinerungsfähig; sie können und wollen das Gesetz nicht ändern; vgl. Schoreit in KK, § 152 GVG Rn. 20; Krey, StPO Band 1, Rn. 498.
[391]Kleinknecht/Meyer-Goßner, StPO, § 152 GVG Rn. 2.

des § 161 S. 2 StPO unmittelbar beauftragt werden, bestimmte Maßnahmen vorzunehmen. Sie sind also den staatsanwaltlichen Weisungen direkt unterworfen[392]. Gemäß § 152 I S. 2 GVG haben die Hilfsbeamten die Pflicht zur Befolgung.

2. Ermittlungen von Beamten, die *keine* Hilfsbeamte sind

Auch gegenüber Polizeibeamten, die keine Hilfsbeamten sind, verfügt die StA über ihre Weisungsbefugnis. § 161 S. 2 StPO differenziert hinsichtlich des Ersuchens und der Aufträge nicht zwischen Hilfsbeamten und sonstigen Beamten, sondern nennt nur die Behörden und Beamten des Polizeidienstes. Wären allein die Hilfsbeamten verpflichtet, diesen Weisungen zu folgen, dann liefe die Gehorsamspflicht der Polizei unter Umständen ins Leere. Nicht übersehen werden darf aber, dass die StA - wie bereits erwähnt - ein Ersuchen grundsätzlich nur an die Polizeibehörde richten darf. Dies resultiert aus der Tatsache, dass es in der Disposition des Behördenleiters stehen soll, welchen Beamten er letztlich im konkreten Fall mit der Aufgabe betraut. Denn der Behördenleiter weiß am besten, welcher Beamte über die jeweils erforderliche Sachkenntnis verfügt[393].

III. Resümee

Die StA führt als „Kopf ohne Hände“[394] die Ermittlungen. Denn sie ist darauf angewiesen, sich der Hilfe der Polizei und der anderen Hilfsbeamten, die den „verlängerten Arm der StA“[395] darstellen, zu bedienen.

Im übrigen kommt in der Praxis hinzu, dass es die Polizei ist, die in der Ermittlungsarbeit wegen ihrer besseren technischen Möglichkeiten der dominierende Part ist. Mit ihren kriminalistischen Methoden und Mitteln sowie Dateien und Informationssystemen verfügt die Polizei gegenüber der StA über erheblich überlegene Ermittlungsmöglichkeiten, so dass letztere in der Praxis einen erheblichen Funktionsverlust erleidet[396].

So kann die Polizei auf dem Gebiet der Verbrechensbekämpfung beispielsweise auf das polizeiliche Informationssystem *Inpol* zurückgreifen. Dieses wird als elektronisches Informationssystem der Polizei gemeinsam und arbeitsteilig von Bund und Ländern mit dem BKA als Zentralstelle (§ 2 I Nr. 1 BKAG) betrie-

---

[392]Karlsruher Kommentar-Schoreit, StPO, § 152 GVG Rn. 19.
[393]Löwe/Rosenberg- Meyer-Goßner, StPO, § 161 Rn. 19.
[394]Kern, Gerichtsverfassungsrecht, S. 227.
[395]BVerwGE 47, 255, S. 263 nach Peters, Strafprozess, S. 156 f.
[396]Lisken/Denninger-Denninger, Handbuch des Polizeirechts, E Rn. 147; Kühne StPO, Rn. 135, 136.

ben[397]. Es gelangen sowohl Daten aus Strafverfahren (Repression) als auch Daten aus der präventiven Tätigkeit der Polizei in das System. Die StA hat aber auf dieses System zur Zeit noch keinen direkten Zugriff[398].

Die Tendenz, dass in der Praxis die Polizei die Hauptrolle in der Ermittlungsarbeit darstellt, ist m.E. nicht zu begrüßen. Denn es ist problematisch, dass den staatsanwaltlichen Behörden, die eine große Fachkenntnis haben und zudem zur Objektivität verpflichtet sind, de facto das Ermittlungsverfahren immer mehr entgleitet[399]:

Nach den Wertungen der StPO sollte die StA als *Herrin des Ermittlungsverfahrens* fungieren und als „Justizbehörde" gegenüber der Polizei *Wächter des Gesetzes* sein. Beide Aufgaben leiden unter der skizzierten Machtverlagerung auf die Polizei.

Zusätzlich könnte dieser Funktionsverlust der StA noch durch die wachsende Bedeutung der vorbeugenden Verbrechensbekämpfung als Domäne von Polizei und Polizeirecht verstärkt werden; darauf ist im Folgenden einzugehen.

B. Besteht die Gefahr der Umgehung der Verfahrensherrschaft der StA und der strafverfahrensrechtlichen Richtervorbehalte?

Es fragt sich, ob die Gefahr einer Umgehung der Verfahrensherrschaft der StA und der strafverfahrensrechtlichen Richtervorbehalte besteht, wenn sich die Polizei unter dem Vorwand, sie werde zur Verhütung von Straftaten (erste Säule der vorbeugenden Verbrechensbekämpfung) tätig, auf die Vorschriften der Polizeigesetze der Länder beruft. Denn hier untersteht die Polizei bekanntlich nicht den Weisungen der StA. Demgemäss könnte einiges dafür sprechen, die vorbeugende Verbrechensbekämpfung möglicherweise doch eher zum Bereich der Strafverfolgung zu zählen. Zumindest aber stellt sich die Frage, ob in diesem Bereich der polizeilichen Arbeit trotz Geltung des Landespolizeirechts vermehrt die Zustimmung der StA vorgeschrieben oder andere Einschränkungen „polizeilicher Omnipotenz" getroffen werden sollten. Ob diese Sorge vor einer Umgehung der Verfahrensherrschaft der StA berechtigt ist, kann m.E. erst beantwortet werden, wenn feststeht, ob und welche formellen und materiellen Unterschiede bei den Eingriffsvoraussetzungen für Ermittlungsmaßnahmen nach der StPO einerseits und den Polizeigesetzen der Länder für entsprechende Eingriffe andererseits bestehen.

---

[397]Ahlf, Das BKA als Zentralstelle, S. 341 ff; K. Merten, NStZ 1987, S. 10 f.
[398]Kühne, StPO, Rn. 153.
[399]so auch Kühne, StPO, Rn. 135.

Es muss also insbesondere untersucht werden, ob die StPO nach formellen und/oder materiellen Eingriffsermächtigungen strenger ist als vergleichbare Regelungen im Polizeirecht der Länder. Zudem besteht ja auch die Möglichkeit, dass das Polizeirecht bestimmte formale Eingriffsschranken wie Anordnungskompetenzen bzw. Zustimmungserfordernisse der StA und Richtervorbehalte gar nicht oder nur eingeschränkt kennt. Sollte man hiernach zu dem Ergebnis gelangen, dass die StPO tatsächlich das Eingreifen an strengere formale Voraussetzungen knüpft, ist im Anschluss daran zu prüfen, ob in jenen strengeren Voraussetzungen auch der Grund gesehen werden kann, warum sich die Polizei der Länder oftmals auf die vorbeugende Verbrechensbekämpfung unter Umgehung der StPO-Vorschriften beruft.

Soweit sich Umgehungsgefahren nach geltendem Recht bestätigen sollten, wäre weiterhin zu prüfen, ob und wieweit ihr de lege ferenda begegnet werden kann.

I. Unterschiede bei den formellen Eingriffsvoraussetzungen für Ermittlungsmaßnahmen in StPO und den Polizeigesetzen der Länder

Zu untersuchen ist zunächst, ob bei den formellen Eingriffsvoraussetzungen für Ermittlungsmaßnahmen in der StPO einerseits und in den Polizeigesetzen andererseits Unterschiede bestehen. Hier sind insbesondere die Verfahrensherrschaft der StA und das Vorliegen von sogenannten Richtervorbehalten von Interesse.

Neben solchen formalen gibt es noch materielle Unterschiede in vergleichbaren Eingriffsermächtigungen; auf sie ist an späterer Stelle zurückzukommen.

1. Mitwirkung der StA bei Eingriffen zum Zwecke der Strafverfolgung auf der Grundlage der StPO

a) Einsatz Verdeckter Ermittler (VE)

Die „Gemeinsamen Richtlinien der Justizminister/-senatoren und der Innenminister/-senatoren der Länder über die Inanspruchnahme von Informanten sowie über den Einsatz von Vertrauenspersonen (VP) und Verdeckten Ermittlern im Rahmen der Strafverfolgung“ von 1986[400] hatten unter Punkt II 2 die folgende Begriffsbestimmung für den Verdeckten Ermittler (VE) getroffen:

„Verdeckte Ermittler sind besonders ausgewählte und ausgestattete Polizeivollzugsbeamte, die unter einer Legende Kontakte zur kriminellen Szene aufnehmen, um Anhaltspunkte für Maßnahmen der Strafverfolgung zu gewinnen, und deren Identität auch im Strafverfahren geheimgehalten werden soll.“

---

[400] Abgedruckt in: Kleinknecht/Meyer- Goßner, StPO, RiStBV A 15, Anl. D.

Wesentlicher kürzer gehalten ist dahingegen die in § 110 a II S. 1 StPO in der Fassung vom 15.07.1992 getroffene **Legaldefinition**, die lautet:

„ Verdeckte Ermittler sind Beamte des Polizeidienstes, die unter einer ihnen verliehenen, auf Dauer angelegten, veränderten Identität (Legende) ermitteln."

Eine gesetzliche Regelung des VE-Einsatzes bei strafprozessualen Ermittlungen gibt es erst seit Erlass des *OrgKG* (Gesetz zur Bekämpfung des illegalen Rauschgifthandels und anderer Erscheinungsformen der organisierten Kriminalität vom 15.07.1992, in Kraft seit dem 22.09.1992). Sie findet sich in §§ 110 a - 110 e StPO.

Zu beachten ist, dass der Einsatz eines VE nach § 110 b I S. 1 StPO zwar die ***Zustimmung der StA*** voraussetzt, aber nicht von der StA

- gegen den Willen der Polizei -

angeordnet werden kann. Begründet wird dies damit, die StA könne angesichts der oftmals hohen einsatzbedingten Gefährdung des VE nicht allein die Verantwortung für den Einsatz des VE übernehmen[401]. Damit wird von dem strafprozessualen Grundsatz für Ermittlungsmaßnahmen abgewichen, dass ***eine vorrangige Anordnungsbefugnis der StA*** besteht; vorrangig deswegen, weil etwaige zusätzliche Anordnungskompetenzen der Polizei nur subsidiär sind, so z.B. das Handeln bei „Gefahr im Verzuge".

Jenes Erfordernis der bloßen Zustimmung der StA unter Verzicht auf eine staatsanwaltliche Anordnungskompetenz stellt m.E. eine nicht ganz unbedenkliche Abnabelung der Polizei dar. Das Weisungsrecht der StA als „Herrin des Ermittlungsverfahrens" gemäß § 161 StPO wird hierdurch erheblich eingeschränkt.

Eine nachträgliche Zustimmung der StA ist gemäß § 110 b I S. 2 StPO nur bei Gefahr im Verzug oder bei nicht rechtzeitiger Einholung ausreichend. Sollte die StA dann nicht innerhalb von drei Tagen zustimmen, muss der VE-Einsatz beendet werden (§ 110 b I S. 2 HS 2 StPO). Die Polizei hat folglich eine befristete Eilkompetenz.

---

[401] vgl. Krey, Rechtsprobleme, Rn. 137.

b) Sonstige nichtoffen ermittelnde Beamte: Scheinaufkäufer, Vertrauenspersonen der Polizei, Informanten und under cover agents

Der VE ist von sonstigen verdeckt operierenden Personen abzugrenzen, nämlich von

- Scheinaufkäufern und qualifizierten Scheinaufkäufern,
- Vertrauenspersonen der Polizei
- Informanten
- under cover agents

aa) Scheinaufkäufer und qualifizierter Scheinaufkäufer

Als Abgrenzungskriterium zwischen VE und sonstigen nicht offen ermittelnden Beamten wird auf die oben bereits zitierte Regelung des § 110 a II S. 1 StPO in der Fassung vom 15.07.1992 verwiesen[402].

Diese Regelung unterscheidet sich von der ursprünglichen Definition in den „Gemeinsamen Richtlinien" einerseits dadurch, dass die „Geheimhaltung der Identität des VE auch im Strafverfahren" nicht mehr genannt wird. Das erscheint plausibel, da eine „Sperrung" des VE (Geheimhaltung seiner Identität) zwar in aller Regel erfolgen wird, aber nicht begriffsnotwendig erscheint[403]. In § 110 b III StPO ist demgemäss zu Recht eine differenzierende Regelung der Frage der Geheimhaltung der Identität des VE im Strafprozess vorgesehen.

Zum anderen unterscheidet sich die in § 110 a II S. 1 StPO getroffene Normierung von der ursprünglichen Umschreibung in den „Gemeinsamen Richtlinien" durch die ausdrückliche Benennung des ***Dauerelementes***.

Dazu heißt es in den Gesetzesmaterialien zu § 110 a II S. 1 StPO in der Fassung vom 15.07.1992:

„Das Erfordernis der auf Dauer angelegten Legende unterscheide den VE von dem Beamten, der nur gelegentlich verdeckt auftrete und seine Funktion nicht offen lege (z.B. ein Scheinaufkäufer); dessen Einsatz regele sich nach den allgemeinen Bestimmungen."[404]

Anhand der Frage, ob dieses Dauerelement vorliegt, soll also unterschieden werden, ob ein VE oder aber ein anderer, nur ***gelegentlich*** verdeckt operierender Beamte auftritt, beispielsweise ein Scheinaufkäufer.

---

[402]Krey, aaO. Rn. 137.
[403]Krey, Rechtsprobleme, Rn. 3.
[404]BT-Drucksache 12/989, S. 41,42.

Die gesetzliche Normierung des für den VE charakteristischen Dauerelements ist allerdings missverständlich; denn § 110 a II StPO umschreibt ja den VE wie folgt:

„ Verdeckte Ermittler sind Beamte des Polizeidienstes, die unter einer ihnen verliehenen, auf Dauer angelegten, veränderten Identität (Legende) ermitteln. Sie dürfen unter der Legende am Rechtsverkehr teilnehmen. “

Danach käme es allein auf die *Verleihung einer Dauer-Legende* an. Ratio legis und Wille des Gesetzgebers sprechen allerdings dafür, mit der fast allgemeinen Ansicht zusätzlich zu fordern, dass der VE unter seiner Legende *„auf Dauer“ im Rahmen eines langfristigen, nicht offenen Einsatzes* ermittelt. Dieses *Dauerelement seines **Einsatzes*** muss also zur Verleihung jener Dauer-Legende hinzukommen:

Der Scheinaufkäufer, der nur gelegentlich, von Fall zu Fall auftritt, wird durch die Verleihung von Tarnpapieren noch nicht zum VE.[405]

Mithin ist festzustellen, dass bei einem VE folgende Konstellation vorliegt: Er besitzt seine Legende auf Dauer *und* nutzt sie auch auf Dauer im Rahmen eines langfristigen Einsatzes in demselben Ermittlungsverfahren[406]. Damit unterscheidet sich der VE von nicht offen operierenden Strafverfolgungsbeamten ohne VE-Status wie folgt[407]:

Bloße „Gelegenheits-VE“ wie der ***schlichte Scheinaufkäufer*** handeln verdeckt, aber grundsätzlich nicht unter Verwendung einer veränderten Identität; allenfalls ist nur ein gelegentliches, *kurzfristiges* Auftreten unter einer veränderten Identität gegeben[408]. Somit liegt keine erhebliche Beeinträchtigung des Rechtsverkehrs vor, zudem auch keine schwerwiegende Täuschung von Betroffenen bei Rechtsgeschäften.

Der ***qualifizierte Scheinaufkäufer*** ermittelt unter einer Legende, d.h. er besitzt Tarnpapiere. Dabei handelt es sich typischerweise um eine Dauer-Tarnlegende, d.h. er erhält die fraglichen Tarnpapiere für einen längeren Zeitraum. Allerdings ermittelt er nicht über einen längeren Zeitraum hinweg gegen ein und denselben Beschuldigten oder gegen denselben Personenkreis im kriminellen Milieu[409]. Es

---

[405] Ganz h.M., siehe für alle: BGH NStZ 1995, 516; Krey, ZKA-Gutachten, S. 30; ders. in: Miyazawa-Festschrift, S. 595, 605; ders. NStZ 1995, S. 517 f; ders. JR 1998, S. 1, 3 m.w.N.; aA. Rogall NStZ 1996, S. 451 f.
[406] Krey, ZKA, S. 31.
[407] Zum Sonderproblem der Teilanalogie zu den §§ 110 a ff. StPO, soweit es um den Einsatz qualifizierter Scheinaufkäufer geht, vgl. unten.
[408] Krey, ZKA, S. 31.
[409] Krey, NStZ 1995, S. 518.

fehlt also, anders als beim VE-Einsatz, am Element des *verdeckten **Dauer-Einsatzes** unter der* Legende. Zudem ist es dem qualifizierten Scheinaufkäufer grundsätzlich auch nicht gestattet, unter seiner Legende am Rechtsverkehr teilzunehmen. Nur ausnahmsweise darf er kurzfristige Rechtsgeschäfte des täglichen Lebens wie z.B. die Anmietung eines Hotelzimmers für höchstens einen Tag, um dort einen Scheinaufkauf vorzubereiten oder zu tätigen, vornehmen[410].

Scheinaufkäufer und qualifizierte Scheinaufkäufer einerseits und VE andererseits stehen sich mithin als ***aliud*** gegenüber[411], wobei Scheinaufkäufer und qualifizierte Scheinaufkäufer im Verhältnis zum VE unter dem Gesichtspunkt der Gefährdung der Sicherheit des Rechtsverkehrs und der Beeinträchtigung der Interessen der Betroffenen das mildere Mittel darstellen. Dies ist unter dem Gesichtspunkt des Prinzips der Erforderlichkeit als Gebot des Einsatzes des mildesten Mittels zu beachten, und zwar im Hinblick auf die Eingriffs*intensität*..

Zwar bezweifelt *Roxin*[412] bereits den *Eingriffscharakter* der Lockspitzeltätigkeit, weil es dem Betroffenen ja anheim gestellt sei, selbst über sein Tun zu entscheiden, so dass seine Persönlichkeitsautonomie nicht verletzt sei.

Dagegen wendet *Artzt*[413] indes ein, dass der Betroffene - der Tatverdächtige - ja möglicherweise dazu veranlasst wird, Aussagen zu treffen und Handlungen vorzunehmen, die ihn selbst belasten. Dem muss aber widersprochen werden. Der Einsatz von qualifizierten Scheinaufkäufern ist mit dem rechtsstaatlichen Prinzip „nemo tenetur se ipsum accusare" (niemand darf gezwungen werden, sich selbst zu belasten) vereinbar. Denn es gibt keinen Schutz vor unbewusster Selbstbelastung[414]. Jeder Straftäter besitzt ja die Möglichkeit, sich an Angehörige (§ 52 StPO), an Geistliche (§ 53 I Nr. 1 StPO) oder an Berufsgeheimnisträger mit Schweigepflicht und Zeugnisverweigerungsrecht (§§ 203 StGB, 53 StPO) zu wenden, wenn er meint, mit anderen über seine Verbrechen oder Vergehen sprechen zu müssen. Im übrigen aber gehört es zum allgemeinen Lebensrisiko, wenn man sich bei sonstigen Personen „verplappert". Wer sich aber selbst belastet, verdient keinen Schutz.[415]

Strittig ist die Frage des Zustimmungserfordernisses der StA beim Einsatz von Scheinaufkäufern. Dazu heißt es in den Gemeinsamen Richtlinien der Justizminister/-senatoren und der Innenminister/-senatoren der Länder über die Inan-

---

410 Krey, ZKA, S. 32.
411 Krey, NStZ 1995, S. 518.
412 Roxin, Strafverfahrensrecht, § 10 Rn. 28.
413 Artzt, Die verfahrensrechtliche Bedeutung polizeilicher Vorfeldermittlungen, S. 75.
414 Krey, ZKA, S. 23.
415 ebenso die h.M., siehe für alle: BGH St 42, S. 139, 151-153; noch deutlicher z.B. Krey in: Miyazawa-Festschrift, S. 600.

spruchnahme von Informanten sowie über den Einsatz von Vertrauenspersonen (V-Personen) und Verdeckten Ermittlern im Rahmen der Strafverfolgung in Punkt II 2.9 in Satz 1 und 2:

„Die Ermittlungstätigkeit sonstiger nicht offen ermittelnder Polizeibeamter richtet sich nach den allgemeinen Bestimmungen. Ergibt sich im Einzelfall die Notwendigkeit, deren Identität im Strafverfahren geheimzuhalten, so ist für den Einsatz die Zustimmung der Staatsanwaltschaft einzuholen."[416]

Hierzu meint *Krey*[417], aus rechtspolitischen Gründen müsse man weitergehend ein grundsätzliches Erfordernis der Zustimmung der StA verlangen. Ich würde noch weiter gehen und nicht nur aus *„rechtspolitischen"* Erwägungen, sondern aus *Rechtsgründen* ein solches grundsätzliches Zustimmungserfordernis postulieren. Das gebietet die Rechtsposition der StA als Herrin des Ermittlungsverfahrens.

Ergebnis: Der strafprozessuale Einsatz von Scheinaufkäufern erfordert die Zustimmung der StA. Dies gilt nicht nur für qualifizierte Scheinaufkäufer, sondern m.E. schlechthin. Nur so kann die StA ihrer Rolle als Herrin des Ermittlungsverfahrens und Wächter des Gesetzes gerecht werden.

bb) Vertrauensperson der Polizei (V-Person)

Eine ausdrückliche ***gesetzliche*** Regelung der V-Personen existiert bislang noch nicht.

In den einschlägigen Gemeinsamen Richtlinien der Justizminister/-senatoren und der Innenminister/-senatoren der Länder über die Inanspruchnahme von Informanten sowie über den Einsatz von Vertrauenspersonen (V-Personen) und Verdeckten Ermittlern im Rahmen der Strafverfolgung heißt es unter Punkt I 2.2[418]:

*„**V-Person**[419] ist eine Person, die, ohne einer Strafverfolgungsbehörde anzugehören, bereit ist, diese bei der Aufklärung von Straftaten auf längere Zeit vertraulich zu unterstützen, und deren Identität grundsätzlich geheimgehalten wird."*

---

[416] abgedruckt bei Kleinecht/Meyer-Goßner, Anlage D (S. 1937 ff., 1940).
[417] Krey, Rechtsprobleme S. 41, 42; ders. in : Festschrift für Miyazawa, S. 604.
[418] abgedruckt in: Kleinknecht/Meyer-Goßner, StPO, RiStBV A 15, Anl. D.
[419] Hervorhebung von Verfasserin.

Bei V- Personen handelt es sich also nicht um Polizeibeamte, sondern um ***freie Mitarbeiter***[420]. V-Personen sind im Gegensatz zu den Verdeckten Ermittlern keine staatlichen Organe, sondern ***Privatpersonen ohne Hoheitsbefugnisse***. Als V-Person kommen insbesondere Taxifahrer, Gastwirte, aber auch Angehörige des kriminellen Milieus in Betracht. Diese Personen verfügen vielfach, weil sie nicht selten aus jenem Milieu stammen in dem sie sodann als V-Person ermitteln sollen, über ein besonderes Insider-Wissen[421]. Sie können häufig rascher als bspw. ein VE Kontakte zu verdächtigen Personen herzustellen, weil sie die Verdächtigen schon aus früheren Zeiten her kennen. Besonders bedeutsam wird der Einsatz von V-Personen dort, wo die Einschleusung von VE als *deutschen* Polizeibeamten daran scheitert, dass die kriminelle Szene ***ethnisch abgeschottet*** ist: Beispielsweise kann man in eine kriminelle Gruppe von Kosovo-Albanern vielleicht *Angehörige dieser Volksgruppen als V-Person* einschleusen, dagegen sicher keine *deutschen Polizeibeamte als VE.*

Allerdings birgt der Einsatz von Nichtbeamten auch die Gefahr, dass sich Personen lediglich bei der Polizei anbiedern wollen, sei es aus Geltungssucht, sei es wegen materieller Vorteile, sei es in der Hoffnung auf Nachsicht und Milde bezüglich eigener Straftaten...V-Personen können daher sehr **suspekte** Ermittlungshelfer der Polizei sein. Dies zumindest zeigte die Erfahrung, die ich während meines Praktikums bei der Polizei machen konnte.

Mangels einer **gesetzlichen Spezialermächtigung** für den Einsatz von V-Personen ist dieses Ermittlungsmittel sehr umstritten:

Die h.M. ging bis vor kurzem davon aus, jener Einsatz bedeute *keinen Eingriff in Grundrechte der Betroffenen* und sei daher gemäß §§ 161 I, 163 I StPO legal[422].

Dem hat allerdings jüngst in einem *obiter dictum* eine Kammer des BVerfG widersprochen:[423] Die heimliche Befragung einer Aussageperson durch V-Personen stelle sich als eine Maßnahme dar, die jedenfalls ohne spezielle gesetzliche Ermächtigungsgrundlage nicht zulässig ist.

Ein solches obiter dictum in einer derartig brisanten Frage erscheint erstens fast schon „ungehörig". Denn in der Rechtsprechung des zuständigen Senats des BVerfG ist der V-Person-Einsatz als legal anerkannt worden. Zum anderen hat

420 Rogall, JZ 1987, S. 847, 849.

421 Körner, Kommentar zum BtMG und ArzMG, § 31 Rn.104 ff.

422 BGH St 42, S. 139, 151 ff; weitere Nachweise bei Krey in: Miyazawa-Festschrift, S. 602, 603.

423 Beschluss der 3. Kammer des Zweiten Senats des BVerfG vom 1.3.2000 – 2 BvR 2017 und 2039/94; vgl. dazu auch: NStZ 2000, S. 333 ff. mit Anm. Lesch.

ein solches obiter dictum keine Bindungswirkung gemäß § 31 I BverfGG, weil es an einem tragenden Entscheidungsgrund fehlt.

Schließlich dürfte jenes obiter dictum durch die dargelegte Umgestaltung der §§ 161 I, 163 I StPO zu kleinen Eingriffsgeneralklauseln überholt sein, wenn man wie die Verfasserin davon ausgeht, diese Vorschriften hätten

- sei es klarstellend, sei es konstitutiv -

unter anderem den Einsatz von V-Personen legalisieren sollen.[424]

Richtiger Ansicht nach bedarf der strafprozessuale Einsatz von V-Personen grundsätzlich der Zustimmung der StA. Das gebieten deren Status als Herrin des Ermittlungsverfahrens und ihre Funktion als Wächter des Gesetztes.

Zwar ist der Standpunkt der Gemeinsamen Richtlinien[425] enger. Dort heißt es:

„Soll eine V-Person in einem Ermittlungsverfahren gezielt eingesetzt werden, so ist zur Bestätigung der zugesicherten Geheimhaltung für diesen Einsatz die Einwilligung der Staatsanwaltschaft herbeizuführen. Kann die Einwilligung nicht rechtzeitig herbeigeführt werden, so ist die Staatsanwaltschaft unverzüglich über den Einsatz zu unterrichten".

Ebenfalls enger als der Standpunkt der Verfasserin ist die Position von *Krey*, der die These vertritt:

Jedenfalls dann, wenn die Identität der V-Person im Strafverfahren geheimgehalten werden soll, was in aller Regel der Fall ist, erfordert der V-Person-Einsatz die Zustimmung der StA..."[426].

Die erwähnten Richtlinien und die Ansicht von *Krey* werden aber, wie ich meine, der erwähnten Position der StA nicht hinreichend gerecht.

cc) Informanten

Schließlich gibt es noch die Gruppe der ***Informanten***. Hierzu heißt es in den „Gemeinsamen Richtlinien der Justizminister/-senatoren und der Innenminister/-senatoren der Länder über die Inanspruchnahme von Informanten sowie

[424] Kleinknecht/Meyer-Goßner, § 161 Rn. 1; Hilger NStZ 2000, S. 564.
[425] Gemeinsame Richtlinien, abgedruckt in Kleinknecht/Meyer-Goßner, StPO, RistBV A 15, Anlage D, I 5.3 (S.1939).
[426] Krey in Miyazawa-Festschrift, S. 304.

über den Einsatz von Vertrauenspersonen und Verdeckten Ermittlern im Rahmen der Strafverfolgung“ von 1986[427]:

*„**Informant**[428] ist eine Person, die im Einzelfall bereit ist, gegen Zusicherung der Vertraulichkeit der Strafverfolgungsbehörde Informationen zu geben.“*

Eine ausdrückliche gesetzliche Regelung bzgl. des Informanten fehlt
- wie auch bei den V-Personen -

bis heute. In der Begründung zum E OrgKG heißt es dazu[429]:

„Der Entwurf greift den Vorschlag nicht auf, auch für die Inanspruchnahme von Informanten sowie über den Einsatz von Vertrauenspersonen (V-Personen) besondere Regelungen in der StPO zu schaffen. Diese Personen sind strafprozessual Zeugen, so dass die notwendige gesetzliche Grundlage für ihre Heranziehung im Ermittlungs- und Strafverfahren gegeben ist...Daraus, dass sich der Entwurf lediglich zu einer Regelung des Ermittlungsorgans „Verdeckter Ermittler“ entscheidet, kann und darf nicht geschlossen werden, dass die Heranziehung von Zeugen (Informanten, V-Personen) in Zukunft unzulässig sei.“

Diese Begründung mag bezüglich des V-Person-Einsatzes bedenklich sein[430]; was ***Informanten*** angeht, erscheint sie dagegen plausibel. Im übrigen dürften spätestens seit der Umgestaltung der §§ 161 I, 163 I StPO zu „kleinen Eingriffsgeneralklauseln“ zumindest für Informanten etwaige rechtsstaatliche Bedenken unter dem Aspekt mangelnder gesetzlicher Grundlage entfallen sein.

Der Informant ist im Einzelfall gegen Zusage der Vertraulichkeit entgeltlich oder unentgeltlich dazu bereit, der Strafverfolgungsbehörde Informationen zukommen zu lassen[431]. Von der V-Person unterscheidet sich der Informant dadurch, dass er keine Aufträge von der Polizei entgegennimmt. Er handelt vielmehr auf eigene Initiative; dabei wird er oftmals von dem Streben nach Vorteilen wegen dieser Informationsbeschaffung bei der Polizei geleitet werden[432].

---

[427] Abgedruckt in: Kleinknecht/Meyer-Goßner, StPO, RiStBV A 15, Anl. D.
[428] Hervorhebung von Verfasserin.
[429] BT-Drucksache 12/989, S. 41.
[430] Krey, VE-Gutachten, Rn. 14 ff., 127 f.
[431] LR-Rieß, § 163 Rn. 55; Artzt, Die verfahrensrechtliche Bedeutung polizeilicher Vorfeldermittlungen, S. 51.
[432] Artzt, Die verfahrensrechtliche Bedeutung polizeilicher Vorfeldermittlungen, S. 51.

dd) under cover agents

Deutlich abzugrenzen sind die angesprochenen Ermittlungspersonen von under cover agents des US-Rechts:

Ein under cover agent ist ein Polizeibeamter, der ***langfristig ohne konkreten Ermittlungsauftrag*** in die kriminelle Szene eingeschleust wird und sich dort weitgehend frei bewegen kann. In Erfüllung seines Auftrages darf er sogar *Straftaten* begehen[433].

Der under cover agent unterscheidet sich somit deutlich von einem VE. Zum einen, weil der under cover agent ohne eine konkrete Führung und ohne einen klar umrissenen Auftrag tätig wird. Für den VE hingegen bestimmen die Gemeinsamen Richtlinien[434] in Punkt II 1, 1.2.:

„Verdeckte Ermittler dürfen nur mit konkretem Ermittlungsauftrag zeitlich begrenzt operativ eingesetzt werden... Verdeckte Ermittler unterliegen einer straffen Führung."

Zum anderen unterscheidet sich der under cover agent vom VE durch seine Befugnis, milieubedingte Straftaten begehen zu können. Für den VE bestimmen jene Richtlinien[435] in Punkt II 3, 3.2, 3.3 und 3.4:

*„**Verdeckte Ermittler dürfen keine Straftaten begehen**... Unberührt bleibt **in Ausnahmefällen** eine Rechtfertigung oder Entschuldigung des Verhaltens des einzelnen Polizeibeamten z.B. unter den Voraussetzungen der §§ 34, 35 StGB. Bei Verletzung von Rechtsgütern, die zur Disposition des Berechtigten stehen, kann die Rechtswidrigkeit auch unter dem Gesichtspunkt der mutmaßlichen Einwilligung entfallen."*

Festzuhalten ist somit, dass die StPO für den Einsatz eines under cover agents keinen Raum lässt. Eine solche Ermittlungsmethode würde einen eklatanten Verstoß gegen die deutschen Strafprozessgrundsätze darstellen, wäre mithin prozessordnungswidrig[436].

---

[433] Rogall, JZ 1987, 847, 849; Krey, Rechtsprobleme, Rn. 8.
[434] siehe oben § 12 B I 1 a).
[435] siehe oben § 12 B I 1 a).
[436] Kleinknecht/Meyer-Goßner, StPO, § 110 a Rn. 4 (a.E.); Krey, VE-Gutachten, Rn. 12.

ee) Mitwirkung der StA bei sonstigen strafprozessualen Ermittlungsmaßnahmen

(1) Beschränkung der Anordnungskompetenz auf den Richter

In vielen Fällen ist ***nur der Richter*** zur Anordnung der fraglichen strafprozessualen Maßnahme befugt. Das gilt insbesondere für die Anordnung der Untersuchungshaft durch Haftbefehl; diese Anordnung ergeht bei Vorliegen der gesetzlichen Voraussetzungen (§§ 112 ff. StPO) nach pflichtgemäßem Ermessen[437]. Obwohl der Richter zur Anordnung der U-Haft nicht gezwungen ist, wird er einen Haftbefehl, dessen Voraussetzungen nach § 112 StPO vorliegen, in der Regel auch erlassen[438].

(2) Anordnungsbefugnis nur für den Richter bzw. bei Gefahr im Verzug *nur* die StA

Eine Reihe von strafprozessualen Grundrechtseingriffen erfordern zwar eine Anordnung des Richters, sehen aber bei Gefahr im Verzug eine Eilkompetenz für die StA vor; dies gilt zum Beispiel gemäß § 100 b I S. 2 StPO für die Anordnung der *Überwachung der Telekommunikation (TÜ)*, gemäß § 163 e IV S. 2 StPO für die Ausschreibung zur *polizeilichen Beobachtung*, gemäß §§ 98 a, 98 b I S. 1 StPO bei der sogenannten *Rasterfahndung* und bei der *Postbeschlagnahme* iSd. §§ 99, 100 I StPO. Sie räumen dagegen bloßen Hilfsbeamten der StA keine Anordnungsbefugnis ein.

(3) Anordnungskompetenz für den Richter, bei Gefahr im Verzug auch für die StA *und* ihre Hilfsbeamten

Schließlich gibt es strafprozessuale Eingriffe, bei denen der Richtervorbehalt durch eine Eilkompetenz bei Gefahr im Verzuge für die StA und ihre Hilfsbeamten ergänzt wird.

Das gilt namentlich für die körperliche Untersuchung (§§ 81 a II, 81 c V StPO), bei der Anordnung der *Beschlagnahme* (§ 98 I StPO), bei der *Durchsuchung* (§ 105 i S. 1 StPO), beim *Lauschangriff* außerhalb von Wohnungen (§§ 100 c I Nr. 2 i.V.m. 100 d I S. 1 StPO), bei *Kontrollstellen auf Straßen und Plätzen* (§ 111 II StPO) und bei der *Schleppnetzfahndung* (§ 163 d II S. 1 StPO).

---

[437] BVerfGE 19, S. 342,349; Kleinknecht/Meyer-Goßner, StPO, § 112 Rn. 1.
[438] Kleinknecht/Meyer-Goßner, StPO, § 112 Rn. 1.

ff) Resümee

Die Mitwirkungsbefugnisse der StA als Herrin des Ermittlungsverfahrens sind bei ***strafprozessualen Grundrechtseingriffen*** und/oder bei schwerwiegenden Ermittlungsmaßnahmen wie V-Person-Einsatz, mag deren Bedeutung als Grundrechtseingriff auch umstritten sein, erheblich.

Zum einen bedürfen Ermittlungsmaßnahmen wie der VE-Einsatz der ***Zustimmung*** der StA.

Dasselbe gilt m.E. grundsätzlich beim Einsatz von Scheinaufkäufern und V-Personen.

Zum anderen besitzt die StA im Bereich von Richtervorbehalten in weitem Umfang eine ***alleinige*** *Eilkompetenz bei Gefahr im Verzuge,* während der Polizei eine solche Eilkompetenz fehlt.

Dort, wo auch Hilfsbeamten der StA bei Gefahr im Verzuge eine Eilkompetenz zusteht, ist diese gegenüber der des Staatsanwalts ***nachrangig***.

Schließlich sei noch darauf verwiesen, dass der Weg zur *ermittlungsrichterlichen Anordnung* gemäß § 162 I StPO ***grundsätzlich über die StA führt***, genauer: einen Antrag der StA erfordert.

Nur ausnahmsweise kann sich die Polizei *unmittelbar* an den Ermittlungsrichterwenden (§ 163 II S. 2 StPO).

2. Mitwirkung der StA bei Maßnahmen iSd. Polizeigesetze der Länder?

Eine Mitwirkung der StA ist bei Maßnahmen der Gefahrenabwehr nicht vorgesehen. Insoweit sei daran erinnert, dass das staatsanwaltliche Weisungsrecht aus §§ 161 S. 2 StPO, 152 GVG nicht für den Bereich der Gefahrenabwehr gilt[439].

3. Resümee

Zwischen strafprozessualen Ermittlungsmaßnahmen und Ermittlungsmaßnahmen nach Polizeirecht zur Gefahrenabwehr gibt es bereits einen zentralen formalen Unterschied. Er betrifft die Anordnungsbefugnis der StA bzw. das Erfordernis ihrer Zustimmung. Unter diesem Aspekt ist es nachvollziehbar, dass sich die Polizeibeamten vielfach ungern auf die strengeren Regelungen der StPO berufen, wenn ihnen der Zugriff auf die für sie insoweit günstigeren Normen

[439] Krey, StPO Band 1, Rn. 463, 502, 510.

der Polizeigesetze der Länder möglich ist. Denn in letzterem Fall können sie ohne Mitwirkung der StA agieren.

Gefahrenabwehr im allgemeinen und ***vorbeugende Verbrechensbekämpfung*** im besonderen ist also nach dem Text der Landespolizeigesetze Aufgabe der Polizei ohne Verfahrensherrschaft oder auch nur Kontrolle durch die StA als Wächter des Gesetzes.

Demgemäss begründet der Rückgriff auf vorbeugende Verbrechensbekämpfung die Gefahr der Kriminalitätsbekämpfung ohne StA!

4. Richtervorbehalte in der StPO

Im Folgenden ist zu prüfen, ob in der StPO Richtervorbehalte für Ermittlungsmaßnahmen zum Zwecke der Strafverfolgung vorgesehen sind, die bei entsprechenden ***Grundrechtseingriffen nach Landespolizeirecht*** fehlen.

a) Großer Lauschangriff iSd. § 100 c I Nr. 3 StPO

Gemäß § 100 c I Nr. 3 StPO darf das ***in einer Wohnung*** nichtöffentlich gesprochene Wort des Beschuldigten mit technischen Mitteln

- z.B. in der Wohnung installierte „Wanzen" -

abgehört und aufgezeichnet werden, falls der Verdacht einer dort genannten *Katalogtat* vorliegt und die Ermittlung des Sachverhalts oder des Aufenthaltsortes auf andere Weise erschwert oder aussichtslos wäre.

Die ***Anordnung*** erfolgt durch die in § 100 d II benannte Strafkammer des Landgerichtes, die ***Staatsschutzkammer***. Bei ***Gefahr im Verzug*** ist deren ***Vorsitzender*** dazu befugt, alleine die Anordnung zu treffen; jedoch muss seine Anordnung binnen drei Tagen von der Strafkammer bestätigt werden (§ 100 d II S. 2, 3 StPO). Die Anordnung ist auf höchstens vier Wochen zu befristen, kann aber verlängert werden, § 100 d IV StPO.

Im übrigen sei noch auf einige weitere Besonderheiten des *strafprozessualen* „Großen Lauschangriffs" hingewiesen, die beim Lauschangriff auf Wohnungen zur Gefahrenabwehr nach *Polizeirecht* fehlen

- was einen (zusätzlichen) Anreiz zum Ausweichen auf die polizeirechtlichen Normen begründen könnte -.

Soweit die akustische Wohnraumüberwachung die Interessen von zeugnisverweigerungsberechtigten Personen berührt, normiert § 100 d III StPO eine Reihe von Verboten und Beschränkungen.

Ein ***absolutes Beweisverwertungsverbot*** besteht gemäß § 100 d III S. 1 StPO bei Berufsgruppen mit Zeugnisverweigerungsrecht iSd. § 53 I StPO. Somit sind insbesondere Geistliche, Strafverteidiger, Rechtsanwälte, Patentanwälte, Notare, Ärzte, Zahnärzte, Apotheker, Hebammen, Abgeordnete, Journalisten vom großen Lauschangriff ausgenommen.

Gemäß § 100 d III S. 2 StPO gilt dies auch, wenn zu erwarten ist, dass sämtliche aus der Maßnahme zu gewinnenden Erkenntnisse einem Verwertungsverbot unterliegen.

Ein ***relatives Beweisverwertungsverbot*** besteht gemäß § 100 d III S. 3 StPO bei den Berufshelfern nach § 53 a StPO sowie bei Zeugnisverweigerungsberechtigten gemäß § 52 StPO - Familie -. Hier ist der Lauschangriff nicht von vornherein unzulässig; jedoch ist die Verwertbarkeit der durch ihn gewonnenen Erkenntnisse eingeschränkt.

b) Lauschangriff außerhalb von Wohnungen, § 100 c I Nr. 2 StPO

Das Abhören und Aufzeichnen des nichtöffentlich gesprochenen Wortes außerhalb von Wohnungen iSd. § 100 c I Nr. 2 StPO ist ein erheblich leichterer Grundrechtseingriff als die elektronischen Überwachung von Wohnungen. Der Gesetzgeber hat ersteren, was den Straftatkatalog angeht, der Telefonüberwachung gleichgestellt:

Beim Abhören ***außerhalb von Wohnungen***, § 100 c I Nr. 2 StPO, wird an den für die Telefonüberwachung geltenden Deliktskatalog des § 100 a StPO angeknüpft, um eine Harmonisierung beider Vorschriften zu erreichen. Ferner muss die Erforschung des Sachverhaltes auf andere Weise aussichtslos oder wenigstens wesentlich erschwert sein. In gewissem Wertungswiderspruch zur erwähnten Gleichstellung des § 100 c I Nr. 2 StPO mit der Telefonüberwachung (TÜ) ist aber beim Lauschangriff außerhalb von Wohnungen neben der StA auch ihren Hilfsbeamten eine Eilkompetenz bei Gefahr im Verzuge eingeräumt, was nicht unbedenklich erscheint.

c) Telefonüberwachung iSd. § 100 a StPO

Die ***Anordnung der Telefonüberwachung (TÜ)*** erfolgt gemäß § 100 b StPO ***durch den Richter***, in ***Eilfällen durch die StA***. Den Hilfsbeamten der StA steht eine solche Eilkompetenz nicht zu. Zu beachten ist, dass die Anordnung durch die StA außer Kraft tritt, wenn sie nicht binnen drei Tagen bestätigt wird.

Voraussetzung für die TÜ ist nach § 100 a StPO ein auf bestimmte Tatsachen gegründeter Verdacht, dass jemand Täter oder Teilnehmer eines der in § 100 a StPO abschließend aufgezählten Delikte ist. Zudem muss die Erforschung des Sachverhalts oder die Ermittlung des Aufenthaltsortes des Beschuldigten auf andere Weise aussichtslos oder wesentlich erschwert sein

- sogenannter Subsidiaritätsgrundsatz -.

Die Anordnung darf sich nur gegen den Beschuldigten oder gegen solche Personen richten, von denen aufgrund bestimmter Tatsachen anzunehmen ist, dass sie Nachrichtenmittler sind oder der Beschuldigte ihren Anschluss benutzt, § 100 a S. 2 StPO.

Die Durchführung der Überwachung geschieht dadurch, dass der Betreiber des Telefonnetzes dem Überwachenden, der auch ein Hilfsbeamter der StA sein kann, die Überwachung und Aufzeichnung ermöglicht, § 100 b III StPO[440]. Sind die hierdurch erlangten Informationen zur Strafverfolgung nicht mehr erforderlich, sind sie *unverzüglich* unter Aufsicht der StA zu vernichten, § 100 b VI StPO.

In der Praxis ist bei der Durchführung der TÜ größte Sorgfalt geboten:
Telefoniert der Beschuldigte beispielsweise mit seinem Verteidiger, ist die Vorschrift des § 148 I StPO zu beachten. Wird der Telefonanschluss des Beschuldigten überwacht, darf das Abhören und die Aufnahme des Gespräches ab dem Zeitpunkt nicht mehr fortgesetzt werden, in dem feststeht, dass der Gesprächspartner der Verteidiger des Beschuldigten ist[441]. Eine Ausnahme wird aber von der Rechtsprechung für den Fall gemacht, dass der Verteidiger selbst der Beteiligung an der Katalogtat verdächtig ist, so dass er nach § 138 a StPO ausgeschlossen und gegen ihn selbst die TÜ angeordnet werden könnte[442].

---

[440]Thommes, StV 1997, S. 657.
[441]BGH JR 1987, S. 75; Müller-Dietz, NStZ 1986, S. 285.
[442]BGH St 33, 347, 350; ebenso u.a.: KK-Nack § 100 a Rn. 11; Krey, StPO 1, Rn. 640, 641; nach Kleinknecht/Meyer-Goßner, StPO, § 100 a Rn. 13 gilt dies erst, wenn der Verteidiger ***tatsächlich*** gemäß § 138 a StPO ausgeschlossen ist.

Auch auf *Mailboxen* werden die §§ 100 a, b StPO angewandt[443]. Denn auch dieser Datenverkehr wird als Unterfall der Telekommunikation angesehen[444].

d) Rasterfahndung iSd. § 98 a StPO

Bei dieser Fahndungsmethode greifen die Strafverfolgungsbehörden auf **Daten** von öffentlichen Stellen und von Stellen außerhalb des öffentlichen Bereichs zurück und überprüfen sie im Wege eines automatisierten Abgleichs mit anderen Datenbeständen daraufhin, ob sie bestimmte Auffälligkeiten enthalten. Ziel der Rasterfahndung ist es gemäß § 98 a I S. 1 StPO, „Nichtverdächtige auszuschließen oder Personen festzustellen, die weitere für die Ermittlungen bedeutsame Prüfungsmerkmale erfüllen".

Ein Beispiel für diese Ermittlungsart stellt die Terroristenfahndung dar, bei der die Behörden Dateien über Fernsprechanschlüsse (bei denen keine Gebühren anfielen), über Wasser- oder Energieverbrauch in Wohnungen oder über Mietverhältnisse in der Umgebung wichtiger Objekte (bspw. Militäreinrichtungen) und insbesondere auch über auffällige Zahlungsmodalitäten (z.B. Barzahlung) auswerteten[445].

Anordnungsbefugt zur *Rasterfahndung* iSd. § 98 a StPO ist gemäß § 98 b I StPO der Richter, bei Gefahr im Verzug auch die StA.

e) VE - Einsatz iSd. § 110 b II S. 1 Nr. 1, Nr. 2 StPO

Gemäß § 110 b II S. 1 Nr. 1 StPO bedürfen Einsätze des Verdeckten Ermittlers gegen einen bestimmten Beschuldigten der ***Zustimmung des Richters***. Bei *Gefahr im Verzug* genügt aber die Zustimmung der *StA*. Die Maßnahme ist zu beenden, wenn nicht der Richter binnen drei Tagen zustimmt, § 110 b II S. 4 StPO.

Der VE-Einsatz, bei dem ein Betreten einer nicht allgemein zugänglichen Wohnung notwendig ist, bedarf nach § 110 b II S. 1 Nr. 2 StPO einer ***richterlichen Zustimmung***. Bei *Gefahr im Verzug* ist die Zustimmung der *StA* ausreichend, § 110 b II S. 2 StPO.

Diese Vorschrift ist sprachlich misslungen und in ihrer Bedeutung unklar und umstritten:

---

[443] Karlsruher Kommentar-Nack, StPO, GVG, EGGVG, § 100 a StPO Rn. 7 ff; Palm/Roy, NJW 1996, S. 1791, 1796.

[444] Karlsruher Kommentar-Nack, StPO, GVG, EGGVG, 4. Aufl. 1999, § 100 a StPO Rn. 7; vgl. auch § 3 Nr. 16 TKG.

[445] Benfer, Eingriffsrechte, Rn. 474.

Sie verlangt die Zustimmung des Richters für VE-Einsätze, *„bei denen der VE eine Wohnung betritt...“*.

Diese Regelung wird von *Zaczyk* und – ihm folgend – *Kleinknecht/Meyer-Goßner* so verstanden, dass jenes Erfordernis richterlicher Zustimmung praktisch die Regel sei: Denn beim VE-Einsatz könne die Notwendigkeit, unter der Legende fremde, nicht allgemein zugängliche Wohnungen betreten zu müssen, fast nie ausgeschlossen werden[446].

Demgegenüber meint etwa *Krey*, damit werde missachtet, dass nach der Gesetzessystematik und dem klaren Willen des Gesetzgebers das Erfordernis richterlicher Zustimmung nicht die Regel sein sollte, sondern die Ausnahme[447]. Daher sei § 110 b II Nr. 2 StPO wie folgt zu interpretieren:

„Nicht die abstrakt-generelle Möglichkeit, dass VE Wohnungen betreten könnten, begründet die Anwendbarkeit des § 110 b II Nr. 2 StPO. Vielmehr kommt es auf die konkreten Umstände des Einzelfalles an; nur wenn nach ihnen (ausnahmsweise) ernstlich damit zu rechnen ist, der VE müsse einsatzbedingt eine bestimmte fremde Wohnung betreten, ist die richterliche Zustimmung erforderlich“[448].

Angesichts dieses Meinungsstreits könnte die Praxis einen Ausweg aus der, durch das sprachlich misslungene Gesetz angerichteten, mangelnden Klarheit der Rechtslage darin sehen, stets **„vorsorglich“** die ermittlungsrichterliche Zustimmung einzuholen. Doch läuft ein solcher „Pragmatismus“ darauf hinaus, den Ermittlungsrichtern in gewissem Umfang unnötige Arbeit „aufzuhalsen“.

M.E. sollte man daher „Farbe bekennen“: Hält man die Ansicht von *Zaczyk* für rechtsdogmatisch zutreffend, ist jener „pragmatische Standpunkt“ ***rechtlich*** *geboten.*

Folgt man dagegen

- wie offenbar die Praxis in erheblichem Umfang -

der abweichenden Position von *Krey*, so darf der Gang zum Ermittlungsrichter nicht zur „vorsorglichen Regel“ werden.

Hier wie an anderen Stellen bedarf es wegen der nachlassenden Qualität von Gesetzesreformen also *legislatorischer Nachbesserung*.

---

[446] Zaczyk, StV 1993, S. 494; Kleinknecht/Meyer-Goßner, § 110 b Rn. 4.
[447] Krey in: Miyazawa-Festschrift, S. 600 f.
[448] aaO., S. 601.

f) Sonstige Maßnahmen

aa) Richtervorbehalte mit Eilkompetenz der StA und ihrer Hilfsbeamten iSv. § 152 GVG

Bei einer ***körperlichen Untersuchung*** des Beschuldigten nach § 81 a StPO

- dessen Hauptanwendungsfall die Blutprobeentnahme darstellt -

ist gemäß § 81 a II StPO ***der Richter*** anordnungsbefugt. Bei einer Gefährdung des Untersuchungserfolges durch Verzögerung steht dieses Recht aber auch der ***StA und ihren Hilfsbeamten*** iSv. § 152 GVG zu.

Die Einrichtung von Kontrollstellen gemäß § 111 StPO, an der jedermann

- ohne dass ein konkreter Anhaltspunkt gerade gegen ihn gegeben zu sein braucht -

verpflichtet ist, seine Identität feststellen zu lassen und sich sowie mitgeführte Sachen durchsuchen zu lassen, § 111 I S. 2 StPO, muss durch ***den Richter*** angeordnet werden; bei Gefahr im Verzug besteht eine Eilkompetenz für die ***StA und ihre Hilfsbeamten***, § 111 II StPO.

Auch die ***Beschlagnahmeanordnung*** erfolgt grundsätzlich durch den Richter, bei Gefahr im Verzug auch durch die StA und ihre Hilfsbeamten, § 98 I StPO. Diese Anordnung kommt in Verbindung mit einer ***Durchsuchungsanordnung*** nach §§ 102, 103 StPO insbesondere dann in Betracht, wenn die Ermittlungsorgane Anhaltspunkte dafür haben, wo der Gegenstand aufzufinden ist; auch für letztere gilt der Richtervorbehalt mit Eilkompetenz der StA und ihrer Hilfsbeamten (§ 105 I StPO).

Die ***Netzfahndung an Massenkontrollstellen***, § 163 d StPO[449],

- auch „Schleppnetzfahndung" genannt -

---

[449] Polizeiliche Fahndungs- und Überwachungsmaßnahmen wurden ursprünglich auf die allgemeinen Rechtsgrundlagen der §§ 161, 163 StPO gestützt. Da hierbei aber Massen von Daten auch Unbeteiligter verarbeitet werden, war nach der Rspr. des BVerfG zum Recht auf informationelle Selbstbestimmung (BVerfGE 65, S. 1) die Schaffung von ausdrücklichen Ermächtigungsgrundlagen erforderlich. Daraufhin hat der Gesetzgeber zunächst die Netzfahndung an Massenkontrollstellen geregelt, § 163 d StPO, und später weitere Fahndungsmaßnahmen normiert.

ermöglicht die Errichtung von Kurzzeit-Dateien bei Massenkontrollen an der Grenze oder an Kontrollstellen gemäß § 111 StPO. Da hier eine erschöpfende Auswertung der anfallenden Daten vor Ort nicht durchführbar ist, können Kurzzeit-Dateien zur Speicherung und Auswertung angelegt werden. Das gilt auch bei automatischem Ablesen von Pässen und Personalausweisen, § 163 d I S. 2 StPO[450]. Anordnungsbefugt ist gemäß ***§ 163 d II S. 1 StPO der Richter***, bei Gefahr im Verzug auch ***die StA und ihre Hilfsbeamten***. Die Anordnung tritt außer Kraft, wenn sie nicht binnen drei Tagen vom Richter bestätigt wird, § 163 d II S. 3 StPO.

bb) Richtervorbehalte mit Eilkompetenz nur für die StA

Die ***polizeiliche Beobachtung***, § 163 e StPO, wird gemäß § 163 e IV StPO durch den Richter angeordnet, bei Gefahr im Verzug auch durch die StA. Im letzten Fall tritt die Anordnung außer Kraft, wenn sie nicht binnen drei Tagen von dem Richter bestätigt wird. Gemäß § 163 e IV S. 5 wird die Anordnung auf höchstens 1 Jahr befristet. Es besteht aber gemäß § 100 b II S. 5 StPO eine Verlängerungsmöglichkeit. Die polizeiliche Beobachtung dient der unauffälligen Ermittlung und Sammlung von Erkenntnissen zur Erstellung eines Bewegungsbildes der betreffenden Person. Dabei sollen in der Regel Zusammenhänge und Querverbindungen innerhalb eines kriminellen Personenkreises untersucht werden[451].

Weitere Beispiele eines Richtervorbehaltes für strafprozessuale Grundrechtseingriffe mit einer Eilkompetenz *nur für die StA*

- und nicht für ihre Hilfsbeamten oder sonstige Polizeibeamte -

hat die Darstellung schon erwähnt.

cc) Richtervorbehalte ohne Eilkompetenz der StA (und ihrer Hilfsbeamten)

(1) DNA-Analyse als strafprozessuale Ermittlungsmaßnahme (§§ 81 e, 81 f StPO)

Zwar bildete nach überwiegender Ansicht § 81 a StPO eine ausreichende Ermächtigungsgrundlage für die Blutprobeentnahme *und* ihre molekulargenetische Untersuchung im nicht kodierten Bereich[452].

---

[450] Wittig, JuS 1997, S. 961.
[451] Krahl, NStZ 1998, S. 339.
[452] BGH NJW 1990, S. 2328; StV 1991, S. 338; BVerfG NJW 1996, S. 3071; kritisch: Keller NJW 1989, S. 2289.

Trotzdem hat der Gesetzgeber durch das StÄG 1997 die ***molekulargenetische Untersuchung*** speziell in §§ 81 e. 81 f StPO geregelt. Zudem wurde die Möglichkeit genutzt, die Zweckbindung und Vernichtung des Untersuchungsmaterials zu normieren, § 81 a III StPO. Bei einer molekulargenetischen Untersuchung iSd. § 81 e StPO handelt es sich um ein spezielles Beweisverfahren zur Identifizierung oder zum Ausschluss von Spurenverursachern. Hierzu wird anhand von vorhandenem ***Körpermaterial*** des Beschuldigten bzw. eines sonstigen Spurenlegers

- Haare, Blut, Hautreste, Sperma –

die in jeder menschlichen Zelle vorhandene DNA (Desoxyribonukleinsäure) analysiert und anschließend verglichen. Während zunächst der „genetische Fingerabdruck“

- DNA-Fingerprinting –

erstellt wurde, bei dem die Untersuchung anhand hochvariabler sog. „Multi-Locus-Systeme“ erfolgte, wird heute weithin die Methode der Polymerase-Kettenreaktion - PCR - angewendet, die auf der Vermehrung von genetischem Material basiert[453].

Grundsätzlich ist dabei gemäß § 81 e I S. 1 StPO das vom Beschuldigten durch Maßnahmen nach § 81 a StPO erlangte Material verwertbar. Allerdings darf gemäß § 81 e I S. 2 StPO auch das von anderen Personen als dem Beschuldigten durch Maßnahmen nach § 81 c StPO erlangte Material für die molekulargenetische Untersuchung analysiert werden. Insofern gelten die Einschränkungen des § 81 c III, IV und V S. 2 StPO. Und gemäß § 81 e II StPO ist es auch zulässig, aufgefundenes, sichergestelltes oder beschlagnahmtes Spurenmaterial zu verwenden.

Nach ***§ 81 f I StPO*** dürfen molekulargenetische Untersuchungen i. S. des § 81 e StPO ***nur durch den Richter*** angeordnet werden. In der schriftlichen Anordnung ist der mit der Untersuchung zu beauftragende Sachverständige zu bestimmen.

---

[453] Kleinknecht/Meyer-Goßner, StPO, § 81 e Rn. 1; Wiegand/Kleiber/Brinkmann, Kriminalistik 1996, S. 720.

(2) DNA-Identitätsfeststellung gemäß § 81 g StPO und § 2 DNA-Identitätsfeststellungsgesetz (DNA-IFG)

- Maßnahmen des Erkennungsdienstes -

(2.1.) § 81 g StPO

Auch hier darf die DNA-Analyse nur durch den Richter angeordnet werden (§ 81 g III mit § 81 f StPO)[454].

(2.2.) § 2 DNA-IFG[455]

Diese Vorschrift ergänzt die Regelung des § 81 g StPO

- der nur für Beschuldigte gilt -

durch eine entsprechende Normierung für rechtskräftig Verurteilte. Auch hier gilt der Richtervorbehalt der §§ 81 f, 81 g III StPO entsprechend (§ 2 DNA-IFG).

Wie bereits dargelegt, handelt es sich um Maßnahmen der vorbeugenden Verbrechensbekämpfung in der Erscheinungsform der *Vorsorge für die Verfolgung künftiger Straftaten* (Erkennungsdienst)[456]. § 81 g ist also ein Fremdkörper in der StPO[457], die der Sache nach hier Polizeirecht normiert.

Resümee: Für ***strafprozessuale*** *Grundrechtseingriffe,* soweit sie nach Art und/oder Intensität der Beeinträchtigung schwerwiegend sind, besteht also regelmäßig ein Richtervorbehalt.

Dieser ist bei besonders gravierenden Eingriffen in Grundrechte vielfach ***nicht*** durch die Normierung von Eilkompetenzen für StA (und ihre Hilfsbeamten) eingeschränkt; das gilt insbesondere für

- die DNA-Analyse (§§ 81 f, 81 g III StPO, § 2 DNA-IFG),
- den „Großen Lauschangriff“ (§§ 100 c I Nr. 3, 100 d II StPO),
- den Haftbefehl (114 I StPO).

---

[454] Zur Frage einer Ausnahme hiervon im Falle der *Einwilligung* des Betroffenen siehe m.w.N. Kleinknecht/Meyer-Goßner, StPO, § 81 g Rn. 17.

[455] Vom 07.09.1998 (BGBl. I, 2646); u.a. abgedruckt bei: Kleinknecht/Meyer-Goßner, StPO, § 81 g Rn. 1.

[456] Dazu oben S. 85 ff. Ebenso u.a. Kleinknecht/Meyer-Goßner, StPO, § 81 g Rn. 2; a.A. etwa Volk, NStZ 1999, S. 165 ff.

[457] Kleinknecht/Meyer-Goßner, aaO.

Und dort, wo der Richtervorbehalt durch *Eilkompetenzen für die **StA*** eingeschränkt ist, z.B. bei der

- Telefonüberwachung (§§ 100 a, 100 b StPO),
- Postbeschlagnahme (§§ 99, 100 StPO),
- Rasterfahndung (§§ 98 a, 98 b StPO),

oder gar durch *Eilkompetenzen auch für die **Hilfsbeamten der StA***, z.B. bei

- Lauschangriffen außerhalb von Wohnungen (§§ 100 c I Nr. 2, 100 d I StPO),
- Beschlagnahmen (§§ 94, 98 StPO),
- Durchsuchungen (§§ 102, 105 I S. 1 StPO),

bemüht sich die neuere Judikatur um eine verfassungskonforme Restriktion solcher Eilkompetenzen:

Das *BVerfG* hat hierzu jüngst zutreffend entschieden[458],

„der Begriff der „Gefahr im Verzug" sei eng auszulegen; die richterliche Anordnung müsse die Regel sein; die „Gefahr im Verzug" müsse auf den Einzelfall bezogen sein, während fallunabhängige Maßnahmen aufgrund „kriminalistischer Alltagserfahrung" nicht ausreichten; die Gerichte und Strafverfolgungsbehörden hätten soweit möglich Vorkehrungen zu treffen, damit die Regelzuständigkeit des Richters gewahrt bleibe; Auslegung und Anwendung des Begriffs „Gefahr im Verzug" unterlägen der gerichtlichen Kontrolle.

Diese Entscheidung ist zwar ausdrücklich nur zu Art. 13 II GG ***(Durchsuchung)*** ergangen. Sie beansprucht aber ganz allgemein Geltung für alle strafprozessualen Grundrechtseingriffe, die das Grundrecht der Unverletzlichkeit der Wohnung betreffen, also auch für die ***Telefonüberwachung***.

Darüber hinaus meine ich, dass jene ***Restriktion von Eilkompetenzen als Durchbrechungen des Richtervorbehalts*** durch das *BVerfG* schlechthin für alle strafprozessualen Grundrechtseingriffe gelten muss, die nach Art und Intensität gleich schwerwiegend oder gar schwerwiegender sind als Hausdurchsuchungen, also beispielsweise für

- die Postbeschlagnahme (§§ 99, 100 StPO),
- die Ausschreibung zur polizeilichen Beobachtung (§ 163 e StPO).

---

[458] BVerfG, Urteil v. 20,.02.2001, JZ 2001, S. 1029 ff. mit Anm. Gusy.

Dagegen ist jene Entscheidung nicht für leichtere, massenhaft erfolgende Eingriffe wie die Entnahme von Blutproben (§ 81 a StPO) gedacht.

Für ***strafprozessuale*** Grundrechtseingriffe ist also i.S. des Verfassungsgebots des ***Grundrechtsschutzes durch Verfahren*** charakteristisch:

Erstens die dargelegte Funktion der StA als Herrin des Ermittlungsverfahrens und Wächter des Gesetzes über die Polizei.
Zweitens der Richtervorbehalt für schwerwiegende Grundrechtseingriffe.

Die Untersuchung hatte schon gezeigt, dass die ***StA*** im Polizeirecht funktionslos ist. Im Folgenden soll erörtert werden, ob (und wieweit) bei der präventivpolizeilichen Gefahrenabwehr ***Richtervorbehalte*** bestehen.

5. Richtervorbehalte im Polizeirecht?

a) Lauschangriff auf Wohnungen

aa) Der allgemeine Lauschangriff auf Wohnungen als Mittel präventivpolizeilicher Gefahrenabwehr

(1) Normierung in Art. 13 IV GG

Art. 13 IV GG lautet:

„Zur Abwehr dringender Gefahren für die öffentliche Sicherheit, insbesondere einer gemeinen Gefahr oder einer Lebensgefahr, dürfen technische Mittel zur Überwachung von Wohnungen nur auf Grund richterlicher Anordnung eingesetzt werden. Bei Gefahr im Verzuge kann die Maßnahme auch durch eine andere gesetzlich bestimmte Stelle angeordnet werden; eine richterliche Entscheidung ist unverzüglich nachzuholen".

In Art. 13 IV S.1 GG ist somit der Richtervorbehalt gesetzlich festgelegt. Eine Eilkompetenz bei Gefahr im Verzuge besteht gemäß Art. 13 IV S. 2 GG für „eine andere gesetzlich bestimmte Stelle".

(2) Konkretisierung dieses Rahmens durch das Landespolizeirecht

Der sogenannte Große Lauschangriff, der das **Abhören innerhalb von *Wohnungen*** umfasst, ist auch in den Polizeigesetzen der Länder normiert, in Bayern etwa in Art. 34 Polizeiaufgabengesetz, im Saarland in § 28 IV Saarländisches Polizeigesetz:

„In ...Wohnungen (§ 19 Abs. 1 Satz 2) kann die Vollzugspolizei personenbezogene Informationen mit den in Absatz 2 genannten Mitteln nur erheben, wenn

dies zur Abwehr einer gegenwärtigen Gefahr für Leib oder Leben unerlässlich ist...“

Anordnungsbefugt ist hier gemäß § 28 IV S. 2, S. 3 Saarländisches Polizeigesetz grundsätzlich der Richter. Die Maßnahme ist außerdem auf höchstens drei Monate zu befristen. Insoweit ist die Regelung in Übereinstimmung mit der bundesrechtlichen Regelung in § 100 d II StPO.

Bei Gefahr im Verzug stimmen die Regelungen aber nicht mehr überein. Steht auf Bundesebene bei Gefahr im Verzug die Anordnungsbefugnis dem Vorsitzenden der in § 100 d II StPO benannten Strafkammer des LG zu, ist auf Landesebene im Eilfall der Behördenleiter oder ein von ihm beauftragter Beamter der Polizei anordnungsbefugt, § 28 IV S. 5 Saarländisches Polizeigesetz:

„Bei Gefahr im Verzuge erfolgt die Anordnung durch den Behördenleiter oder einen von ihm beauftragten Beamten; eine richterliche Entscheidung ist unverzüglich nachzuholen...“.

(3) Verwertbarkeitsregelung – Verwendung von Erkenntnissen aus dem Großen Lauschangriff nach Polizeirecht – des § 100 f II StPO

Präventiv, mithin polizeirechtlich gewonnene Informationen, die durch eine Wohnraumüberwachung erlangt worden sind, dürfen nur unter den eingeschränkten Voraussetzungen des § 100 f II StPO im Strafverfahren verwendet werden. § 100 f II StPO lautet:

„Sind personenbezogene Informationen durch eine polizeirechtliche Maßnahme erlangt worden, die der Maßnahme nach § 100 c I Nr. 3 entspricht, dürfen sie zu Beweiszwecken nur verwendet werden, soweit sich bei Gelegenheit der Auswertung Erkenntnisse ergeben, die zur Aufklärung einer in § 100 c I N. 3 bezeichneten Straftat benötigt werden“.

Damit hat das Gesetz eine Streitfrage geklärt, die dadurch entstanden war, dass die Polizeigesetze der Länder oftmals schon eine Wohnungsüberwachung erlaubt haben[459].

---

[459] Kleinknecht/Meyer-Goßner, StPO, § 100 f Rn. 2.

bb) Der spezielle Lauschangriff auf Wohnungen zum Schutz von dort ermittelnden Personen - „Sicherungs-Lauschangriff" –

(1) Normierung in Art. 13 V GG

Aus Maßnahmen zur Eigensicherung folgen weitere rechtliche Möglichkeiten der Verwendung durch Wohnungsabhören erlangter Informationen.

So gestattet Art. 13 V GG den sogenannten „Sicherungs-Lauschangriff". Jene Vorschrift heißt:

„Sind technische Mittel ausschließlich zum Schutze der bei einem Einsatz in Wohnungen tätigen Person vorgesehen, kann die Maßnahme durch eine gesetzlich bestimmte Stelle angeordnet werden. Eine anderweitige Verwertung der hierbei erlangten Erkenntnisse ist nur zum Zwecke der Strafverfolgung oder der Gefahrenabwehr und nur zulässig, wenn zuvor die Rechtmäßigkeit der Maßnahme richterlich festgestellt ist; bei Gefahr im Verzuge ist die richterliche Entscheidung unverzüglich nachzuholen".

(2) Konkretisierung im Landespolizeirecht

In Bayern z.B. findet sich eine Regelung über den Einsatz technischer Mittel in Wohnungen zur Eigensicherung in Art. 34 III Polizeiaufgabengesetz:

„Die Anordnung eines verdeckten Einsatzes technischer Mittel in oder aus Wohnungen ausschließlich zum Schutz der bei einem polizeilichen Einsatz tätigen Personen obliegt den in Art. 33 V Sätze 1 bis 3 genannten Stellen, Eine anderweitige Verwertung der hierbei erlangten Erkenntnisse zu Zwecken der Gefahrenabwehr ist nur zulässig, wenn zuvor die Rechtmäßigkeit der Maßnahme richterlich festgestellt ist; bei Gefahr im Verzug ist die richterliche Entscheidung unverzüglich nachzuholen..."

Nach Art. 34 III des bayerischen Polizeiaufgabengesetzes ist eine richterliche Anordnung entbehrlich, wenn die technischen Mittel, beispielsweise Personenschutzsender, ausschließlich zum Schutz der im polizeilichen Einsatz tätigen Personen mitgeführt oder verwendet werden. In diesen Fällen soll das Tonaufzeichnungsgerät vorrangig dazu dienen, mögliche Angriffe auf Leib und/oder Leben eines verdeckt ermittelnden Beamten rechtzeitig zu erkennen und das Eingreifen der bereitstehenden Polizeikräfte zu ermöglichen. Diese Schutzmaßnahme schützt mithin vor allem Verdeckte Ermittler bei konspirativen Treffen in Hotelzimmern oder Wohnungen vor Angriffen auf Leib und/oder Leben.

Primäres Ziel der Maßnahme ist der persönliche Schutz des verdeckt operierenden Beamten, aber nicht die beweiskräftige Überführung des Verdächtigen[460].

(3) § 16 BKA-Gesetz

§ 16 BKA-Gesetz[461] gestattet die elektronische Überwachung von Wohnungen, wenn dies zur Abwehr von Gefahren für Leib, Leben oder Freiheit eines im Rahmen strafprozessualer Ermittlungen verdeckt operierenden Bediensteten des BKA erforderlich ist. § 16 BKA-Gesetz lautet:

„(1) Werden Bedienstete im Rahmen der Befugnisse des Bundeskriminalamtes aus Gründen der Strafverfolgung tätig, dürfen, soweit dies zur Abwehr von Gefahren für deren Leib, Leben oder Freiheit unerlässlich ist, ohne Wissen der Betroffenen im Beisein oder in unmittelbarem zeitlichen Zusammenhang mit dem Einsatz des Bediensteten das innerhalb oder außerhalb einer Wohnung nicht öffentlich gesprochene Wort mit technischen Mitteln abgehört und aufgezeichnet und Lichtbilder und Bildaufzeichnungen hergestellt werden.

(2) Maßnahmen nach Absatz 1 werden durch den Präsidenten des Bundeskriminalamtes oder seinen Vertreter angeordnet.

(3) Personenbezogene Informationen, die durch den ***Einsatz technischer Mittel zur Eigensicherung***[462] *von nicht offen ermittelnden Bediensteten erlangt werden, dürfen außer für den in Absatz 1 genannten Zweck nur zur Abwehr einer sonstigen, im Einzelfall bestehenden Gefahr für Leib, Leben oder Freiheit einer Person oder erhebliche Sach- oder Vermögenswerte oder im Rahmen eines Strafverfahrens zu Beweiszwecken nur zur Aufklärung einer in § 100 a der Strafprozessordnung bezeichneten Straftat verwendet werden...“.*

Zu beachten ist, dass gemäß § 16 III S. 2 BKA-G ein ***Vorsitzender Richter einer Strafkammer des Landgerichtes***, in dessen Bezirk das BKA seinen Sitz hat, ***zuvor*** die ***Rechtmäßigkeit der Maßnahme*** feststellen muss[463].

Nach § 16 V BKA-G sind die Beteiligten von den getroffenen Maßnahmen nach § 16 I BKA-G zu benachrichtigen, sobald dies ohne Gefährdung des Untersuchungszwecks, der öffentlichen Sicherheit, von Leib oder Leben einer Person sowie der Möglichkeit der weiteren Verwendung eines eingesetzten nicht offen ermittelnden Bediensteten geschehen kann.

---

[460] So auch Honnacker/Beinhofer, Polizeiaufgabengesetz, Art. 34, S. 326.
[461] In der Fassung vom 07.07.1997 (BGBl. I S. 1650).
[462] Hervorhebung von Verfasserin.
[463] Kleinknecht/Meyer-Goßner, StPO, § 100 f Rn. 5; Krey, JR 1998, S. 6.

(4) Verwertbarkeit von Erkenntnissen, die durch den Sicherungslauschangriff erlangt werden, im Strafprozess

(4.1.) Art. 13 V GG

Wie oben unter 5. bb) (1) bereits dargelegt wurde, können gemäß Art. 13 V GG die infolge eines „Sicherungslauschangriffs" erlangten Erkenntnisse

- außer zum Schutz der ermittelnden Beamten -

nur zum Zwecke der Strafverfolgung oder der Gefahrenabwehr verwertet werden. Zuvor muss aber die Rechtmäßigkeit der Maßnahme richterlich festgestellt werden. Gemäß Art. 13 V letzter Halbsatz ist bei Gefahr im Verzuge die richterliche Entscheidung unverzüglich nachzuholen.

(4.2.) § 161 II StPO n. F.

Der durch das StVÄndG 1999 geänderte § 161 StPO regelt in seinem zweiten Absatz die Verwendung personenbezogener Informationen, die durch eine Wohnraumüberwachung aus einem Einsatz technischer Mittel (§ 100 c StPO) zur Eigensicherung im Zuge nicht offener Ermittlungen auf polizeirechtlicher Grundlage erlangt wurden.

§ 161 II StPO schränkt deren Verwendung zu Beweiszwecken ein, indem er sie *materiell* dem Verhältnismäßigkeitsprinzip unterwirft und *formell* an die Feststellung der Rechtmäßigkeit der Maßnahme durch das zuständige Amtsgericht (§ 162 I StPO) knüpft. Diese Feststellung muss vor der Verwendung erfolgen. Nur bei Gefahr im Verzug ist sie unverzüglich nachzuholen.

§ 161 II StPO ist somit eine Ausführungsregelung zu Art. 13 V GG[464]. Andere Verwendungsbeschränkungen für

– rechtmäßig erlangte, präventiv-polizeilich erhobene Daten -

existieren hingegen grundsätzlich nicht[465].

---

[464] Kleinknecht/Meyer-Goßner, StPO, § 161 Rn. 19.
[465] Brodersen, NJW 2000, S. 2538, 2539.

b) VE-Einsatz

Das Polizeirecht der Länder kennt den VE-Einsatz als *Instrument präventiv-polizeilicher Gefahrenabwehr*. Als Beispiele für einschlägige Regelungen in den Landespolizeigesetzen seien insbesondere genannt:

- Für Bayern: Art. 33 I Nr. 3 Polizeiaufgabengesetz
- Für das Saarland: § 28 II Nr. 4 Polizeigesetz.

Dabei normieren diese Regelungen einen ***Richtervorbehalt***, eingeschränkt durch eine Eilkompetenz bei Gefahr im Verzug für „Behördenleiter". Dazu heißt es z.B. in § 28 III des Saarländischen Polizeigesetzes:

„Der Einsatz eines Verdeckten Ermittlers darf nur durch den Richter angeordnet werden. Bei Gefahr im Verzug kann die Anordnung auch vom Behördenleiter getroffen werden. Die Anordnung des Behördenleiters tritt außer Kraft, wenn sie nicht binnen drei Tagen von dem Richter bestätigt wird. Zuständig ist das Amtsgericht, in dessen Bezirk die Polizeivollzugsbehörde ihren Sitz hat. Für das Verfahren gilt § 20 I entsprechend. Die Anordnung erfolgt außer bei Gefahr im Verzug durch den Behördenleiter oder einen von ihm beauftragten Beamten".

c) Durchsuchung von Wohnungen

Auch für die präventiv-polizeiliche Durchsuchung von Wohnungen normieren die Landespolizeigesetze einen Richtervorbehalt, so z.B.

- Bayern: Art. 24 I Polizeiaufgabengesetz.
- Rheinland-Pfalz: § 21 I Polizei- und Ordnungsgesetz.
- Saarland: § 20 I Polizeigesetz.

Letztere Vorschrift lautet:

„Durchsuchungen dürfen, außer bei Gefahr im Verzug, nur durch den Richter angeordnet werden. Zuständig ist das Amtsgericht, in dessen Bezirk die Wohnung liegt. Für das Verfahren gelten die Vorschriften über die Angelegenheiten der freiwilligen Gerichtsbarkeit".

Bei *Gefahr im Verzug,* ***d.h. einem Gefahrenfall von solcher Dringlichkeit, dass durch Einholung der richterlichen Durchsuchungsanordnung ein Zeitverlust entstünde, der die Erreichung des polizeilichen Zwecks vereiteln oder wesentlich erschweren würde***[466], kann die Durchsuchungsanordnung *jeder Po-*

---

[466] Honnacker/Beinhofer, Polizeiaufgabengesetz, S. 233.

lizeibeamte treffen. Die Eigenschaft eines Hilfsbeamten der StA (§ 152 GVG) ist nicht erforderlich[467].

Im Hinblick auf die in den Polizeigesetzen der Länder normierten Durchsuchungsgründe, in Bayern beispielsweise in Art. 23 I Polizeiaufgabengesetz, wird jedoch *Gefahr im Verzug* regelmäßig gegeben sein. Die Einholung einer richterlichen Anordnung für Wohnungsdurchsuchungen im Bereich der Gefahrenabwehr dürfte deshalb relativ selten sein.

c) Telefonüberwachung

Soweit ersichtlich fehlt es in den Landespolizeigesetzen an einer ausdrücklichen Ermächtigung zur *präventiv-polizeilichen* ***Telefonüberwachung***. Dazu stellt etwa *Schenke* im Oktober 2001 fest:

„Die Polizei- und Ordnungsgesetze der Länder sehen ganz überwiegend keine Eingriffe in das Brief-, Post- und Fernmeldegeheimnis vor. Jedenfalls nennen sie unter den auf ihrer Basis ***einschränkbaren Grundrechten***[468] *nicht den Art. 10 GG".*[469]

- Eine Ausnahme von letzterem besteht nur für Niedersachsen und Hessen. -[470]

Damit ist die Telefonüberwachung als Mittel der präventiv-polizeilichen Gefahrenabwehr nach dem Polizeirecht der Länder (grundsätzlich) unerlaubt[471]; denn ein Rückgriff auf die polizeirechtliche Generalklausel scheitert aus zwei Gründen:

Erstens wegen der ***Schwere*** der Grundrechtseingriffe.

Zweitens im Hinblick auf den insoweit ***abschließenden*** Charakter der Normierung verdeckter Ermittlungsmaßnahmen in den Landespolizeigesetzen, die z.B. den Lauschangriff und VE-Einsatz regeln, aber nicht (expressis verbis) die Überwachung der Telekommunikation.

---

[467] aaO, S. 234.
[468] Hervorhebung von Verfasserin.
[469] Schenke, JZ 2001, S. 997.
[470] aaO.
[471] Rupprecht (Hrsg.), Polizeilexikon, 2. Aufl. 1995, Stichwort: „Abhören von Telefongesprächen" (a.E.).

- Damit stellt sich die Frage der **Verwendung** von Daten, die durch strafprozessuale Maßnahmen nach §§ 100 a, 100 b StPO erlangt wurden, zur Gefahrenabwehr. Sie kann hier aber nicht geklärt werden. -[472]

e) Resümee

Zwar gibt es auch in den Polizeigesetzen der Länder eine Reihe von Richtervorbehalten. Doch gerade das Beispiel des Großen Lauschangriffes zeigt, dass die vergleichbaren Regelungen in der StPO weitaus strenger sind. Genügt in den Polizeigesetzen die Anordnung eines Richters für den Lauschangriff auf Wohnungen, was den Anforderungen des Art. 13 IV GG entspricht, so verlangt die vergleichbare Regelung in der StPO die Anordnung durch die drei Richter der zuständigen Staatsschutzkammer (§ 100 d II StPO). Und bei Gefahr im Verzug entfällt nach Landespolizeirecht

- anders als nach der StPO (§ 100 d II S. 2, 3) -

das Erfordernis richterlicher Anordnung.

II. Unterschiede bei den materiellen Eingriffsvoraussetzungen für Ermittlungsmaßnahmen in der StPO und den Polizeigesetzen

Neben den divergierenden formellen Eingriffsvoraussetzungen könnten auch noch Unterschiede bei den materiellen Voraussetzungen für Grundrechtseingriffen der StPO und den Polizeigesetzen der Länder bestehen.

1. Straftatkataloge in der StPO

a) Abhören innerhalb von Wohnungen, § 100 c I Nr. 3 StPO

Gemäß § 100 c I Nr. 3 StPO darf das in einer Wohnung nichtöffentlich gesprochene Wort des Beschuldigten mit technischen Mitteln abgehört und aufgezeichnet werden, falls der Verdacht einer dort genannten ***Katalogtat*** vorliegt und die Ermittlung des Sachverhaltes oder des Aufenthaltsortes auf andere Weise erschwert oder aussichtslos wäre.
Art. 13 III GG verlangt für diese Katalogtaten

- materiell die Natur einer ***„besonders schweren Straftat“***,
- formell eine ***abschließende kasuistische Aufzählung*** in der StPO („durch Gesetz einzeln bestimmte“).

Letzterem Erfordernis ist die StPO in § 100 c I Nr. 3 a – f gerecht geworden.

---

[472] Dazu Schenke, JZ 2001, S. 997 ff.

Das erstere Erfordernis dagegen ist m.E. teilweise vernachlässigt worden: Nicht alle Katalogtaten stellen wirklich „besonders schwere Straftaten" dar[473].

Dies dürfte insbesondere für § 261 StGB (Geldwäsche) als Katalogtat für den Großen Lauschangriff gemäß § 100 c I Nr. 3 a StPO gelten.

b) Abhören außerhalb von Wohnungen, § 100 c I Nr. 2 StPO

Beim Abhören außerhalb von Wohnungen wird an den für die Telefonüberwachung geltenden Deliktskatalog des § 100 a StPO angeknüpft, um eine Harmonisierung beider Vorschriften zu erreichen. Denn der Gesetzgeber bewertet diesen leichteren Lauschangriff

- im Rahmen seines rechtspolitischen Gestaltungsspielraumes vertretbar -

nach dem Gewicht des Eingriffs als der Telefonüberwachung vergleichbar.

Zusätzlich muss die Erforschung des Sachverhalts auf andere Weise aussichtslos oder wesentlich erschwert sein.

c) Schleppnetzfahndung, § 163 d StPO

Diese Vorschrift normiert einen nach der Zahl der erfassten Delikte und nach ihrem Gewicht ***sehr engen Katalog*** von Taten, die jene Ermittlungsmaßnahme erlauben können:

- Bildung terroristischer Vereinigungen (§ 163 d I S. 1 Nr. 1 mit § 111 I S. 1 StPO, § 129 a StGB);

- schwerer Raub (§ 163 d I S. 1 Nr. 1 mit § 111 I S. 1 StPO, § 250 I Nr. 1 StGB);

- schwere Straftaten gegen das Waffenrecht und das Betäubungsmittelgesetz (§ 163 d I S. 1 Nr. 1 mit § 100 a S. 1 Nr. 3 und 4 StPO).

[473] Kleinknecht/Meyer-Goßner, StPO, § 100 c Rn. 11.

d) Rasterfahndung (§ 98 a StPO), Einsatz von VE (§ 110 a StPO), längerfristige Observation (§ 163 f StPO), Einsatz technischer Mittel für Observationszwecke (§ 100 c I Nr. 1 b StPO) etc: Erfordernis einer „Straftat von erheblicher Bedeutung"

Mehr und mehr verwendet der Gesetzgeber bei strafprozessualen Grundrechtseingriffen zur Einschränkung gemäß dem Grundsatz der Verhältnismäßigkeit i.e.S. (Angemessenheitskorrektiv) die Formel „***Straftat von erheblicher Bedeutung***".

Dies meist als ***Generalklausel*** ohne weitere Konkretisierung, so z.B. in §§ 100 c und 163 f StPO.

Dagegen wird diese Generalklausel in anderen Vorschriften durch die Verbindung mit einer kasuistischen Aufzählung der Art der in Frage kommenden Straftaten konkretisiert, und zwar in §§ 98 a I und 110 a I StPO

- was der Rechtssicherheit besser dient -.

2. Straftatkataloge in den Polizeigesetzen

Zu untersuchen ist, ob auch in den Polizeigesetzen der Länder vergleichbare Straftatkataloge existieren

- etwa für den Lauschangriff auf Wohnungen zur präventiv-polizeilichen Gefahrenabwehr -,

um die entsprechenden Eingriffsermächtigungen rechtsstaatlich zu begrenzen.

a) Lauschangriff auf Wohnungen zur vorbeugenden Verbrechensbekämpfung

(1) Verfassungsrechtliche Vorgaben gemäß Art. 13 IV GG

Diese Vorschrift erlaubt den polizeirechtlichen Lauschangriff auf Wohnungen zur Abwehr „***dringender Gefahren für die öffentliche Sicherheit***"; dabei wird diese diffuse Generalklausel durch zwei Beispiele konkretisiert, nämlich

- „gemeine Gefahr" und
- „Lebensgefahr".

Diese Beispiele sind aber nicht abschließend, was die Formulierung „insbesondere" klarstellt. Doch dürften sie verdeutlichen, dass es sich stets um eine dringende Gefahr für bedeutsame Rechtsgüter handeln muss.

(2) Konkretisierung in den Polizeigesetzen der Länder: - Katalogtaten für den großen Lauschangriff zur Gefahrenabwehr -

In Bayern beispielsweise ist der große Lauschangriff zur Gefahrenabwehr in Art. 34 I Nr. 2 Polizeiaufgabengesetz geregelt:

„(1) Die Polizei kann durch den verdeckten Einsatz technischer Mittel in oder aus Wohnungen (Art. 23 I S. 2) personenbezogene Daten erheben...

1. über Personen, soweit Tatsachen die Annahme rechtfertigen, dass diese Personen ein Verbrechen oder gewerbs-, gewohnheits- oder bandenmäßig ein in Art. 30 V genanntes Vergehen begehen ***wollen***[474]*.... ".*

Erforderlich ist somit das Vorliegen von Straftaten mit erheblicher Bedeutung. Hierunter wird in Bayern gemäß Art. 30 V Polizeiaufgabengesetz, auf den Art. 34 I Nr. 2 Polizeiaufgabengesetz verweist, verstanden:

„Straftaten von erheblicher Bedeutung sind insbesondere Verbrechen, sowie die in § 138 des Strafgesetzbuches genannten Vergehen, Vergehen nach § 129 des Strafgesetzbuches und gewerbs- oder bandenmäßig begangene Verbrechen nach

1. *den §§ 243, 244, 253, 260, 263 a, 265 b, 266, 283, 302 a oder 324 bis 330 a des Strafgesetzbuches,*
2. *„ 53 I S. 1 Nr. 1 oder Nr. 2 des Waffengesetzes,*
3. *§ 29 III S. 2 Nr. 1 oder Nr. 4 des Betäubungsmittelgesetzes,*
4. *§ 47 a des Ausländergesetzes.*

Auch die meisten anderen Landespolizeigesetze enthalten Ermächtigungen für den großen Lauschangriff zu Präventivzwecken.

(3) Vergleich mit § 100 c I Nr. 3 StPO

Der Gesetzgeber hat in § 100 c I Nr. 3 StPO, der das Abhören des in einer Wohnung nichtöffentlich gesprochenen Wortes betrifft, einen sehr weit gefassten Katalog geschaffen.

---

[474] Hervorhebung von Verfasserin.

Dennoch kann m.E. keine „verfassungskonforme Auslegung" des § 100 c I Nr. 3 StPO dahin getroffen werden, dass die Straftat im konkreten Fall noch „besonders schwer" sein müsse[475].

b) Lauschangriffe außerhalb von Wohnungen zur Gefahrenabwehr

(1) Katalogtaten nach Landespolizeirecht

Der verdeckte Einsatz technischer Mittel zum Abhören oder zur Aufzeichnung des nicht öffentlich gesprochenen Wortes außerhalb von Wohnungen ist z.B. in Bayern unter den Voraussetzungen des Art. 33 III Polizeiaufgabengesetz möglich:

„Die Polizei kann durch den verdeckten Einsatz technischer Mittel zum Abhören und zur Aufzeichnung des nichtöffentlich gesprochenen Wortes...Daten erheben
1...
*2. über Personen, soweit Tatsachen die Annahme rechtfertigen, dass diese Personen eine **Straftat von erheblicher Bedeutung**[476] begehen wollen...".*

Was unter einer Straftat von erheblicher Bedeutung in diesem Sinne zu verstehen ist, ist dem Art. 30 V Polizeigesetz Bayern zu entnehmen. Er wurde bereits oben dargestellt.

Auch in anderen Bundesländern existieren vergleichbare Regelungen:

- Saarland: § 28 Polizeigesetz.
- Rheinland-Pfalz: § 25 b Polizei- und Ordnungsbehördengesetz.

(2) Vergleich mit § 100 c I Nr. 2 StPO

Der kleine Lauschangriff

- er betrifft nur das außerhalb von Wohnungen nichtöffentlich gesprochene Wort -

auf den Beschuldigten setzt neben den Anforderungen der Subsidiaritätsklausel

- Ermittlungen auf andere Weise aussichtslos oder wesentlich erschwert -

---

[475] Kritisch Dittrich, NStZ 1998, S. 337.
[476] Hervorhebung von Verfasserin.

den durch bestimmte Tatsachen begründeten Verdacht voraus, dass jemand eine in ***§ 100 a StPO*** bezeichnete ***Katalogtat*** begangen hat, § 100 c I Nr. 2 StPO. Die Regelung knüpft somit eng an die Telefonüberwachung gemäß § 100a StPO an. In letzter Vorschrift sind diverse Taten enumerativ aufgelistet, z.B. Mord/Totschlag oder auch Raub.

c) VE-Einsatz zur Gefahrenabwehr

(1) Materielle Voraussetzungen

Der Einsatz Verdeckter Ermittler (VE) als besonderes Mittel der Datenerhebung zur Gefahrenabwehr unterliegt den gleichen Voraussetzungen wie der Lauschangriff außerhalb von Wohnungen.

In Bayern ist der VE-Einsatz ebenso wie der Lauschangriff außerhalb von Wohnungen in Art. 33 III Polizeiaufgabengesetz geregelt. Seine Anwendung setzt somit ebenfalls das Vorliegen einer Straftat von erheblicher Bedeutung im Sinne des Art. 30 V des bayerischen Polizeiaufgabengesetzes voraus.
Auch im Saarland knüpft der VE-Einsatz an die gleichen Voraussetzungen an wie der Lauschangriff von Wohnungen. Hier greift § 28 II Nr. 4 des Polizeigesetzes ein.

(2) Die Regelung des § 110 a I StPO

Der VE-Einsatz darf hier nur in folgenden, in § 110 a I StPO - alternativ - genannten Fallgruppen zur Aufklärung von Straftaten eingesetzt werden:

1. Es liegen zureichende tatsächliche Anhaltspunkte dafür vor, dass eine der aufgelisteten Katalogstraftaten von erheblicher Bedeutung begangen wurde und die Aufklärung auf andere Weise aussichtslos oder wesentlich erschwert wäre.

2. Zur Aufklärung von Verbrechen, wenn aufgrund bestimmter Tatsachen eine Wiederholungsgefahr besteht und die Aufklärung auf andere Weise aussichtslos oder wesentlich erschwert wäre.

3. Zur Aufklärung von Verbrechen, wenn die besondere Bedeutung der Tat den Einsatz gebietet und andere Maßnahmen aussichtslos wären.

d) Identitätsfeststellung

Die Identitätsfeststellung verweist zum Beispiel in dem Polizeigesetz des Landes Rheinland-Pfalz in § 10 I Nr. 3 Polizeigesetz auf den in § 100 a StPO aufgeführten Straftatkatalog. Zudem wird auch auf § 27 VersG verwiesen:

„Die allgemeinen Ordnungsbehörden und die Polizei können die Identität einer Person feststellen, wenn dies zur Abwehr einer Gefahr erforderlich ist. Die Polizei kann darüber hinaus die Identität einer Person feststellen,...
1. an einer Kontrollstelle, die von der Polizei eingerichtet worden ist, um Straftaten im Sinne des § 100 a der Strafprozessordnung oder des § 27 des Versammlungsgesetzes zu verhindern."

Vergleichbare Regelungen finden sich auch in anderen Bundesländern:

- in Bayern: Art. 13 Polizeiaufgabengesetz.
- im Saarland: § 9 Polizeigesetz.

3. Resümee

Trotz der Unterschiede zwischen den materiellen Voraussetzungen, was die in Frage kommenden *Katalogtaten* angeht, für vergleichbare Grundrechtseingriffe nach der StPO einerseits und nach Polizeirecht andererseits, bleibt doch festzuhalten: Viel gravierender sind die Unterschiede im Bereich der formellen Eingriffsvoraussetzungen.

Das gilt zum einen für den Grundrechtsschutz mittels ***Richtervorbehalts***.

Viel schwerwiegender aber ist als *der* zentrale Unterschied die fehlende Mitwirkung der StA bei polizeilichen Ermittlungen und Grundrechtseingriffen im Rahmen der vorbeugenden Verbrechensbekämpfung.

§ 13 Vorschläge zur Lösung der Umgehungsproblematik

A. Hinführung zur Problemlösung

Die Darstellung hat gezeigt, dass unter dem Aspekt des ***Grundrechtsschutzes durch Verfahren*** sowie dem der ***Kontrolle der Polizei*** zwischen strafprozessualen Ermittlungsmaßnahmen im allgemeinen und Grundrechtseingriffen im besonderen einerseits und Ermittlungsmaßnahmen sowie Grundrechtseingriffen im Rahmen der vorbeugenden Verbrechensbekämpfung andererseits ein entscheidender Unterschied besteht:

Erstere sind rechtlich durch die Stellung der StA als Herrin des Ermittlungsverfahrens und Wächter des Gesetzes geprägt; demgegenüber gibt es rechtlich keine Mitwirkung der StA bei der vorbeugenden Verbrechensbekämpfung nach Polizeirecht.

Hieraus folgt, dass die Befürchtung, die Sachleitungsbefugnis und Verfahrensherrschaft der Staatsanwaltschaft könnten gefährdet sein, wenn sich die Polizei der Länder unter dem Deckmantel der vorbeugenden Verbrechensbekämpfung auf das für sie günstigere, weil keine staatsanwaltliche Zustimmung vorsehende, Polizeirecht der Länder stützen würde, durchaus begründet ist. Denn die StA kann keine Kontrolle mehr bei der vorbeugenden Bekämpfung von Straftaten ausüben. Für die Polizei besteht somit ein vollkommen selbständiges Entscheidungsrecht hinsichtlich der Ermittlungen und Grundrechtseingriffe auf dem Gebiet der vorbeugenden Verbrechensbekämpfung. Dies stellt in der Tat eine bedenkliche Ausweitung der Gefahrenabwehr auf Kosten der Strafverfolgung dar. Bedeutet dies, dass sich die Polizei durch einen beliebigen ***„Standbeinwechsel“***[477] ins Recht der Polizeigesetze der Länder zu Lasten der Rechtsposition der StA retten kann, wann immer sie auch nur die kleinste Möglichkeit zur Berufung auf die vorbeugende Verbrechensbekämpfung sieht?

B. Kollision von Aufgaben der Strafverfolgung mit Aufgaben der Gefahrenabwehr

Aufgaben der polizeilichen Gefahrenabwehr und der Strafverfolgung können miteinander kollidieren. Immer dann, wenn durch eine Straftat gleichzeitig sowohl Strafverfolgungsmaßnahmen als auch Maßnahmen auf dem Gebiet präventivpolizeilicher Gefahrenabwehr bei der vorbeugenden Verbrechensbekämpfung ausgelöst werden, sind derartige Kollisionen möglich.

Bei solchen Kollisionen ist grundsätzlich die Frage von entscheidender Bedeutung, ***welche Interessen***

- die der Strafverfolgung oder aber die der Gefahrenabwehr -

dominieren. Gelangen StA und Polizei dabei in casu zu der gleichen Bewertung, stimmen sie also überein, entsteht zwischen ihnen *kein* Konflikt[478].

Die Probleme entstehen, wenn sich Polizei und StA nicht einigen können. Dann fragt sich, ob das Polizeirecht der Länder oder aber die StPO den Vorrang genießt. Dabei sind drei unterschiedliche mögliche Kompetenzkonflikte zwischen StA und Polizei denkbar:
1. Die gleichzeitige Wahrnehmung beider Aufgaben (Gefahrenabwehr und Strafverfolgung) ist möglich.
2. Eine gleichzeitige angemessene Wahrnehmung ist nicht möglich. Eine Abwägung der Interessen ergibt, dass die Strafverfolgung in concreto höherwertiger ist.

---

[477]vgl. Kniesel, ZRP 1987, S. 383.
[478]Krey, ZRP 1971, S. 226; Hirsch, ZRP 1971, S. 206.

3. Die gleichzeitige angemessene Wahrnehmung ist nicht möglich. Eine Abwägung der Interessen ergibt, dass die Gefahrenabwehr vorrangig zu verfolgen ist. Im Folgenden werden solche Kollisionen zwischen Gefahrenabwehr und Strafverfolgung behandelt.

I. Die erste Kollisionslage: Eine gleichzeitige Wahrnehmung beider Aufgaben (Gefahrenabwehr und Strafverfolgung) ist möglich

Einzugehen ist folgend zunächst auf die Konstellation, dass sowohl die Gefahrenabwehr als auch die Strafverfolgung gleichzeitig wahrgenommen werden können. Zur Verdeutlichung der Problematik dienen hier vor allem Verbrechen mit Geiselnahme, bei denen es zum einen darum geht, die Flucht der Täter zu verhindern, um sie der gerechten Strafe zuführen zu können, zum anderen aber auch die Begehung von Straftaten der Geiselnehmer gegen die Geiseln oder andere außenstehende Opfer verhindert werden soll[479].

In diesen Konstellationen kann sich die Polizei einerseits auf das Polizeirecht berufen, weil sie sich auf die Abwehr von konkreten (gegenwärtigen) Gefahren für Leib oder Leben im allgemeinen und die vorbeugende Bekämpfung konkreter gegenwärtiger drohender Straftaten im besonderen

- vorbeugende Verbrechensbekämpfung in der Erscheinungsform der Verhinderung künftiger Straftaten -

berufen kann.

Andererseits ist daneben auch das Strafprozessrecht anwendbar, weil der Anfangsverdacht einer Straftat der Geiselnehmer besteht. Die Pflicht zum Einschreiten bei vorliegendem Anfangsverdacht ist in §§ 152 II, 160 I, 170 I StPO (StA) und § 163 StPO (Polizei) normiert

- Legalitätsprinzip -.

In diesem Falle wird ein Ermittlungsverfahren eingeleitet, entweder gegen einen bestimmten Beschuldigten oder gegen „Unbekannt“. Die *Polizei* ist in dieser Konstellation zur Einleitung des Ermittlungsverfahrens *verpflichtet*; die *StA* hingegen kann, sofern einer der für sie geltenden Fälle des Opportunitätsprinzips vorliegt (§§ 153 ff. StPO), von den Ermittlungen *absehen*. Mit Vorliegen des Anfangsverdachtes ist Strafverfahrensrecht einschlägig.

In derartigen Fallkonstellationen kann es folglich sowohl zu einer Normenkonkurrenz als auch zu einer Tätigkeitskonkurrenz kommen. Zur ersteren deswe-

---

479 Krey, Rechtsprobleme, Rn. 198.

gen, weil neben den landesrechtlichen Vorschriften auch die Vorschriften der StPO einschlägig sind, zur letzteren, weil Aufgaben der Gefahrenabwehr mit denen der Strafverfolgung zusammentreffen.
Zu untersuchen ist ob das Recht der Polizei, sich in derartigen Fallkonstellationen auf das Polizeirecht der Länder zu berufen, im Hinblick auf die ***Rolle der StA*** eingeschränkt sein könnte.

1. Generelle Einschränkung der Berufung auf die vorbeugende Verbrechensbekämpfung?

Für eine generelle Einschränkung der Berufung der Polizei der Länder auf die vorbeugende Verbrechensbekämpfung könnte in dieser Konstellation

- die Aufgaben der Strafverfolgung und der Gefahrenabwehr können *gleichzeitig* und *angemessen* wahrgenommen werden -

die Sachleitungsbefugnis der StA sprechen.

Diese Auffassung stößt aber auf Bedenken. Zwar ist die StA *Herrin des Ermittlungsverfahrens*[480]. Daraus kann aber nicht gefolgert werden, ihr sei stets eine Vorrangstellung einzuräumen. Sind somit beide Aufgaben gleichzeitig wahrnehmbar, darf m.E. der Polizei nicht grundsätzlich die Berufung auf die vorbeugende Verbrechensbekämpfung untersagt werden.

2. Ist eine unverzügliche Einschaltung der StA in dieser Konstellation sachgerecht?

Denkbar wäre es aber, in einer Situation, in der die gleichzeitige Aufgabenwahrnehmung möglich ist, der Polizei der Länder die Verpflichtung aufzuerlegen, *unverzüglich* die StA einzuschalten.

Es fragt sich, ob und wieweit eine solche Verpflichtung besteht und gegebenenfalls, wie sie zu begründen wäre.

a) Ungeschriebener Grundsatz

Zum einen sei an den *ungeschriebenen Verfassungs- und Verwaltungsgrundsatz* erinnert, der besagt, dass keine staatliche Stelle einer anderen deren Aufgabenerfüllung unmöglich machen oder unnötig erschweren sollte[481]. Beruft sich die Polizei zum Beispiel beim VE-Einsatz auf die vorbeugende Verbrechensbekämpfung, ohne die StA vorher einzuschalten, so besteht die Gefahr, dass die

---

[480]Karlsruher Kommentar-Wache, StPO, § 163 Rn. 4.
[481]Kniesel, ZRP 1987, S. 383.

spätere Verwertbarkeit der Erkenntnisse des Verdeckten Ermittlers im Strafverfahren erheblich beeinträchtigt sein kann[482]. Ohne den Alleingang der Polizei aber hätte die StA schon im Vorfeld des Einsatzes des VE darüber entscheiden können, ob eine spätere Verwertbarkeit der Erkenntnisse des VE gefährdet oder gar ausgeschlossen sein könnte. Jener ungeschriebene Grundsatz spricht somit *für* eine unverzügliche Einschaltung der StA im Falle der gleichzeitig möglichen Wahrnehmung von Strafverfolgung und Gefahrenabwehr.

b) Gemeinsame Richtlinien der Justizminister/-senatoren und der Innenminister/-senatoren der Länder über die Zusammenarbeit von Staatsanwaltschaft und Polizei bei der Verfolgung der Organisierten Kriminalität[483]

Zum anderen wird bereits in den „*Gemeinsame Richtlinien der Justizminister/-senatoren und der Innenminister/-senatoren der Länder über die Zusammenarbeit von Staatsanwaltschaft und Polizei bei der Verfolgung der Organisierten Kriminalität*"[484] (im Folgenden: „Gemeinsame Richtlinien über die Zusammenarbeit der Länder" genannt) hinsichtlich der Konstellation, dass bei einem einheitlichen Lebensvorgang gleichzeitig und unmittelbar Aufgaben der Strafverfolgung und Gefahrenabwehr möglich sind, in Nummer 6.4. hervorgehoben:

„ Bei Initiativermittlungen liegen häufig die Elemente der Strafverfolgung und der Gefahrenabwehr in Gemengelage vor oder gehen im Verlauf eines Verdichtungs- und Erkenntnisprozesses ineinander über. Staatsanwaltschaft und Polizei arbeiten auch in diesem Bereich eng zusammen."

Hieraus folgt, dass StA und Polizei im Falle einer Gemengelage von Strafverfolgung und Gefahrenabwehr zur wechselseitigen Zusammenarbeit gehalten sind. Die „Gemeinsame Richtlinien über die Zusammenarbeit der Länder" sind zwar keine Rechtsnorm; allerdings kann ihnen der deklaratorische Ausdruck einer allgemeinen Rechtspflicht entnommen werden.

---

[482] Kniesel, ZRP 1987, S. 383.
[483] Abgedruckt in: Kleinknecht/Meyer-Goßner, StPO, A 15, Anlage E.
[484] Diese Richtlinien stellen zwar keine Rechtsnormen dar, sondern sind lediglich innerdienstliche Verwaltungsvorschriften, vgl. Krey, StPO Band 1, Rn. 505.

c) Gemeinsame Richtlinien der Justizminister/-senatoren und der Innenminister/-senatoren des Bundes und der Länder über die Anwendung unmittelbaren Zwanges durch Polizeibeamte auf Anordnung des Staatsanwalts

Diese Richtlinien[485] bestimmen für ***Kollisionen zwischen Strafverfolgung und Gefahrenabwehr*** in B III Abs. 1 und 2:

„Ergeben sich bei einem einheitlichen Lebenssachverhalt gleichzeitig und unmittelbar Aufgaben der Strafverfolgung und der Gefahrenabwehr, so sind die Staatsanwaltschaft und die Polizei zuständig, die zur Erfüllung ihrer Aufgaben notwendigen Maßnahmen zu treffen.
In einem solchen Falle ist eine enge und vertrauensvolle Zusammenarbeit zwischen Staatsanwaltschaft und Polizei in ganz besonderem Maße erforderlich. Die partnerschaftliche Zusammenarbeit gebietet es, dass jede Stelle bei der Wahrnehmung ihrer Aufgaben auch die Belange der übrigen sich aus dem Lebenssachverhalt stellenden Aufgaben berücksichtigt. Schaltet sich die Staatsanwaltschaft ein, so werden der Staatsanwalt und die Polizei möglichst im Einvernehmen handeln...“.

Sie sprechen demgemäss ebenfalls für den hier vertretenen Standpunkt.

d) Konsequenz

Die besseren Argumente sprechen mithin für eine unverzügliche Einschaltung der StA, wenn sich die Polizei auf die vorbeugende Verbrechensbekämpfung beruft und dabei eine gleichzeitige Wahrnehmung der Aufgaben Strafverfolgung und Gefahrenabwehr möglich ist. Hier besteht m.E. entgegen *Kniesel*[486] keineswegs die Gefahr einer zu starken Einbindung der StA in die vorbeugende Verbrechensbekämpfung. Denn eine unverzügliche Beteiligung der StA hat entgegen *Kniesel* keinesfalls zur Folge, dass die StA *keine* wirksame Kontrolle mehr über die Polizei im Strafverfahren ausüben könnte. Gerade das Gegenteil ist der Fall: Wird die StA bereits frühzeitig auf dem Gebiet der Gefahrenabwehr in der Form der vorbeugenden Verbrechensbekämpfung in den Kampf gegen die Kriminalität eingebunden, so kann sie bei der gleichzeitigen oder späteren Strafverfolgung seitens der Polizei viel besser beurteilen, ob sie die nach der StPO erforderliche Zustimmung zu einer Eingriffsmaßnahme geben sollte oder besser nicht. *Kniesel* hingegen befürchtet, dass die StA zu stark in die vorbeugende Straftatenbekämpfung involviert werden könnte[487]; dazu legt er dar:

---

[485] Abgedruckt bei Kleinknecht/Meyer-Goßner, StPO, A 15, Anlage A.
[486] Kniesel, ZRP 1987, S. 383.
[487] Kniesel, ZRP 1987, S. 383.

„Überdies muss sich die Staatsanwaltschaft fragen, ob sie nicht bei zu starker Einbindung in die vorbeugende Bekämpfung von Straftaten mittels Partizipation am kriminalstrategischen Auftrag von der Polizei so ans Herz gedrückt würde, dass ihr die Luft für eine wirksame Kontrolle im Strafverfahren ausginge."

Kniesel befürchtet folglich durch die vertiefte Zusammenarbeit zwischen der Polizei der Länder und der StA eine schleichende Reduzierung der staatsanwaltschaftlichen Sachleitungsbefugnis. Dieser These kann aber aufgrund der obigen Ausführungen nicht gefolgt werden, weil durch eine koordinierte Zusammenarbeit zwischen Polizei und StA das vorrangige Ziel des Eindringens in den Kernbereich von kriminellen Organisationen wesentlich erleichtert wird. Somit ist festzuhalten, dass die StA unverzüglich einzuschalten ist.

II. Die zweite Kollisionslage: Eine gleichzeitige angemessene Wahrnehmung beider Aufgaben ist nicht möglich; es überwiegt das *Strafverfolgungsinteresse*

Wie bereits oben festgestellt worden ist, sind auch Konstellationen denkbar, in denen beim Zusammentreffen von Aufgaben der Strafverfolgung und der Gefahrenabwehr nicht *beide* Aufgaben gleichzeitig wahrgenommen werden können. Hier muss im Wege einer konkreten Interessenabwägung entschieden werden, welche Aufgabe höherwertiger ist. Nehmen wir nun an, dass in casu die Strafverfolgungsinteressen überwiegen, so stellt sich die Frage, ob der Polizei in diesem Fall die Berufung auf die vorbeugende Verbrechensbekämpfung vollständig untersagt oder zumindest an enge Voraussetzungen geknüpft werden sollte.

1. Generelle Untersagung der Berufung auf die vorbeugende Verbrechensbekämpfung?

Zu klären ist, ob in einer derartigen Konstellation der Polizei die Berufung auf die vorbeugende Verbrechensbekämpfung generell untersagt werden sollte. Weil aber die Aufgabenbereiche der Strafverfolgung und der Gefahrenabwehr grundsätzlich *gleichberechtigt* nebeneinander bestehen, kann dieser Auffassung nicht gefolgt werden. (siehe auch unten, 3.).

Vielmehr ist eine differenzierende Lösung geboten:

2. Unverzügliche Einschaltung der StA?

Im Wege eines Erst-Recht-Schlusses kann folgendes festgestellt werden:

Sprechen schon gute Gründe für eine unverzügliche Einschaltung der StA im Falle einer möglichen *gleichzeitigen* Wahrnehmung beider Aufgabenbereiche, so muss die StA erst recht in Konstellationen eingeschaltet werden, in denen Gefahrenabwehr und Strafverfolgung nicht zugleich konsequent wahrgenommen werden können und letztere nach den Umständen des Einzelfalles das höherwertige Gut darstellt.

Die Pflicht zur Einschaltung der StA ist hier schwerwiegend und evident: Soweit in casu die Dominanz der Strafverfolgung vorliegt, folgt dies bereits aus den oben erwähnten „Gemeinsamen Richtlinien über die Zusammenarbeit der Länder“

- die Ausdruck einer deklaratorischen Rechtspflicht sind -,

aber vor allem aus der Stellung der StA als Herrin des strafprozessualen Ermittlungsverfahrens. Die StA muss die vorrangigen Strafverfolgungsinteressen geltend machen können[488].

Es gilt somit das Strafverfahrensrecht mit der Verfahrensherrschaft der StA und insbesondere der Geltung des *§ 161 StPO und des § 152 GVG (*Weisungsbefugnis der StA).

3. Nur lediglich vorübergehendes Zurückstellen von Maßnahmen der Gefahrenabwehr

Oben (Punkt 1.) hatten wir festgestellt, dass bei einer Kollision der Staatsaufgaben Gefahrenabwehr/Strafverfolgung bei Vorrang letzterer in casu die Wahrnehmung der Aufgaben der Gefahrenabwehr nicht *schlechthin* untersagt ist. Diese Aussage kann jetzt präzisiert werden:

Jener Vorrang hat zwar zur Folge:

- Die StA ist unverzüglich einzuschalten.
- Maßgeblich für das Handeln der Polizei ist die StPO.
- Es gilt das Weisungsrecht der StA.

Solange jene Aufgaben nicht gleichzeitig wahrgenommen werden können, sind Maßnahmen der vorbeugenden Verbrechensbekämpfung also ***vorläufig zurück-***

[488] Krey, Rechtsprobleme, Rn. 214 f.

zustellen. Jedoch muss die Polizei im Rahmen des Möglichen schon ***Vorsorge*** für die (anschließende, spätere) Gefahrenabwehr treffen, sofern die Gefahr nach Art und Gewicht nicht unerheblich ist.

III. Dritte Kollisionslage: Eine gleichzeitige Wahrnehmung der Staatsaufgaben Strafverfolgung und vorbeugende Verbrechensbekämpfung ist nicht möglich, aber es überwiegt die Gefahrenabwehr

Die Sachlage, in der sich bei der gebotenen Interessenabwägung die Gefahrenabwehr als das höherwertige Rechtsgut herausstellt, ist wohl die problematischste der in der Arbeit angeführten möglichen Konstellationen. Fraglich ist, ob auch hier der Auffassung gefolgt werden kann, die sich für eine unverzügliche Einschaltung der StA durch die Polizei im Rahmen der vorbeugenden Verbrechensbekämpfung ausspricht.

1. Keine unverzügliche Einschaltung der StA?

Für eine Verneinung der Pflicht zur unverzüglichen Einschaltung der StA in einer derartigen Konstellation könnte das eindeutige Überwiegen des Aspektes der Gefahrenabwehr sprechen. Denn die Gefahrenabwehr ist allein Aufgabe der Polizei.

Dem ist jedoch entgegenzuhalten, dass die Polizei in einem derartigen Falle in der Praxis die Möglichkeit hätte, die Sachleitungsbefugnis der StA zu umgehen. Ein derartiges „Hintertürchen" soll aber, was schon den oben erwähnten Gemeinsamen Richtlinien über die Zusammenarbeit von StA und Polizei entnommen werden kann, nicht offen stehen. Die StA ist im Verhältnis zur Polizei die Alleinverantwortliche für die Beweisführung in Strafverfahren vor Gericht. Wird sie auf dem Gebiet der Gefahrenabwehr nicht rechtzeitig eingeschaltet, besteht die Gefahr, dass die Polizei zum Beispiel unter dem Aspekt der Gefahrenabwehr vorschnell einem VE die Zusage der Vertraulichkeit verspricht[489]. Dies hätte zur Folge, dass die spätere Verwertbarkeit der Erkenntnisse des VE erheblich in Mitleidenschaft gezogen wäre.

2. Unverzügliche Einschaltung der StA

Unter Berufung auf die soeben gemachten Ausführungen erscheint mir auch hier die unverzügliche Einschaltung der StA für unerlässlich. Zwar sind Strafverfolgungsmaßnahmen solange zurückzustellen, wie die Dominanz der Gefahrenabwehr besteht[490]. Die Stellung der StA als Herrin des strafprozessualen Er-

---

[489] so auch Kniesel, ZRP 1987, S. 383.
[490] Krey, Rechtsprobleme, Rn. 215.

mittlungsverfahren fordert aber die unverzügliche Einschaltung der StA auch in dieser Konstellation.

Für dieses Ergebnis sprechen auch die oben zitierten *Richtlinien* über die Anwendung unmittelbaren Zwanges (in B III Abs. 2).

IV. Umgestaltung der StPO als Konsequenz?

M.E. sollte folglich in allen angeführten Gemengelagen die StA unverzüglich eingeschaltet werden. Fraglich ist, ob dies eine Umgestaltung der Vorschriften der StPO erfordert oder ob jenem Postulat nicht auch auf anderem Wege genüge getan werden könnte.

Aus den vorstehenden Überlegungen könnte grundsätzlich folgende Schlussfolgerung für eine ***klarstellende gesetzliche Anordnung*** gezogen werden:
- Aufnahme des Erfordernisses der Zusammenarbeit von Polizei und StA in die StPO

oder hilfsweise

- Umgestaltung der StPO dergestalt, dass die Befugnis der StA verankert wird, die Polizei zur Zusammenarbeit bei allen Kollisionen zwischen Gefahrenabwehr und Strafverfolgung anzuweisen.

Hiergegen beständen aber verfassungsrechtliche Bedenken.

Denn dies würde auf eine partielle Normierung der vorbeugenden Verbrechensbekämpfung in der StPO hinauslaufen, was aber gegen verfassungsrechtliche Grundsätze verstößt.

Dem könnte man zwar entgegenhalten, es gehe nicht um einen ***konstitutiven*** Eingriff des Bundesgesetzgebers in die Gesetzgebungskompetenz der Länder für die präventiv-polizeiliche Gefahrenabwehr, sondern allein um eine deklaratorische Klarstellung. Jedoch würde mit einer solchen Normierung in der StPO der Eindruck einer weiteren Extension der Bundeskompetenzen erweckt.

Diesen Eindruck sollte der Bundesgesetzgeber unbedingt vermeiden, da das Bundesstaatsprinzip (Art. 20 I GG) ohnehin unter dem dramatischen Sinken der Bedeutung der Legislativen der Länder leidet.

Vorzugswürdig wäre es daher, wenn sich die Länder darauf verständigen könnten, in ihren Polizeigesetzen – deklaratorisch – eine Pflicht zur Einschaltung der Polizei nach Art der angeführten „Gemeinsamen Richtlinien" zu verankern.

Solange dies nicht geschieht, bleibt der Hinweis auf den Charakter dieser Richtlinien als bindendem Dienstbefehl für die Polizei als „Notlösung":

Die gebotene Kontrolle der Polizei der Länder auf dem Gebiet der vorbeugenden Verbrechensbekämpfung lässt sich notfalls auch auf einem anderen Wege als dem der gesetzlichen Regelung erreichen. Auch ohne eine gesetzliche Fixierung, aber unter Bezugnahme auf den erwähnten ungeschriebenen Verwaltungs- und Verfassungsgrundsatz und unter Hinweis auf die Gemeinsamen Richtlinien kann von der Polizei eine Abstimmung mit der StA verlangt werden. Und zwar m. E. immer dann, wenn eine Gemengelage vorliegt.

Eine Alternative zum Erfordernis der unverzüglichen Einschaltung der StA gibt es m.E. nicht. Zwar darf nicht übersehen werden, dass auch die Richtervorbehalte für eingriffsintensive Maßnahmen auf dem Gebiet der vorbeugenden Verbrechensbekämpfung einen durchaus wirksamen Kontrollmechanismus darstellen können. Diese vermögen aber nicht die ***Garantenfunktion der StA*** bei der vorbeugenden Verbrechensbekämpfung zu ersetzen. Denn weil die StA die Alleinverantwortliche für die Beweisführung vor Gericht ist, sollte ihr auch eine gewisse vorrangige Einschätzungsprärogative zustehen, ob sie ihre Zustimmung zu einer vorbeugenden Verbrechensbekämpfungsmaßnahme der Polizei erteilen will oder nicht.

Abschließend kann somit festgestellt werden, dass die Polizei im Rahmen der vorbeugenden Verbrechensbekämpfung unverzüglich die StA einzuschalten hat, ***sofern Strafverfolgungsinteressen berührt sind.***

C. Sollte das staatsanwaltliche Weisungsrecht aus § 152 GVG bzw. aus § 161 StPO auch auf Maßnahmen zum Zwecke der vorbeugenden Verbrechensbekämpfung ausgedehnt werden?

Fraglich ist, ob das staatsanwaltliche Weisungsrecht aus § 152 GVG bzw. aus § 161 StPO auch auf Maßnahmen zum Zwecke der vorbeugenden Verbrechensbekämpfung ausgedehnt werden sollte.

Hierfür könnte sprechen, dass eine derartige Ausdehnung des staatsanwaltlichen Weisungsrechtes eine stärkere Kontrolle der polizeilichen Maßnahmen auf dem Gebiet der vorbeugenden Verbrechensbekämpfung erlauben würde. Die Möglichkeit der Polizei der Länder, die Sachleitungsbefugnis und Verfahrensherrschaft der Staatsanwaltschaft zu umgehen, könnte auf diese Weise nahezu ausgeschlossen werden.

Eine derartige Ausdehnung des staatsanwaltschaftlichen Weisungsrechtes durch den Bundesgesetzgeber wäre aber als massiver Einbruch in die Gesetzgebungskompetenz der Länder (Art. 30, 70 GG) *verfassungswidrig.*

Sie wäre zudem systemwidrig. Die StA als ***Justizbehörde***, dem Justizressort zugehörig, als Herrin auch der präventiv-polizeilichen Gefahrenabwehr, wäre im Rahmen der von den ***Innenministern*** zu verantwortenden Gefahrenabwehr ein nicht integrierbarer und disfunktionaler Fremdkörper.
Schließlich ist die dargelegte Pflicht zur Einschaltung der StA letztlich auch ausreichend, um deren Strafverfolgungsinteresse zu wahren.

Eine Erweiterung des Weisungsrechtes der StA gegenüber der Polizei bei vorbeugenden Verbrechensbekämpfungsmaßnahmen bedarf es somit nicht[491].

[491]Karlsruher Kommentar-Wache, StPO, § 161 StPO Rn. 32.

Fünfter Hauptteil: Lauschangriff

§ 14 Der vorbeugende Lauschangriff

A. Einleitung

Wegen seiner zentralen Lage im Herzen Europas und seiner Wirtschaftskraft hat sich Deutschland *„zu einem Tummelplatz der OK entwickelt“*[492]. In Deutschland existieren vor allem die folgenden mafiaähnlichen OK[493]-Organisationen: die Russenmafia (sie ist der Kern der sogenannten „Roten Mafia“, also ein Teil der Mafia-Gruppierungen der ehemals kommunistischen osteuropäischen Länder), die italienische Mafia, La Cosa Nostra (USA), Verbrechersyndikate von Vietnamesen oder Chinesen und kolumbianische Drogenkartelle[494], zudem kriminelle Organisationen von Serben, Albanern u.a. Nationalitäten des Balkans sowie von Türken (und Kurden). Seit der Wiedervereinigung tritt vor allem die Russenmafia verstärkt in den neuen Bundesländern auf.

Nicht zu unterschätzen sind die schweren kriminellen Taten, die seitens der OK-Gruppierungen begangen werden. Zu nennen sind hier an erster Stelle die Drogendelikte, aber auch Prostitution, Menschenhandel, Pkw-Diebstähle, Zigarettenschmuggel, illegaler Waffenhandel, illegales Beseitigen von hochgiftigen Abfällen.

Dass gegen derartige „hochkarätige“ Straftaten nicht immer ein Ermittlungserfolg mit offenen Ermittlungsmethoden der Polizei zu verzeichnen ist, liegt auf der Hand. Mittels verschiedener verdeckter Ermittlungen ist die Wahrscheinlichkeit aber schon größer, diesen Verbrecherkartellen auf die Spur zu kommen. Verdeckte Ermittlungen sind somit im Kampf gegen die OK unerlässlich.

In der Bundesrepublik Deutschland werden unter anderem die folgenden Instrumente eingesetzt:
- Verdeckte Ermittler (VE)
- Scheinaufkäufer der Polizei[495]
- Vertrauenspersonen (VP)
- langfristige Observation
- Telefonüberwachung (TÜ)

---

[492]Krey, JR 1998, S. 1.
[493]OK=Organisierte Kriminalität.
[494]vgl. Stinke, NStZ 1994, S. 168, 169; Sieber, JZ 1995, S. 758; Werthebach/Droste - Lehnen, ZRP 1994, S. 57; Krey, JR 1998, S. 1.
[495]Der schlichte Scheinaufkäufer operiert zwar verdeckt, aber nicht unter einer Legende; der qualifizierte Scheinaufkäufer erhält zu seiner Sicherheit Tarnpapiere, mit denen er aber im Grundsatz nicht am Rechtsverkehr teilnimmt, vgl. Krey, ZKA, S. 18.

- Elektronische Überwachung (Lauschangriff).
- Schleierfahndung[496]

Näher einzugehen ist in dieser Arbeit auf die Probleme der vorbeugenden Verbrechensbekämpfung mit Hilfe von VE und VP bzw. Scheinaufkäufern. Auch der Lauschangriff wird in dieser Arbeit behandelt. Ferner ist auf die Schleierfahndung einzugehen.

B. Der große Lauschangriff als Instrument der vorbeugenden Verbrechensbekämpfung?

Unter dem Begriff „Lauschangriff" ist das Abhören und Aufzeichnen des nichtöffentlich gesprochenen Wortes mit technischen Mitteln zu verstehen.

Beim Lauschangriff nun ist erstens zwischen dem ***strafprozessualem*** und dem ***präventiv-polizeilichen*** zu differenzieren. Zweitens ist bei beiden zwischen dem Lauschangriff ***auf Wohnungen*** und dem ***außerhalb von Wohnungen*** zu unterscheiden.

I. Strafprozessualer Lauschangriff

1. Außerhalb von Wohnungen i.S. des Art. 13 GG - § 100 c I Nr. 2 StPO -

Seine Voraussetzungen sind, wie bereits im wesentlichen oben dargelegt

- Eine Katalogtat wie bei der Telefonüberwachung (§ 100 c I Nr. 2 mit § 100 a StPO).
- Die Erforderlichkeit des Eingriffs, weil „die Erforschung des Sachverhalts oder die Ermittlung des Aufenthaltsortes des Beschuldigten[497] auf andere Art aussichtslos oder wesentlich erschwert wäre (Subsidiaritätsklausel).

  *Hier besteht das Problem der **Kollision mit gleichartigen Subsidiaritätsklauseln*** wie der des § 100 a S. 1 und des § 110 a I S. 3 StPO, das hier nicht geklärt werden kann[498].
- Richterliche Anordnung, wobei aber eine Eilkompetenz für die StA und für ihre Hilfsbeamten besteht (§ 100 d I StPO).

---

[496] Die Schleierfahndung ist eine ***verdachts-*** bzw. ***anlassunabhängige Personenkontrolle*** und stellt für die Polizei der Länder ein neuartiges Fahndungsinstrument dar. Die Polizei soll danach die Möglichkeit haben, unabhängig von einem objektiv nachprüfbaren Motiv, die Identität eines jeden Bürgers zu einer beliebigen Zeit festzustellen; vgl. zu weiteren Nachweisen unten.

[497] Das Gesetz spricht systemwidrig vom Täter; gemeint ist der „Beschuldigte", wie es dem üblichen Sprachgebrauch der StPO (z.B. § 100 a I StPO) entspricht.

[498] Dazu u.a.: Kleinknecht/Meyer-Goßner, StPO, § 100 a Rn. 7a.

2. Großer Lauschangriff als Strafverfolgungsmaßnahme - Strafprozessualer Lauschangriff auf Wohnungen -

Nach heftigen rechtlichen, rechtspolitischen und allgemeinpolitischen Diskussionen wurde 1998 der Große Lauschangriff in Art. 13 III GG n.F. und § 100 c I Nr. 3 StPO n.F. legalisiert.

Seine, schon z.T. dargelegten[499], Voraussetzungen sind insbesondere:

- Eine Katalogtat (§ 100 c I Nr. 3 a – f StPO), wobei der Katalog enger ist als der für die *Telefonüberwachung* (§ 100 a StPO) und für den Lauschangriff außerhalb von Wohnungen (§ 100 c I Nr. 2 StPO).

> *Befremdlicherweise ist der Katalog des § 100 c I Nr. 3 StPO aber in einem zentralen Punkt* ***weiter*** *als der für die Telefonüberwachung und für den Lauschangriff außerhalb von Wohnungen geltende: Nur ersterer erfasst auch Bestechlichkeit und Bestechung (§ 100 c I Nr. 3 a – a.E. – im Gegensatz zu §§ 100 a, 100 c I Nr. 2 StPO). Dieser Wertungswiderspruch ist rechtspolitisch nicht tolerabel. Er führt übrigens zu der Frage, ob nicht der Lauschangriff* ***außerhalb*** *von Wohnungen erst Recht erlaubt ist, wenn es um Bestechlichkeit und Bestechung geht (Erst-Recht-Argument aus § 100 c I Nr. 3 a StPO); sie kann hier aber nicht näher erörtert werden.*

- Die Erforschung des Sachverhalts oder die Ermittlung des Aufenthaltsortes des Beschuldigten auf andere Weise muss „unverhältnismäßig erschwert oder aussichtslos“ sein (Subsidiaritätsklausel, die noch enger als die gemäß § 100 a und § 100 c I Nr. 2 StPO ist).
- Qualifizierter Richtervorbehalt (Kollegialgericht) ohne Eilkompetenz für die StA (und ihre Hilfsbeamten), § 100 d II StPO.
- Unzulässigkeit des Lauschangriffs bei den Berufsgeheimnisträgern i.S. des § 53 I StPO (§ 100 d III StPO).

Gemäß § 100 c I Nr. 3 StPO darf das in einer Wohnung nichtöffentlich gesprochene Worte des Beschuldigten mittels technischer Mittel, zum Beispiel mit „Wanzen“, abgehört und aufgezeichnet werden. Die Wanzen dürfen zu diesem Zwecke in der Wohnung angebracht werden. Der Begriff „Wohnung“ des § 100 c I Nr. 3 StPO ist unter Orientierung an Art. 13 GG auszulegen. Gemäß dieser Vorschrift werden unter „Wohnung“ alle Räume verstanden, die der allgemeinen Zugänglichkeit entzogen und zur Stätte privaten Lebens und Wirkens ge-

---

[499] siehe bereits oben.

macht sind[500]. Unter den Begriff der Wohnung fallen also neben den Wohnräumen auch Nebenräume wie Keller, Böden[501], aber auch Gast- und Hotelzimmer[502] sowie Wohnwagen und Hausboote[503]. Auch ***nicht öffentlich zugängliche*** Arbeits-, Betriebs- und Geschäftsräume werden von dem Wohnungsbegriff des Art. 13 GG erfasst.[504]

Soweit es um eine Abhörmaßnahme außerhalb einer Wohnung geht, richtet sich die Maßnahme *nicht* nach § 100 c I Nr. 3 StPO, sondern nach § 100 c I Nr. 2 StPO. Die Abgrenzung, wann es sich bei dem abzuhörenden Objekt um eine Wohnung handelt oder nicht, ist nicht immer zweifelsfrei. Vorsicht ist etwa geboten bei einem im Vorgarten eines Reihenhauses nichtöffentlich gesprochenen Wortes, auch wenn der Vorgarten nur durch eine kniehohe Hecke abgegrenzt ist, die auch noch im Eingangsbereich auf ca. 2 m unterbrochen ist; ein solcher Vorgarten fällt noch in den Bereich der Wohnung. Denn die Auslegung des Begriffs „Wohnung" orientiert sich an der Vorstellung, dass sämtliche Räumlichkeiten erfasst werden, die sich das Individuum als Lebensmittelpunkt[505] wählt, in deren Intimität es vor unbefugter Einblicknahme durch andere weitgehend sicher ist[506]. Weil sich auch in einem Vorgarten das private Leben der entsprechenden Person abspielt, fällt dieser unter den Wohnungsbegriff.

Bei einem Pkw ist die Antwort auf die Frage einfacher: Er fällt zweifelsfrei nicht unter den Wohnungsbegriff[507]. Ein Pkw dient weder zum Aufenthalt noch wird darin vom Individuum ein Lebensmittelpunkt gewählt

II. Lauschangriff nach Polizeirecht - Art. 13 IV, V GG mit den einschlägigen Regelungen der Landespolizeigesetze -

Auch hier ist zwischen dem Lauschangriff *außerhalb von Wohnungen* und dem *„Großem Lauschangriff" auf* Wohnungen i.S. des Art. 13 GG zu differenzieren.

Doch soll im Folgenden nur *letzterer* behandelt werden; allein für ihn gelten Art. 13 IV und V GG n.F.[508].

---

[500] Jarass/Pieroth-Jarass, GG, Art. 13 Rn. 2.
[501] Jarass aaO, Art. 13 Rn. 2.
[502] BGHZ 31, S. 285 (289).
[503] Jarass, aaO, Art. 13 Rn. 2.
[504] BVerfGE 32, S. 54, 68 ff.; 42, S. 212,219; 44, S. 353,371; 76, S. 83,88; BAGE 19, 217,225.
[505] Dagtoglou, JuS 1975, S. 753.
[506] Schall, Die Schutzfunktion der Strafbestimmung gegen den Hausfriedensbruch, S. 1974.
[507] Maunz/Dürig-Maunz, GG, Art. 13 Rn. 3 c.
[508] Zum polizeirechtlichen „Großen Lauschangriff" siehe bereits oben.

Einen großen Lauschangriff zur Gefahrenabwehr nach den Polizeigesetzen der Länder gibt es schon weitaus länger als den großen Lauschangriff zur Strafverfolgung, und zwar seit Beginn der 90-er Jahre des letzten Jahrhunderts[509]. Die meisten Polizeigesetze der Länder sehen eine derartige Befugnis aber nur zum Zwecke der Abwehr einer gegenwärtigen Gefahr für Leib, Leben oder Freiheit einer Person vor. Einige Bundesländer gestatten den Lauschangriff darüber hinaus auch als Instrument zur ***„vorbeugenden Straftatenbekämpfung"***.

Bevor die einzelnen landesrechtlichen Regelungen des vorbeugenden Lauschangriffes dargestellt werden, ist zunächst zu klären, ob er zur ersten Säule der vorbeugenden Verbrechensbekämpfung (Verhütung von Straftaten) oder zur zweiten Säule (Vorsorge für die künftige Straftatenverfolgung) gehört.

In der bereits erwähnten Entscheidung des Sächsischen Verfassungsgerichtshofes vom 14.5.1996 wird zunächst allgemein davon gesprochen, dass der Einsatz der besonderen Mittel der Datenerhebung im Vorfeld konkreter Gefahren zur *Verhinderung* ***und*** *vorbeugenden Bekämpfung von Straftaten*[510] geeignet und erforderlich ist. An anderer Stelle wird in diesem Zusammenhang von Vorfeldbefugnissen gesprochen[511].

Somit ist festzustellen, dass der Verfassungsgerichtshof zwischen Verhinderung von Straftaten auf der einen Seite und deren vorbeugenden Bekämpfung differenziert, aber keine genauere Unterscheidung innerhalb der Begrifflichkeit der vorbeugenden Bekämpfung vornimmt. Unter Bezugnahme auf die obige Auslegung der beiden Säulen kann aber folgendes festgestellt werden: Die Verhütung von Straftaten meint zweifelsohne die *Verhinderung* von Verbrechen und Vergehen mit polizeilichen Mitteln. Weil in der Entscheidung dargelegt wird, dass die verdeckte Datenerhebung im Vorfeld einer Gefahr der Verhütung dient, ist m.E. davon auszugehen, dass der vorbeugende Lauschangriff in jedem Falle der ersten Säule

- der Verhütung von Straftaten -

angehört.

Doch fragt sich, ob der Lauschangriff im Vorfeld einer Gefahr auch zur Vorsorge für die Verfolgung künftiger Straftaten gerechnet werden kann. Ein wesentlicher Teil der verdeckten Datenerhebung dürfte auch eine Erleichterung einer späteren Straftatenverfolgung bezwecken. Anhand der nicht offen ermittelten Informationen kann die Polizei erkennungsdienstliche Unterlagen anfertigen.

---

[509] Dazu Krey, VE-Gutachten, Rn. 57, 297, *321* m.w.N.
[510] Götz, JZ 1996, S. 960.
[511] Götz, JZ 1996, S. 960.

Damit erleichtert man die Aufklärung künftiger Verbrechen, was ein Stück Gefahrenabwehr bedeutet. Mithin gehört diese Art der verdeckten Datenerhebung auch zur Vorsorge für die Verfolgung künftiger Straftaten[512].

Es ist festzuhalten, dass die nicht offene Datenerhebung im Vorfeld einer Gefahr m.E. sowohl zur Verhütung von Straftaten als auch zur Vorsorge für die Verfolgung künftiger Straftaten gerechnet werden kann.

1. Darstellung der einzelnen landesrechtlichen Regelungen

a) Niedersachsen

Niedersachsen gestattet in § 35 II Nr. 2 seines Gefahrenabwehrgesetzes den Lauschangriff

*„zur Abwehr der Gefahr, dass eine Person eine **Straftat von erheblicher Bedeutung**[513] mit Ausnahme der in § 74 a I Nr. 1-3, 5 und 6 sowie § 120 I Nr. 1-5, 7 und 8 GVG genannten Straftaten begehen wird, wenn die Gefahr auf andere Weise nicht abgewendet werden kann."*[514]

Was unter einer „Straftat von erheblicher Bedeutung" zu verstehen ist, ist in § 2 Nr. 10 des Niedersächsischen Gefahrenabwehrgesetzes geregelt. Danach zählen Verbrechen (mit Ausnahme der §§ 154, 155 StGB), Vergehen nach den §§ 85, 86, 86 a, 87 bis 89, 98, 99, 129, 130, 174, 174 a, 174 b, 176 StGB, in § 138 I StGB genannte Verbrechen, nach dem geschützten Rechtsgut und der Strafandrohung vergleichbare Vergehen, banden- oder gewerbsmäßig begangene Vergehen sowie die Teilnahme an einer solchen Straftat zu den Straftaten von erheblicher Bedeutung. Durch den Verweis auf die Ausnahmen nach dem GVG in § 35 II Nr. 2 des Niedersächsischen Gefahrenabwehrgesetzes fallen einige der genannten Vergehen hier weg.

Das Niedersächsische Gefahrenabwehrgesetz stellt in § 35 III, IV folgende Voraussetzungen an den *Großen Lauschangriff* ***auf Wohnungen***:

„(3) ...Maßnahmen nach Absatz 2 bedürfen der richterlichen Anordnung. § 34 Abs. 2 und 3 gilt entsprechend.

---

[512] ebenso Kutscha/Möritz, StV 1998, S. 567; W. Reiß, Das Recht auf Privatheit und vorbeugende Bekämpfung der organisierten Kriminalität in: Festschrift für A. Podlech, Baden-Baden 1994, S. 213,221.

[513] Hervorhebung von Verfasserin.

[514] Niedersachsen GVBl 1998, S. 103.

(4) Ist keine richterliche Anordnung nach Absatz 3 erforderlich, so ist der Einsatz von der Polizei nach Maßgabe des § 34 Abs. 3 Sätze 4 und 5 schriftlich anzuordnen und zu begründen.“

§ 34 II und III des Niedersächsischen Gefahrenabwehrgesetztes lautet:

„(2) Die längerfristige Observation bedarf der Anordnung durch das Amtsgericht, in dessen Bezirk die Polizeidienststelle ihren Sitz hat. Das Verfahren richtet sich nach den Vorschriften des Niedersächsischen Gesetzes über die freiwillige Gerichtsbarkeit. Die Anordnung ist zu befristen.
(3) Bei Gefahr im Verzuge kann die Polizei die Anordnung treffen. Die Zulässigkeit der polizeilichen Anordnung ist schriftlich zu begründen. Die richterliche Bestätigung der Anordnung ist unverzüglich zu beantragen. Die Entscheidung trifft die Behördenleitung. Diese kann ihre Anordnungsbefugnis auf Dienststellenleiterinnen oder Dienststellenleiter sowie Bedienstete des höheren Dienstes übertragen.“

Niedersachsen hat somit speziell für den *Großen Lauschangriff* ***auf Wohnungen*** engere Voraussetzungen aufgestellt. Eines Rückgriffes auf Art. 13 IV GG (vgl. dazu unten Rheinland-Pfalz) bedarf es somit nicht.

b) Rheinland-Pfalz

Das Polizeigesetz des Landes Rheinland-Pfalz sieht in § 25 b I Nr. 2 Polizeigesetz den Lauschangriff zur vorbeugenden Bekämpfung der in § 100 a StPO und den in den §§ 176 bis 181 a, 243, 244, 260, 263 bis 266 und 324 bis 330 a StPO genannten Straftaten vor. Verbrechen werden somit nicht allgemein genannt. Dies hat zwar einerseits zur Folge, dass die Verbrechen gemäß §§ 83 I, 105 I, 107 I, 154, 155, 217, 224 a, 225, 226, 229 StGB nicht in den Anwendungsbereich des Lauschangriffes fallen. Andererseits werden aber durch § 100 a StPO auch eine ganze Reihe anderer Straftaten miterfasst.

Das Polizei- und Ordnungsbehördengesetz (POG) Rheinland-Pfalz stellt speziell für den *Großen Lauschangriff auf* ***Wohnungen*** keine engeren Voraussetzungen auf. Dies erscheint unter rechtsstaatlichen Gesichtspunkten zwar als bedenklich, doch dürfte Art. 13 IV GG eine verfassungsunmittelbare Ermächtigungsgrundlage darstellen.

c) Mecklenburg-Vorpommern

Nur in Mecklenburg-Vorpommern findet sich eine mit Rheinland-Pfalz vergleichbare Regelung, was den Verweis auf § 100 a StPO betrifft.

Der Lauschangriff zur ***vorbeugenden Verbrechensbekämpfung*** wurde in Mecklenburg-Vorpommern erst im Februar 1998 eingeführt: Gemäß § 33 IV Nr. 2[515] des Sicherheits- und Ordnungsgesetzes ist der Lauschangriff zulässig

„...über Personen, bei denen Tatsachen die Annahme der Gefahr rechtfertigen, dass sie mit hinreichender Wahrscheinlichkeit in näherer Zeit banden-, gewerbs-, serienmäßig oder sonst organisiert ein Verbrechen oder ein Vergehen iSd. § 100 a StPO, nach den §§ 261 oder 324 bis 330 a StGB begehen werden, zur Verhütung dieser Straftaten oder ihrer möglichen Verfolgung, soweit dies hierzu unerlässlich ist."

Mecklenburg-Vorpommern normiert in § 34 seines Sicherheits- und Ordnungsgesetzes für den *Großen Lauschangriff* ***auf Wohnungen***:

„Der Einsatz technischer Mittel zur Erhebung personenbezogener Daten in oder aus Wohnungen nach § 33 Abs. 4 ...bedarf der richterlichen Anordnung; diese ist zu befristen. Bei Gefahr im Verzug für Leib, Leben oder Freiheit einer Person kann der Behördenleiter diese Maßnahme anordnen; eine richterliche Entscheidung ist unverzüglich nachzuholen. Zuständig ist das Amtsgericht, in dessen Bezirk die Polizeibehörde ihren Sitz hat. Für das Verfahren findet das Gesetz über die Angelegenheit der freiwilligen Gerichtsbarkeit entsprechende Anwendung. Das Amtsgericht entscheidet endgültig."

Eines Rückgriffs auf eine verfassungsunmittelbare Ermächtigungsgrundlage bedarf es auch hier nicht. Mecklenburg-Vorpommern stellt für den *Großen Lauschangriff* ***auf Wohnungen*** spezielle Voraussetzungen auf.

d) Thüringen

In Thüringen ist der Lauschangriff zulässig, wenn Tatsachen die Annahme rechtfertigen, dass die betreffenden Personen ein Verbrechen oder gewerbs-, gewohnheits- oder bandenmäßig ein in § 31 V genanntes Verbrechen begehen wollen (§ 35 I Nr. 2)[516]. Hierzu gehören die Straftaten iSd. §§ 125, 125 a, 129, 138 I und II, 180, 180 a, 181, 181 a, 223 a, 243, 244, 253, 260, 263, 263 a, 264

[515]Mecklenburg-Vorpommern GVBl 1998, S. 344.
[516]Thüringen GVBl 1992, S. 199.

a, 266, 267, 283, 283 a, 302 a, 304, 324 bis 330 a StGB, § 54 I S. 1 Nr. 1 und 2 Waffengesetz, § 29 III S. 2 Nr. 1 und 4 BtMG sowie § 92 II Ausländergesetz.

Thüringen stellt an den *Großen Lauschangriff* ***auf Wohnungen*** in § 35 II seines Polizeiaufgabengesetzes folgende Voraussetzungen:

„Die Maßnahme ist auf höchstens drei Monate zu befristen und darf nur durch den Richter angeordnet werden. Verlängerungen um jeweils nicht mehr als drei weitere Monate sind auf Antrag zulässig, soweit die Voraussetzungen der Anordnung fortbestehen. § 26 Abs. 1 Satz 2 und 3 findet entsprechende Anwendung. Bei Gefahr im Verzug kann die Maßnahme auch durch die in § 34 Abs. 6 Nr. 1 genannten Dienststellenleiter angeordnet werden. Eine richterliche Entscheidung ist unverzüglich nachzuholen."

Auch in Thüringen bedarf es keines Rückgriffes auf eine verfassungsunmittelbare Ermächtigungsgrundlage.

e) Brandenburg

In Brandenburg ist der Lauschangriff zum Zwecke der vorbeugenden Straftatenbekämpfung gemäß § 33 III Nr. 2 Polizeigesetz unter den folgenden Voraussetzungen zulässig: Er ist möglich, wenn

„...Tatsachen die Annahme rechtfertigen", dass...bestimmte Straftaten „organisiert begangen werden sollen und die vorbeugende Bekämpfung dieser Straftaten sonst aussichtslos oder wesentlich erschwert wäre."[517]

Dabei wird auf die folgenden Straftaten verwiesen: §§ 211, 212, 220 a und 181 I Nr. 2 u. 3 StGB, § 100 a Nr. 1 a bis c, e StPO, §§ 244 a, 250, 255, 261, 306 bis 308, 310 b I bis III, 311 I bis III, 311 a I bis III, 311 b, 312, 313, 315 III, 315 b III, 316 a, 316 c, 319 StGB, §§ 52 a I bis III, 53 I S. 1 Nr. 1 und 2 S. 2 Waffengesetz, §§ 19, 20, 21, 22 a Kriegswaffenkontrollgesetz, §§ 29 III S. 2 Nr. 1, 29 a, 30 I Nr. 1, 2 und 4, 30 a, 30 b BtMG.

Brandenburg stellt mit § 33 III, V Polizeigesetz spezielle enge Voraussetzungen für den *Großen Lauschangriff* ***auf Wohnungen*** auf. § 33 V des Polizeigesetzes Brandenburg fordert hierfür:

„Die Erhebung personenbezogener Daten ***in oder aus der Wohnung***[518] *des Betroffenen durch den verdeckten Einsatz technischer Mittel nach Absatz 3 darf nur durch den Richter angeordnet werden. Die Maßnahme ist zu befristen. Sie*

---

[517] Brandenburg GVBl 1996, S. 73.
[518] Hervorhebung von Verfasserin.

kann wiederholt angeordnet werden. Lediglich zur Abwehr einer gegenwärtigen Gefahr für Leib, Leben oder Freiheit einer Person (Absatz 3 Nr. 1) kann die Maßnahme bei Gefahr im Verzug durch den Behördenleiter angeordnet werden. Eine richterliche Entscheidung ist auch in diesem Fall unverzüglich herbeizuführen. Für das Verfahren gelten die Vorschriften des Gesetzes über die Angelegenheiten der freiwilligen Gerichtsbarkeit entsprechend.“

Eines Rückgriffs auf Art. 13 IV GG bedarf es wegen des Vorliegens einer Spezialvorschrift für den Großen Lauschangriff ***auf Wohnungen*** auch in Brandenburg nicht.

f) Bayern

In Bayern ist der Lauschangriff zur vorbeugenden Straftatenbekämpfung gemäß Art. 34 I Nr. 2 PAG Bayern möglich, wenn

„... Tatsachen die Annahme rechtfertigen, dass diese Personen ein Verbrechen oder gewerbs-, gewohnheits- oder bandenmäßig ein in Art. 30 V genanntes Vergehen begehen ***wollen***[519]*.“*[520]

Bayern verweist ebenso wie Thüringen auf die in §§ 129 und 138 StGB aufgezählten Verbrechen. Allerdings gestattet Bayern den Lauschangriff zur vorbeugenden Verbrechensbekämpfung bei weniger Straftaten als es in Thüringen der Fall ist. Es wird auf §§ 243, 244, 253, 260, 263 a, 265 b, 266, 283, 283 a, 302 a und 324 bis 330 a StGB, § 53 I S. 1 Nr. 1 und 2 Waffengesetz und § 29 III S. 2 Nr. 1 BtMG hingewiesen.

Gemäß Art. 34 I Nr. 1 PAG Bayern kann die Polizei

„(1)...durch den verdeckten Einsatz technischer Mittel in oder aus Wohnungen (Art. 23 I S. 2) personenbezogene Daten erheben
1. über die für eine Gefahr Verantwortlichen und unter den Voraussetzungen des Art. 10 über die dort genannten Personen, wenn dies erforderlich ist zur Abwehr einer unmittelbar bevorstehenden Gefahr für den Bestand oder die Sicherheit des Bundes oder eines Landes oder für Leben, Gesundheit oder Freiheit einer Person oder für Sachen, deren Erhaltung im öffentlichen Interesse geboten erscheint...“[521]

---

[519] Hervorhebung von Verfasserin.
[520] Bayern GVBl 1990, S. 397.
[521] Art. 34 I N. 2 PAG Bayern wurde bereits oben abgedruckt; auch dieser ermöglicht den Großen Lauschangriff.

Diese Ermittlungsmethode ist gemäß Art. 34 II PAG Bayern an folgende Besonderheiten geknüpft:

„Die Maßnahme ist auf höchstens drei Monate zu befristen und darf nur durch den Richter angeordnet werden; Verlängerungen um jeweils nicht mehr als drei weitere Monate sind auf Antrag zulässig, soweit die Voraussetzungen der Anordnung fortbestehen. Art. 24 I Sätze 2 und 3 finden entsprechende Anwendung. Bei Gefahr im Verzug kann die Maßnahme auch durch die in Art. 33 V genannten Dienststellenleiter angeordnet werden. Eine richterlichen Entscheidung ist unverzüglich nachzuholen."

Bayern hat somit speziell für den Großen Lauschangriff auf Wohnungen enge Voraussetzungen aufgestellt. Ein Rückgriff auf eine verfassungsunmittelbare Ermächtigungsgrundlage aus Art. 13 V GG ist

– im Gegensatz zu Rheinland-Pfalz -

nicht erforderlich.

g) Sachsen

Bis zur Entscheidung des Sächsischen Verfassungsgerichtshofs vom 14.05.1996 existierte in Sachsen die folgende Rechtslage:
Der Lauschangriff zur vorbeugenden Straftatenbekämpfung war gemäß § 40 I Nr. 2 und Nr. 3 SächsPolG unter folgenden Voraussetzungen zulässig:

„(1) Der Polizeivollzugsdienst kann personenbezogene Daten durch den Einsatz besonderer Mittel erheben...
2. über Personen, bei denen
a) Tatsachen die Annahme rechtfertigen, dass sie ***Straftaten von erheblicher Bedeutung***[522] *(§ 36 I) begehen werden, oder*[523]
b) die Gesamtwürdigung der Person und der von ihr begangenen Straftaten erwarten lässt, dass sie auch künftig Straftaten von erheblicher Bedeutung (§ 36 I) begehen wird,
3. über Kontakt und Begleitpersonen der in Nummer 2 Buchst. a genannten Personen, wenn die Datenerhebung zur vorbeugenden Bekämpfung dieser Straftaten zwingend erforderlich ist..."

In § 36 I SächsPolG wurde zunächst auf Verbrechen verwiesen. Erschwerende Umstände wurden nicht verlangt. Aber auch bei Vergehen konnte nach dieser

[522] Hervorhebung von Verfasserin.
[523] Achtung: Die im Gesetzestext unterstrichenen Stellen wurden durch die Novellierung aus dem SächsPolG gestrichen.

Vorschrift der Lauschangriff zur vorbeugenden Straftatenbekämpfung in Betracht kommen, soweit die Vergehen im Einzelfall nach Art und Schwere geeignet waren, den Rechtsfrieden besonders zu stören.

Einschränkend galt aber, dass es sich hierbei um Vergehen handeln musste, die sich gegen eines der Rechtsgüter Leben, Gesundheit, Freiheit oder bedeutende fremde Sach- oder Vermögenswerte richten oder auf den Gebieten des unerlaubten Waffen- oder Betäubungsmittelverkehrs, der Geld- oder Wertzeichenfälschung oder des Staatsschutzes (§§ 74 a und 120 GVG) oder gewerbs-, gewohnheits-, serien-, bandenmäßig oder sonst organisiert begangen werden. Diese Voraussetzungen mussten lediglich *alternativ* vorliegen, was der Formulierung *„oder"* entnommen werden konnte.

In seinem Urteil vom 14.05.1996 hat der Sächsische Verfassungsgerichtshof festgestellt, dass jene in § 40 I Nr. 2 SächsPolG getroffene Regelung im Rahmen von Vorfeldermittlungen gegen das Grundrecht auf Unverletzlichkeit der ***Wohnung*** (Art. 30 SächsVerf) verstößt[524]. Der Landesgesetzgeber wurde daher vom Verfassungsgerichtshof verpflichtet, bis zum Ende der Legislaturperiode des zweiten Sächsischen Landtages (September 1999) nach Maßgabe der Gründe des Urteils ergänzende Regelungen im Sächsischen Polizeigesetz zu treffen[525].

- Auf dieses Urteil ist im Folgenden (§ 15 dieser Untersuchung) näher einzugehen. -

Nunmehr ist in § 39 I Nr. 2 und 3 des Sächsischen Polizeigesetzes folgendes geregelt:

„(1) Der Polizeivollzugsdienst kann personenbezogene Daten durch den Einsatz besonderer Mittel erheben...
2. über Personen, bei denen Tatsachen die Annahme rechtfertigen, dass sie Straftaten von erheblicher Bedeutung (§ 36 I) begehen werden,
*3. **über Personen, die zu den in Nummer 2 genannten Personen in näherer oder geschäftlicher Beziehung stehen oder zu ihnen über einen längeren Zeitraum eine Verbindung unterhalten oder eine Verbindung unter konspirativen Umständen hergestellt haben oder pflegen (Kontakt- oder Begleitpersonen)[526].***

[524]Gnant/Gnant, Polizeigesetz des Freistaates Sachsen, S. 14.
[525]Gnant/Gnant, ebda., S. 12.
[526]Achtung: ***Fett kursiv gesetzte Gesetzesteile*** wurden durch die Novellierung neu ins SächsPolG aufgenommen.

Die Datenerhebung ist insoweit beschränkt auf die Gewinnung von Hinweisen bezüglich der angenommenen Straftaten und muss zu deren vorbeugender Bekämpfung zwingend erforderlich sein.."

Sachsen hat in seinem Polizeigesetz in § 40 enge Voraussetzungen speziell für den *Großen Lauschangriff auf* ***Wohnungen*** geschaffen. Jene Vorschrift lautet:

„(1) Der Polizeivollzugsdienst kann durch den Einsatz besonderer Mittel im Sinne des § 36 II Nr. 2 in oder aus Wohnungen personenbezogene Daten über die für eine Gefahr Verantwortlichen und unter den Voraussetzungen des § 7 über die dort genannten Personen erheben, wenn dies zur Abwehr einer gegenwärtigen Gefahr für den Bestand oder die Sicherheit des Bundes oder eines Landes oder für Leben, Gesundheit oder Freiheit einer Person oder für bedeutende fremde Sach- oder Vermögenswerte erforderlich ist. In oder aus Wohnungen von Personen, die für die Gefahr nicht verantwortlich sind, ist die Datenerhebung nur unter den Voraussetzungen des § 7 zulässig.
(2) Der Polizeivollzugsdienst kann Wohnungen der für eine Gefahr Verantwortlichen und unter den Voraussetzungen des § 7 Wohnungen der dort genannten Personen betreten, wenn dies erforderlich ist, um die technischen Voraussetzungen des Einsatzes besonderer Mittel im Sinne des § 36 II Nr. 2 zu schaffen."

Auch Bayern hat somit eine spezielle Regelung für den Großen Lauschangriff auf Wohnungen. Auch hier bedarf es keines Rückgriffes auf Art. 13 IV GG als verfassungsunmittelbare Ermächtigungsgrundlage.

§ 15 Analyse des Urteils des Sächsischen Verfassungsgerichtshof zur Unzulässigkeit des vorbeugenden Lauschangriffes auf Wohnungen

In seinem Urteil vom 14.05.1996 hat der Sächsische Verfassungsgerichtshof in Leipzig folgende Leitsätze erlassen[527]:

„1. Bei der Auslegung der Sächsischen Verfassung sind Inhalt und Entwicklungsstand der EMRK zu berücksichtigen, sofern damit keine Einschränkung oder Minderung des sächsischen Grundrechtsschutzes verbunden ist. Die Grundrechte der Sächsischen Verfassung sind im Lichte der EMRK auszulegen.
2...
3...
4. Die Regelung des § 39 I Nr. 1 SächsPolG über die Datenerhebung mit besonderen Mitteln zur Abwehr einer gegenwärtigen Gefahr für den Bestand oder die Sicherheit des Bundes oder eines Landes oder für Leben, Gesundheit oder Frei-

[527] aus Gnant/Gnant, Polizeigesetz des Freistaates Sachsen, S. 13 f = JZ 1996, S. 956 ff. mit Anm. Götz.

heit einer Person oder für bedeutende fremde Sach- oder Vermögenswerte ist mit der Sächsischen Verfassung vereinbar.

5. § 39 I Nr. 2 Buchst. a SächsPolG, der die Datenerhebung mit besonderen Mitteln im Rahmen von Vorfeldermittlungen wegen Straftaten von erheblicher Bedeutung regelt, ist mit der Sächsischen Verfassung zwar grundsätzlich vereinbar, nicht jedoch insoweit, als er diese Maßnahme zulässt

- zur Verhinderung und vorbeugenden Bekämpfung von Vergehen, die sich nur gegen bedeutende fremde Sach- und Vermögenswerte richten, aber nicht gewerbs-, gewohnheits-, serien-, bandenmäßig oder sonst organisiert werden;
- aus Vertrauensverhältnissen, die durch Amts- und Berufsgeheimnisse geschützt sind, ohne dass das Gesetz selbst bestimmt, zugunsten welcher Rechtsgüter, in welchen Vertrauensverhältnissen sowie unter welchen Voraussetzungen und in welchen Grenzen aus solchen Vertrauensverhältnissen mit besonderen Mitteln im Vorfeld konkreter Gefahren Daten erhoben werden dürfen.

6. Die Regelung des § 39 I Nr. 2 Buchst. b SächsPolG über den Einsatz besonderer Mittel zur Datenerhebung über Personen, bei denen die Gesamtwürdigung der Person und der von ihr bisher begangenen Straftaten erwarten lässt, dass sie auch künftig Straftaten von erheblicher Bedeutung begehen werden, verstößt gegen die mit dem Recht auf informationelle Selbstbestimmung (Art. 33 SächsVerf) gewährleisteten Grundsätze der Normenklarheit und Normenbestimmtheit.

7. Das Grundrecht auf informationelle Selbstbestimmung (Art. 33 SächsVerf) gebietet, die in § 39 I Nr. 3 SächsPolG vorgesehene Erhebung von personenbezogenen Daten über Kontakt- und Begleitpersonen im Rahmen von Vorfeldermittlungen zu beschränken

- auf Personen mit näheren persönlichen oder geschäftlichen Beziehungen zur Zielperson oder auf Verbindungen, die über einen längeren Zeitraum unterhalten oder unter konspirativen Umständen hergestellt oder gepflegt werden
- und auf Art, Gegenstand, Zweck und Ausmaß der Verbindung im Hinblick auf die angenommenen Straftaten.

8. Die Regelung des § 40 I Nr. 1 SächsPolG über die Erhebung personenbezogener Daten durch den Einsatz besonderer Mittel in oder aus Wohnungen (**„Großer Lauschangriff"**)[528] ist zur Abwehr gegenwärtiger Gefahren für die in der Vorschrift genannten Rechtsgüter mit der Sächsischen Verfassung nicht vereinbar, soweit sie den Einsatz besonderer Mittel ohne Einschränkung auf die Fälle des polizeilichen Notstands (§ 7 SächsPolG) auch in Wohnungen von Personen zulässt, die für die abzuwehrende Gefahr nicht verantwortlich sind.

9. Die in § 40 I Nr. 2 SächsPolG getroffene Regelung über den sog. großen Lauschangriff zur vorbeugenden Bekämpfung von Straftaten von erheblicher

---

[528] Hervorhebung von Verfasserin.

Bedeutung im Rahmen von Vorfeldermittlungen verstößt gegen das Grundrecht auf Unverletzlichkeit der Wohnung (Art. 30 SächsVerf).
10. Der polizeiliche Einsatz nachrichtendienstlicher Mittel unterliegt, wenn er nicht der richterlichen Kontrolle unterlegen hat, nach Art. 83 III S. 2 SächsVerf der parlamentarischen Nachprüfung. Nachrichtendienstliche Mittel der Polizei im Sinne dieser Vorschrift sind der verdeckte Einsatz technischer Überwachungs- und Aufzeichnungsmittel und der Einsatz Verdeckter Ermittler (§ 36 II Nr. 2 und 3 SächsPolG).
11. Soweit die Polizei mit verdecktem Einsatz besonderer Mittel, insbesondere in oder aus Wohnungen, Daten erhebt und somit heimlich in die Grundrechte auf informationelle Selbstbestimmung (Art. 33 SächsVerf) und auf Unverletzlichkeit der Wohnung (Art. 30 SächsVerf) eingreift, reicht der herkömmliche Grundrechtsschutz nicht aus. Daher bedarf es insoweit einer besonderen Ausgestaltung des Grundrechtsschutzes durch Verfahrensregeln, die den individualrechtlichen wie den strukturellen Schutzbedürfnissen gerecht werden müssen.
12. Datenerhebung aus verfassungsrechtlich geschützten mit Amts- und Berufsgeheimnissen abgesicherten Vertrauensverhältnissen unter verdecktem Einsatz besonderer Mittel ist nur zum Schutz wichtiger Gemeinschaftsgüter, wie etwa des Lebens, der Gesundheit und der Freiheit mit der Sächsischen Verfassung vereinbar. Eingriffe in solche Vertrauensverhältnisse im Rahmen von Vorfeldermittlungen zur vorbeugenden Bekämpfung von Straftaten können nur gerechtfertigt sein, wenn sie das einzige Mittel zur Informationsgewinnung darstellen, diese dem Schutz hochrangiger Rechtsgüter dient und weiteres Zuwarten die Gefahr einer irreversiblen Schädigung dieser Rechtsgüter begründet. Hierzu bedarf es einer ausdrücklichen, hinreichend bestimmten gesetzlichen Ermächtigung."

Im Folgenden ist darzulegen, aufgrund welcher Erwägungen der Sächsische Verfassungsgerichtshof zu *jener **Restriktion** des Lauschangriffs als Instrument der vorbeugenden Verbrechensbekämpfung* gelangt ist und ob seine Entscheidung Auswirkungen auch auf den in anderen Ländern geregelten Lauschangriff hat.

A. Verfassungsmäßigkeit des Lauschangriffes zum Zwecke der vorbeugenden Verbrechensbekämpfung?

Zu klären ist zunächst, ob die landesgesetzlichen Eingriffsbefugnisse für den Einsatz des vorbeugenden Lauschangriffes den verfassungsrechtlichen Vorgaben des Sächsischen Verfassungsgerichtshofes sowie des Grundgesetzes genügten.

Der Sächsische Verfassungsgerichtshof stellte in seiner Entscheidung fest, dass der im Sächsischen Polizeigesetz geregelte vorbeugende Lauschangriff gemäß § 40 I Nr. 2 PolG gegen das in Art. 30 der Sächsischen Verfassung gewährleistete Grundrecht auf Unverletzlichkeit der Wohnung verstieß. Dieser Art. 30 der Sächsischen Verfassung ist vergleichbar mit der bundesrechtlichen Regelung in Art. 13 GG. Zu beachten ist dabei, dass die Grundrechte in den Landesverfassungen gemäß Art. 142 GG trotz Art. 31 GG Gültigkeit besitzen. Denn „die Grundrechte des Grundgesetzes und der Landesverfassung schützen", wie das BVerfG[529] festgestellt hat, „jeweils nur ein und dasselbe Grundrecht".

I. Der Große Lauschangriff als Instrument der präventiv-polizeilichen Gefahrenabwehr

- keine „Durchsuchung" i.S. des Art. 30 II der Sächsischen Verfassung -

Art. 30 I der Sächsischen Verfassung garantiert wie Art. 13 I GG die *„Unverletzlichkeit der Wohnung"*. Dieses Grundrecht gewährleistet die freie Entfaltung der Persönlichkeit und will zugleich die mit der Wohnung verbundene Privatheit in Gestalt eines elementaren Lebensraumes sichern[530]. Außerdem soll der räumliche Bereich individueller Persönlichkeitsentfaltung geschützt werden[531]. Wie oben bereits dargelegt wurde, ist der Wohnungsbegriff weit zu verstehen. Er umfasst Geschäfts- und Betriebsräume, Hotelzimmer und auch Nebenzimmer von Gaststätten[532].
Hervorzuheben ist, dass zwar auch Geschäftsräume

- dies sind Räume, die gewerblichen, wissenschaftlichen, künstlerischen oder ähnlichen Zwecken zu dienen bestimmt sind und die entsprechend dieser Zweckbestimmung zumindest für eine gewisse Dauer genutzt werden, wobei

---

[529]BVerfGE 22, S. 267, 271.
[530]BVerfGE 42, S. 212, 219; 51, S. 97, 110.
[531]BVerfGE 32, S. 54 ,72.
[532]Bonner Kommentar-Herdergen, GG, Art. 13 GG Rn. 26 ff; Jarass/Pieroth-Jarass, GG, Art. 13 Rn. 2 mwN.

der geschäftliche Zweck nicht der einzige, aber der bestimmende Grund sein muss -[533]

Wohnungen im Sinne des Art. 13 GG sind. Sie genießen aber einen abgeschwächteren Schutz als private Wohnräume. Das BVerfG geht bei Geschäftsräumen von einem geringerem Schutzbedürfnis aus, indem es zu Art. 13 III GG **a.F.** feststellt[534]:

„Die Auslegung der Begriffe >>Eingriffe und Beschränkungen<< in Art. 13 III GG[535] müsse dem verschiedenen Schutzbedürfnis einerseits der privaten Wohnräume, andererseits der Arbeits-, Betriebs und Geschäftsräume Rechnung tragen. Nur bei Wohnräumen greife der Schutzzweck des Grundrechts voll durch, dem Einzelnen das Recht zu sichern, in seiner räumlichen Privatsphäre in Ruhe gelassen zu werden."[536]

Dem Schutzzweck entsprechend wird das Grundrecht durch jede Beeinträchtigung der Privatheit der Wohnung durch staatliche Stellen verletzt[537]. Und gerade dies ist nach Ansicht der Richter des Sächsischen Verfassungsgerichtshofes beim vorbeugenden Lauschangriff der Fall. Denn in das Grundrecht auf Unverletzlichkeit der Wohnung wird nicht nur eingegriffen, wenn Amtsträger ***körperlich*** eindringen, sondern vielmehr auch dann, wenn mit ***optischen*** oder ***akustischen Hilfsmitteln*** Geschehnisse in der Wohnung ***ausgespäht, überwacht*** und ***belauscht*** werden[538].

Art. 30 II Sächsische Verfassung nun vermochte

- genauso wie Art. 13 II GG -

den *Lauschangriff auf Wohnungen* nicht zu legitimieren, da dieser Eingriff keine ***Durchsuchung*** i.S. jener Verfassungsnormen darstellt.[539]

Der Lauschangriff ist ein ***heimliches Mittel***, weil er wegen des verdeckten Vorgehens nicht durch ein offenes Eindringen der staatlichen Organe gekennzeich-

---

[533]RGSt 32, S. 371 f; Schall, Die Schutzfunktion der Strafbestimmung gegen den Hausfriedensbruch, S. 1974.
[534]BVerfGE 32, S. 73 ff.; Zachert, DRiZ 1992, S. 355; Schmidt-Bleibtreu/Klein, GG, Art. 13 Rn. 3, 5.
[535]Anm. der Verf.: Gemeint ist Art. 13 GG a.F.
[536]BVerfGE 32, S. 75 f.
[537]Abdruck des Urteil des Landesverfassungsgerichts Mecklenburg-Vorpommern, DVBl 1996, S. 1436; Jarass/Pieroth-Jarass, GG, Art. 13 Rn. 4.
[538]Urteil Mecklenburg-Vorpommern, DVBl 1996, S. 1436.
[539] Krey, VE-Gutachten, Rn. 369.

net ist[540]. Für Durchsuchungen aber sind nach herrschender und zutreffender Ansicht erstens die *Herrschaft der Durchsuchungsorgane über die zu durchsuchende* Wohnung und zweitens die ***Offenheit** staatlichen Handelns* charakteristisch. An beidem, zumindest jedoch an letzterem, fehlt es beim Lauschangriff auf Wohnungen.

Somit haben die Richter des Sächsischen Verfassungsgerichtshofes zu Recht festgestellt, dass die in Art. 30 II der Sächsischen Landesverfassung verankerten Befugnisse nicht auf den Lauschangriff als verdeckte Ermittlungsmaßnahme anwendbar sind.[541]

II. Wurde die umstrittene Regelung vom *Gesetzesvorbehalt* in Art. 30 III der Sächsischen Landesverfassung gedeckt?

Diese mit Art. 13 III GG **a.F.** identische Vorschrift lautet:

„Eingriffe und Beschränkungen dürfen im übrigen nur zur Abwehr einer gemeinen Gefahr oder einer Lebensgefahr für einzelne Personen, auf Grund eines Gesetzes auch zur Verhütung dringender Gefahren für die öffentliche Sicherheit und Ordnung, insbesondere zur Behebung der Raumnot, zur Bekämpfung von Seuchengefahr oder zum Schutz gefährdeter Jugendlicher vorgenommen werden."

Ob die Regelung des *Lauschangriffs auf Wohnungen* in § 40 des Sächsischen Polizeigesetzes a.F. von jener Vorschrift gedeckt wurde, war ein weiterer Gegenstand der dargelegten Entscheidung des Sächsischen Verfassungsgerichtshofes.

Einer bejahenden Antwort könnte im Wege stehen, dass § 40 I Nr. 2 des Sächsischen Polizeigesetzes auf die Tatbestandsvoraussetzungen einer dringenden Gefahr für die verdeckte Erhebung personenbezogener Daten mit besonderen Mitteln in oder aus Wohnungen verzichtete. Denn damit könnte sich der Gesetzgeber aus dem überkommenen Polizeirecht gelöst haben, das

- wie oben dargestellt –

an das Vorliegen einer Gefahr als Eingriffsvoraussetzung anknüpft[542].

Die Befugnis zum Einsatz eines vorbeugenden Lauschangriffes *„über Personen, soweit Tatsachen die Annahme rechtfertigen, dass diese Personen eine*

---

[540]Urteil Mecklenburg-Vorpommern, DVBl 1996, S. 1436.
[541]Götz, JZ 1996, S. 967.
[542]Götz, JZ 1996, S. 967.

Straftat von erheblicher Bedeutung (§ 36 I) begehen wollen", liegt nun gemäß dem Urteil des Sächsischen Verfassungsgerichtshofs außerhalb des Rahmens von Art. 30 III der sächsischen Verfassung.

Weil der Einsatz des Lauschangriffes zur vorbeugenden Verbrechensbekämpfung gemäß § 40 I Nr. 2 PolG a.F. als Eingriffsvoraussetzung lediglich verlangte, dass Tatsachen die Annahme rechtfertigen, eine Person wolle eine Straftat von erheblicher Bedeutung (§ 36 I) begehen, wurde § 40 I Nr. 2 PolG nach Auffassung des Sächsischen Verfassungsgerichtshofes nicht von dem Gesetzesvorbehalt in Art. 30 III LVerf. gedeckt[543]. Denn der Landesgesetzgeber hatte auf die Tatbestandsvoraussetzung einer ***dringenden Gefahr*** für die verdeckte Erhebung personenbezogener Daten mit besonderen Mitteln in oder aus Wohnungen verzichtet[544].

Dieser Verzicht vernachlässigte nach Ansicht des Sächsischen Verfassungsgerichtshofs, dass im herkömmlichen Polizeirecht der Länder als Eingriffsvoraussetzung stets das Vorliegen einer ***Gefahr*** notwendig ist. Denn selbst wenn Tatsachen die Annahme rechtfertigen, dass jemand eine Straftat von erheblicher Bedeutung begehen werde, ist damit nach Auffassung des Sächsischen Verfassungsgerichtshofes ja noch immer nicht die Gefahr gefordert, dass solche Straftaten mit hinreichender Wahrscheinlichkeit drohen[545]. Anhand eines Beispieles untermauert der Sächsische Verfassungsgerichtshof diese Auffassung. Er legt dar, dass eine verdeckte Erhebung personenbezogener Daten nach § 40 I Nr. 2 des Sächsischen Polizeigesetzes a.F. bereits dann zulässig wäre, wenn

„...Tatsachen die Annahme der Bildung einer solchen Organisation rechtfertigen, die sich in einem frühen Stadium ihrer Organisierung gesetzmäßiger Mittel zu bedienen pflegt. In diesem Stadium liegt aber noch keine Gefahr vor. Es kann noch nicht mit hinreichender Wahrscheinlichkeit die Begehung einer Straftat von erheblicher Bedeutung erwartet werden. "[546]

Damit steht nach Ansicht des Sächsischen Verfassungsgerichtshofs fest, dass in § 40 I Nr. 2 des Sächsischen Polizeigesetzes a.F. jegliche zeitliche Eingrenzung fehlte. Eine solche Eingrenzung würde der Begriff der ***Verhütung einer dringenden Gefahr*** aber gerade voraussetzen[547].

---

[543]Urteil Mecklenburg-Vorpommern, DVBl 1996, S. 1437.
[544]Urteil Mecklenburg-Vorpommern, DVBl 1996, S. 1437.
[545]Urteil Mecklenburg-Vorpommern, DVBl 1996, S. 1438.
[546]Götz, JZ 1996, S. 968.
[547]Götz, ebda., S. 968.

Demgemäss wurde nach Ansicht des Sächsischen Verfassungsgerichtshofes § 40 I Nr. 2 PolG a.F. nur teilweise durch Art. 30 III der Sächsischen Landesverfassung gedeckt.

Soweit der vorbeugende Lauschangriff zur Abwehr einer *gegenwärtigen Gefahr* für den Bestand des Bundes oder eines Landes, für Leben, Gesundheit oder Freiheit einer Person oder für bedeutende fremde Sach- oder Vermögenswerte erforderlich ist, wäre eine Vereinbarkeit mit der Landesverfassung zu bejahen. Etwas anderes gilt aber, wenn der vorbeugende Lauschangriff auf das bloße ***Vorfeld*** einer konkreten Gefahr für Personen erstreckt wird, weil *Tatsachen die Annahme rechtfertigen,* diese Person werde (künftig) eine Straftat von erheblicher Bedeutung (§ 36 I PolG) begehen.

III. Sonstige Verstöße?

Der Sächsische Verfassungsgerichtshof hat zudem festgestellt:

*„Es verstößt gegen den **Grundsatz der Verhältnismäßigkeit**[548], dass in § 40 I Nr. 1 SächsPolG zwar differenziert wird, über wen Daten in oder aus Wohnungen mit besonderen Mitteln verdeckt erhoben werden dürfen, aber nicht eingegrenzt wird, bei wem dies gestattet ist.*[549]

§ 40 I Nr. 1 des Sächsischen Polizeigesetzes a.F. ermächtigte den Polizeivollzugsbeamten ohne jede weitere Einschränkung, bei nicht für eine Gefahr Verantwortlichen in oder aus Wohnungen verdeckt Daten über die für eine Gefahr Verantwortlichen und unter den Voraussetzungen des § 7 des Sächsischen Polizeigesetzes über die dort genannten Personen zu erheben.

Damit setzte sich der Sächsische Gesetzgeber evident über die bereits vom BVerfG[550] festgestellte besondere Schutzwürdigkeit der Wohnungsinhaber hinweg, insbesondere wenn diese in keiner Beziehung für eine Gefahr verantwortlich sind. Art. 13 GG soll dem Individuum im Hinblick auf seine Menschenwürde und im Interesse der freien Entfaltung seiner Persönlichkeit einen *„elementaren Lebensraum"* sichern[551]. Damit bilden private Wohnräume und ihre Nutzer den Begriffskern des in Art. 13 GG verwendeten Wohnungsbegriffes. Zutreffend stellt der Sächsische Verfassungsgerichtshof fest, dass die pauschale Eingriffsermächtigung des § 40 I Nr. 1 des Sächsischen Polizeigesetzes a.F., die nicht bestimmte, bei wem die Datenerhebung gestattet ist, nicht den

---

[548]Hervorhebung von Verfasserin.
[549]Götz, JZ 1996, S. 967.
[550]BVerfGE 32, S. 54, 72, 75; 65, S. 1, 40.
[551]BVerfGE 32, S. 32; 54, S. 72, 75.

besonderen verfassungsrechtlichen Anforderungen an die besondere Schutzbedürftigkeit der Wohnungsinhaber gerecht wurde[552].

Mithin dürfte es geboten sein, die verdeckte Erhebung personenbezogener Daten in oder aus Wohnungen nur noch zur Abwehr einer *gegenwärtigen („dringenden") Gefahr* zuzulassen.

B. Untersuchung der vom Sächsischen Verfassungsgerichtshof dargelegten Argumente

I. Eigene Meinung zur Rechtslage vor der Reform des Art. 13 GG v. 1998

Nun ist zu klären, ob der Auffassung, dass der Lauschangriff nur noch zur Abwehr *gegenwärtiger Gefahren* zulässig sein soll, gefolgt werden kann. Zunächst soll diese Frage anhand der hypothetischen These beantwortet werden, dass Art. 13 III 2. Alt. GG a.F. noch anstelle von Art. 13 III – VI GG n.F. gelten würde. Im Anschluss daran wird untersucht werden, ob sich an dem gefundenen Ergebnis wegen der Neufassung von Art. 13 GG im Jahre 1998 etwas ändert.

Die erste Frage ist dabei nicht etwa nur von rechtshistorischem Interesse; vielmehr dient ihre Beantwortung auch dem besseren Verständnis des Art. 13 IV GG n.F.

Festzustellen ist zunächst, dass die Argumentation des Sächsischen Verfassungsgerichtshofes in sich widersprüchlich ist. Einerseits wird nämlich vom Gericht die Auffassung vertreten, dass sogenannte ***Vorfeldbefugnisse*** der Polizei der Länder zum Eindringen in die Strukturen der kriminellen Organisationen unumgänglich seien:[553]

„...Für eine wirksame Bekämpfung der organisierten Kriminalität mit dem Ziel der vorbeugenden Verbrechensbekämpfung ist eine frühzeitige Informationsbeschaffung und -auswertung entscheidend, die durch operatives Vorgehen in kriminalstrategischer Zielsetzung erfolgt..."

Dies spricht grundsätzlich für eine Verfassungsmäßigkeit des vorbeugenden Lauschangriffes, wie er im Sächsischen Polizeigesetz a.F. normiert war.
Andererseits spricht sich das Gericht an anderer Stelle gegen ein frühes Ausforschen von Organisationen aus, weil hier noch keine dringende Gefahr vorliege[554]:

---

[552] Götz, JZ 1996, S. 967.
[553] vgl. Urteil Mecklenburg-Vorpommern, DVBl 1996, S. 1428.
[554] Urteil Mecklenburg-Vorpommern, DVBl 1996, S. 1438.

„...Es kann noch nicht mit hinreichender Wahrscheinlichkeit die Begehung einer Straftat von erheblicher Bedeutung erwartet werden. Ebenso wenig kann festgestellt werden, die Datenerhebung sei notwendig, um den Eintritt einer dringenden Gefahr für die öffentliche Sicherheit zu verhüten...“[555]

Fraglich ist ferner, ob der Sächsische Verfassungshof Recht hat, wenn er darlegt, dass jegliche zeitliche Eingrenzung fehle, die der Begriff ***Verhütung einer dringenden Gefahr*** voraussetzte.

Der Begriff der dringenden Gefahr, wie er vom Sächsischen Verfassungsgerichtshof verlangt wird, dürfte lediglich eine qualitative Steigerung des allgemeinen Gefahrenbegriffes sein.

Unter einer Gefahr ist im allgemeinen eine Sachlage zu verstehen, bei der im einzelnen Falle die hinreichende Wahrscheinlichkeit besteht, dass in absehbarer Zeit ein Schaden für die öffentliche Sicherheit oder Ordnung eintreten wird[556]. Ist die Gefahr dringend, dürfte es darauf ankommen, Schäden großen Ausmaßes oder für wichtige Rechtsgüter abzuwehren[557]. Fraglich ist, warum dieses Ziel nicht auch durch die *Verhütung von Straftaten von erheblicher Bedeutung* erfüllt sein könnte. Legt man den Wortlaut der in Frage stehenden Norm § 40 I Nr. 2 des Sächsischen Polizeigesetzes a.F. aus, der besagte, dass „Tatsachen die Annahme rechtfertigen müssen, dass Personen eine Straftat von erheblicher Bedeutung begehen ***wollen***“, so heißt dies meines Erachtens nur das folgende: *Will* eine Person eine Straftat begehen, dann entfaltet sich dieser Wille ja gerade in Richtung auf ein bestimmtes Ziel[558]. Und dies heißt doch nichts anderes, als dass die Person die Absicht hat, eine bestimmte Straftat von erheblicher Bedeutung zu begehen. Schreitet nun die Polizei in einer derartigen Situation unter Verwendung eines vorbeugenden Lauschangriffes ein, dann können durch dieses Einschreiten im Vorfeld der konkreten Gefahr doch gleichfalls Schäden großen Ausmaßes oder für wichtige Rechtsgüter abgewehrt werden. Dies könnte ***für*** die Verfassungsmäßigkeit eines vorbeugenden Lauschangriffes sprechen.

Im Rahmen der Frage, ob der vorbeugende Lauschangriff nach jener landesrechtlichen Regelung a.F. innerhalb der Grenzen des Art. 30 III der Sächsischen Landesverfassung bzw. des Art. 13 III 2. Alt. GG a.F. lag, ist allerdings auch die vom Bundesverfassungsgericht vertretene Auffassung hinsichtlich der Auslegung des Begriffes der ***Verhütung einer „Gefahr“*** zu berücksichtigen[559].

---

[555]Götz, JZ 1996, S. 968.
[556]Lisken/Denninger-Denninger, Handbuch des Polizeirechts, E Rn. 29.
[557]Götz, JZ 1996, S. 970.
[558]vgl. Definition des Begriffes Wille im Brockhaus: Wille entfaltet sich in der Verwirklichung bestimmter Ziele.
[559]so auch Götz, JZ 1996, S. 970.

Denn hierzu hat das Bundesverfassungsgericht in der „Apothekenentscheidung" folgendes ausgeführt:

„Es braucht also eine dringende Gefahr für die öffentliche Sicherheit und Ordnung nicht bereits eingetreten zu sein; es genügt, dass die Beschränkung des Grundrechts dem Zweck dient, einen Zustand nicht eintreten zu lassen, der seinerseits eine dringende Gefahr für die öffentliche Sicherheit und Ordnung darstellen würde."[560]

Das bedeutet, dass es nur darauf ankommt, einen Zustand nicht eintreten zu lassen, der seinerseits wiederum eine Gefahr darstellt[561].

Daraus könnte grundsätzlich der Schluss gezogen werden, dass die Polizei eine Wohnung zum Zwecke der *Verhütung* einer dringenden Gefahr betreten kann. Fraglich ist aber, ob (und wieweit) sich jene Äußerung des BVerfG im „Apothekenurteil" überhaupt auf den Großen Lauschangriff übertragen lässt. Denn in jenem Urteil des Bundesverfassungsgerichts ging es um die Verfassungsmäßigkeit von aufsichtsbehördlichen Betretungsrechten nach dem Apothekengesetz. Der entscheidende Unterschied zwischen der Frage, die uns interessiert

- verdeckte Datenerhebungen in oder aus ***Wohnungen*** -

und der Problematik in dem Urteil des Bundesverfassungsgerichtes ist, dass es bei letzterem um das Besichtigen von Geschäftsräumen, ***nicht von Privatwohnungen***, geht. Wie oben bereits festgestellt, sind Geschäftsräume nach Ansicht des BVerfG[562] weniger schutzbedürftig als Privaträume:

„...Nur bei Wohnräumen greife der Schutzzweck des Grundrechts voll durch, dem Einzelnen das Recht zu sichern, in seiner räumlichen Privatsphäre in Ruhe gelassen zu werde."

Geschäftsräume können nach Ansicht des Bundesverfassungsgerichts weitaus leichter betreten werden als nicht der Allgemeinheit zugängliche Wohnräume[563]. Deshalb ist problematisch, ob die soeben dargelegte Argumentation auf Wohnungen überhaupt übertragen werden kann.

Erkennt das BVerfG aber zu Recht an, dass Privaträume im Vergleich zu Geschäftsräumen stärkeren Schutz verdienen, erscheint es äußerst fragwürdig,

---

[560] BVerfGE 17, S. 232, 251 = JZ 1964, S. 418, 420.
[561] BVerfGE 17, S. 232,251 f.
[562] BVerfG 32, S. 75 f.
[563] BVerfGE 32, S. 54,75.

auch auf die besonders schutzwürdigen ***Wohnräume*** jene Argumentation zur Problematik aufsichtsbehördlicher Betretungsrechte zu übertragen.

II. Eigene Meinung unter Berücksichtigung der Neufassung von Art. 13 III bis VI GG

Wie bereits dargelegt, ist gemäß der neuen Fassung des Art. 13 IV GG die akustische Wohnraumüberwachung nicht mehr zur bloßen ***Verhütung*** dringender Gefahren zulässig. Statt dessen wird vorausgesetzt, dass eine ***Abwehr*** dringender Gefahren stattfindet. Wie der Gesetzesbegründung zu entnehmen ist, erlaubt Satz 1 des Art. 13 IV GG den vorbeugenden Lauschangriff generell nur noch zur Abwehr von Gefahren[564]. Dem Einsatz der Maßnahme zum Zwecke der bloßen Verhütung dringender Gefahren wird somit evident ein Ende bereitet. Insoweit hat der Gesetzgeber bei der Neufassung des Art. 13 IV GG seinen klaren Willen manifestiert, die Eingriffsschwelle anzuheben.

Dieser eindeutige Wille des Bundesgesetzgebers zeigt, dass auch der vorbeugende Große Lauschangriff nach den Polizeigesetzen der *Länder* nicht nur zur bloßen *Verhütung* einer dringenden Gefahr erlaubt sein darf.

Mit Art. 13 IV – und auch Art. 13 V – GG n.F. hat der ***Bund*** im Wege der Verfassungsänderung massiv in die ***Gesetzgebungskompetenz der Länder*** für das Polizeirecht eingegriffen und damit einen Kernbereich der Staatsgewalt der Länder (Art. 30, Art. 70 GG) angetastet. Zwar mag man zur Rechtfertigung dieser weiteren Einschränkung von Landeskompetenzen und mithin weiteren ***Schwächung des Bundesstaatsprinzips*** geltend machen, es gehe um genuines Bundesrecht, nämlich um Inhalt und Schranken des Art. 13 GG als Bundes-Verfassungsrecht. Indes könnte man mit dieser Argumentation die Gesetzgebungsbefugnisse der Länder für Polizeirecht weitgehend „aushebeln“; denn das Polizeirecht greift durch zahllose Vorschriften in Grundrechte nach dem GG ein, so dass man mit jener Rechtfertigung wesentliche Teile des Polizeirechts der Länder in den betroffenen Grundrechtsartikeln des GG regeln könnte. Daher verwundert es, dass Bundesrat und Länder die Neuregelung des Art. 13 IV – VI GG „geschluckt“ haben.

Jedoch können diese Bedenken hier nicht vertieft werden. Immerhin bleibt bei dieser erneuten Beschneidung der Domäne der Länder aus Art. 30, Art. 70 GG ein Unbehagen; denn das „Wuchern des Zentralismus“ ist eine beunruhigende Entwicklung, da Föderalismus auch ein Stück Freiheitssicherung darstellt.

Nach dem Sächsischen Polizeigesetz a.F. genügte für den Beginn einer verdeckten Datenerhebung in oder aus Wohnungen, dass jemand eine Straftat begehen

---

[564] Amtliche Gesetzesbegründung vom 1.10.1997, BT - Drucksache 13/8650, S. 5.

will. Diese Wahrscheinlichkeitsprüfung setzt, wie *Kutscha/Möritz*[565] zutreffend feststellen,

„...regelmäßig einen weitaus niedrigeren Wahrscheinlichkeitsgrad voraus, als er für die Annahme einer „dringenden Gefahr" erforderlich ist."

Zudem ist zu berücksichtigen, dass eine Wahrscheinlichkeitsprognose in diesem Sinne auf sehr „wackeligen Beinen" steht. Denn je früher im Rahmen der vorbeugenden Verbrechensbekämpfung versucht wird, eine Voraussage darüber zu treffen, ob eine *künftige* Straftat zu erwarten ist, um so „wackeliger" wird die Vermutung. Dazu betont *Wesslau* zutreffend:

„Es könnten noch so viele Anhaltspunkte dafür sprechen, eine Person plane und bereite eine Straftat vor. Es bleibe aber immer der Unsicherheitsfaktor dergestalt bestehen, dass die Kausalkette vor Begehung der Tat durch Fallenlassen des Entschlusses oder durch das Dazwischentreten unvorhergesehener Ereignisse unterbrochen werde."[566]

Somit ist festzuhalten, dass der vorbeugende Lauschangriff iSd. Sächsischen Polizeigesetzes a.F. in der Tat als unzulässig anzusehen war, weil hier das Erfordernis des Vorliegens einer dringenden Gefahr iSd. Art. 13 IV GG noch nicht erreicht wird.

C. Resümee

Daraus folgt aber nicht, dass die Verfasserin dieser Arbeit nun entgegen der oben vertretenen Meinung plötzlich der Auffassung ist, vorbeugende Verbrechensbekämpfungsmethoden seien *generell* unzulässig. Vielmehr ist speziell im Rahmen des vorbeugenden Großen Lauschangriffes im Sinne der Polizeigesetze der Länder zu beachten, dass durch diese verdeckte Ermittlungsmethode gerade der verfassungsrechtlich äußerst sensible Bereich der nicht allgemein zugänglichen Wohnung tangiert wird. Deshalb ist insoweit der Ansicht zu folgen, dass der vorbeugende Lauschangriff nur dann zulässig sein kann, wenn er zur Abwehr einer gegenwärtigen Gefahr eingesetzt wird.

---

[565] Kutscha/Möritz, StV 1998, S. 568.
[566] Wesslau, Vorfeldermittlungen, S. 307.

Sechster Hauptteil: Schleierfahndung

§ 16 Die sogenannte Schleierfahndung

Ein weiteres legales Mittel der vorbeugenden Verbrechensbekämpfung könnte die sogenannte Schleierfahndung darstellen. Die Schleierfahndung ist eine ***verdachts-*** bzw. ***anlassunabhängige Personenkontrolle*** und stellt für die Polizei der Länder ein neuartiges Fahndungsinstrument dar. Die Polizei soll danach die Möglichkeit haben, unabhängig von einem *besonderen Anlass wie **Gefahrenabwehr** oder **Strafverfolgung*** in einem besonderen Fall die Identität eines jeden Bürgers zu einer beliebigen Zeit festzustellen[567].

Beckstein und *Kanther* führten in der Süddeutschen Zeitung vom 19.07.1997 auf Seite 2 dazu aus:

„Wegen der neuen Grenzsituation brauche man nicht mehr einzelne Punkte der Gegenwehr, sondern einen „Grenzsicherheitsschleier". Die Beamten der Grenzpolizei hätten eine gewisse Erfahrung, wo eine Kontrolle Sinn mache."

In den vergangenen Jahren wurden in einer Reihe von Landespolizeigesetzen Regelungen bezüglich einer sogenannten Schleierfahndung geschaffen oder zumindest vorgesehen. Angeknüpft wurde dabei an § 2 II Nr. 3 BGSG, der bestimmt:

„Der Grenzschutz umfasst...
3. im Grenzgebiet bis zu einer Tiefe von dreißig Kilometern die Abwehr von Gefahren, die die Sicherheit der Grenzen beeinträchtigen."

Darauf aufbauend wurde in Polizeigesetzen der Länder, beispielsweise in Bayern gemäß Art. 13 I Nr. 5 PAG, die sogenannte Schleierfahndung geregelt.
Art. 13 I Nr. 5 PAG Bayern lautet:

„Die Polizei kann die Identität einer Person feststellen im Grenzgebiet bis zu einer Tiefe von 30 km sowie auf Durchgangsstraßen (Bundesautobahnen, Europastraßen und andere Straßen von erheblicher Bedeutung für den grenzüberschreitenden Verkehr) und in öffentlichen Einrichtungen des internationalen Verkehrs zur Verhütung oder Unterbindung der unerlaubten Überschreitung der Landesgrenze oder des unerlaubten Aufenthaltes und zur Bekämpfung der grenzüberschreitenden Kriminalität."

Diese Fassung des Art. 13 I Nr. 5 PAG Bayern ist am 01.01.1995 in Kraft getreten und stellt eine Anpassung an § 23 I Nr. 3 BGSG in der Fassung des Bundes-

---

[567] Stephan, DVBl 1998, S. 81, 113.

grenzschutzneuregelungsgesetzes vom 19.10.1994[568] dar. § 23 I Nr. 3 BGSG gestattet dem Bundesgrenzschutz Identitätsfeststellungen zur Verhinderung oder Unterbindung unerlaubter Einreise in das Bundesgebiet im Grenzgebiet bis zu einer Tiefe von 30 km. Dem entspricht die in Art. 13 I Nr. 5 PAG Bayern enthaltene Befugnis zur Identitätskontrolle *„zur Verhütung oder Unterbindung der unerlaubten Überschreitung der Landesgrenze"(* sog. klassische Grenzkontrolle).

Auch ohne das Vorliegen einer konkreten Gefahr

- so wird zur Rechtfertigung solcher Normierungen geltend gemacht -

erfordere der Konflikt zwischen der Staatsaufgabe der inneren Sicherheit und der Gewährleistung der individuellen Freiheit des Einzelnen diese verstärkten Polizeikontrollen[569]. Bezweckt wird mit dieser Maßnahme der Schutz der Allgemeinheit vor internationaler Kriminalität, bspw. vor Kfz-Verschiebung, Rauschgifthandel, organisierter Bandendiebstahl oder auch Menschenhandel[570].

A. Urteil des Landesverfassungsgerichts Mecklenburg- Vorpommern vom 21.10.1999 betreffend die Schleierfahndung

Dieses erste verfassungsgerichtliche Urteil zur Schleierfahndung wird im Folgenden zunächst näher *analysiert* und anschließend einer *kritischen Überprüfung* unterzogen.

Am 21.10.1999 entschied das Landesverfassungsgericht Mecklenburg-Vorpommern über die Verfassungsmäßigkeit der Schleierfahndung[571]. Hierbei wurde eine strikte Differenzierung zwischen der Zulässigkeit einer Schleierfahndung auf *Durchgangsstraßen* einerseits und in *Grenzgebieten bis zu einer Tiefe von 30 Kilometern* andererseits vorgenommen. Das LVerfG hat dazu folgende Leitsätze formuliert[572]:

*„1. Die Länder haben nach Art. 70 GG die Gesetzgebungskompetenz für eine Regelung, die der Polizei die Befugnis einräumt, zur Unterbindung des unerlaubten Aufenthalts und zur **vorbeugenden**[573] Bekämpfung von Straftaten der grenzüberschreitenden Kriminalität die Identität von Personen festzustellen.*

---

[568] BGBl I S. 2978; W. Schreiber, NVwZ 1995, S. 521 ff. zur Neuregelung der Aufgaben und Befugnisse des BGS.
[569] Honnacker/Beinhofer, Polizeiaufgabengesetz, Art. 13 (S. 136).
[570] Honnacker/Beinhofer, Polizeiaufgabengesetz, Art. 13 (S. 137).
[571] Endurteil vom 21.10.1999 - LVerfG 2/98.
[572] Endurteil, aaO., S. 1 ff.
[573] Hervorhebung von Verfasserin.

2. Das aus Art. 2 I GG folgende Recht eines jeden zu eigenem selbstbestimmten Verhalten schließt die beliebige Vereinnahmung zu staatlicher Zweckverfolgung aus.

3. Für die polizeiliche Befugnis, jedermann ohne weiteres auf Durchgangsstraßen außerhalb des Grenzgebietes einer Identitätsfeststellung zur Unterbindung des unerlaubten Aufenthalts oder zur Bekämpfung von Straftaten der grenzüberschreitenden Kriminalität zu unterziehen, und für die korrespondierende Pflicht des Einzelnen, seine Identität zu offenbaren, fehlt der verfassungsrechtlich notwendige Zurechnungszusammenhang zwischen dem Verhalten des Einzelnen und einer Gefährdung eines zu schützenden Rechtsguts.

4. Es ist verfassungswidrig, der Polizei eine Befugnis für die Identitätsfeststellung auf Durchgangsstraßen zur vorbeugenden Bekämpfung jeder grenzüberschreitenden Kriminalität zu geben. Hingegen darf eine solche Befugnis zur vorbeugenden Bekämpfung von Straftaten der grenzüberschreitenden organisierten Kriminalität eingeräumt werden. Dabei muss der Gesetzgeber einen spezifisch auf die organisierte Kriminalität zugeschnittenen Straftatenkatalog aufstellen.

5. Der Gesetzgeber ist gehalten, in der Norm, die zur Identitätsfeststellung ermächtigt, Eingriffsschwellen festzulegen, etwa indem er auf Lageerkenntnisse und polizeiliche Erfahrung abstellt. Für die Feststellung der allgemeinen Gefährdungslage sind Vorkehrungen des Verfahrens und der Organisation geboten.

6. Eingriffsschwellen müssen auch für die Einzeleingriffe (Folgeeingriffe) zur Feststellung der Identität festgelegt sein.

7. Grenzgebiete bis zu einer Tiefe von 30 Kilometern, öffentliche Einrichtungen des internationalen Verkehrs und das Küstenmeer sind durch die Nähe zu Grenzübertritten definiert. Es ist nicht zu beanstanden, dass ohne gesetzlich festgelegte Eingriffsschwellen die Polizei befugt ist, dort zur Unterbindung des unerlaubten Aufenthalts oder zur vorbeugenden Bekämpfung jeglicher Art von Straftaten der grenzüberschreitenden Kriminalität jemanden anzuhalten und von ihm zu verlangen, Angaben zu seiner Person zu machen sowie mitgeführte Ausweispapiere auszuhändigen. Für darüber hinausgehende Maßnahmen fehlt gegenwärtig eine hinreichende gesetzliche Grundlage.

8. Für die Verarbeitung und Nutzung der bei einer Identitätsfeststellung zur Unterbindung des unerlaubten Aufenthalts oder zur vorbeugenden Bekämpfung der grenzüberschreitenden Kriminalität gewonnenen personenbezogenen Daten müssen bereichsspezifische gesetzliche Regelungen geschaffen werden.

9. Ist ein Gesetz verfassungswidrig, so hat in Mecklenburg-Vorpommern das Landesverfassungsgericht dessen Nichtigkeit festzustellen. Die bloße Feststellung der Unvereinbarkeit mit der Landesverfassung kann nur in Betracht kommen, wenn dies aus überragenden Gründen des Gemeinwohls unerlässlich ist. Das ist vorliegend nicht der Fall."

I. Grenzgebiete bis zu einer Tiefe von 30 Kilometern

In seinem Urteil vom 21.10.1999 stellt das Landesverfassungsgericht Mecklenburg-Vorpommern fest, dass Grenzgebiete bis zu einer Tiefe von 30 Kilometern, öffentliche Einrichtungen des internationalen Verkehrs und das Küstenmeer durch die Gemeinsamkeit gekennzeichnet sind, dass eine Nähe zu Grenzübertritten besteht[574]. Darüber hinaus wird vom Gericht festgestellt:

*„...Es ist nicht zu beanstanden, dass ohne gesetzlich festgelegte Eingriffsschwellen die Polizei befugt ist, dort...**zur vorbeugenden Bekämpfung**[575] jeglicher Art von Straftaten der grenzüberschreitenden Kriminalität jemanden anzuhalten und von ihm zu verlangen, Angaben zu seiner Person zu machen sowie mitgeführte Ausweispapiere auszuhändigen..."*[576]

Der Polizei der Länder steht nach diesem Urteil das Recht zu, in jenen Gebieten eine Offenbarung der Identität zu verlangen. Diese grenznahen Örtlichkeiten verkörpern nach Auffassung des Landesverfassungsgerichtes eine örtliche Sondersituation, die mit derjenigen an gefährlichen und gefährdeten Orten vergleichbar ist[577]. Nach Auffassung der Richter steht dem Landesgesetzgeber in diesen Fällen die Einschätzungsprärogative dahingehend zu eine Wertung darüber zu treffen, ob es in besonderem Maße geboten sei, die vorbeugende grenzüberschreitende Kriminalität zu bekämpfen[578]. Die ausdrückliche Festlegung einer Eingriffsschwelle ist dabei nicht erforderlich, da das Handeln der Polizei durch die

„...gesetzliche Zweckbestimmung, den polizeilichen Grundsatz der Verhältnismäßigkeit (§ 15 SOG M-V) sowie durch Ausübung des Ermessens nach sachlichen Gesichtspunkten (§ 14 I SOG M-V) gesteuert wird."[579]

Eine Eingriffsschwelle, welche sich in ihrer Formulierung an § 2 II Nr. 3 BGSG orientieren könnte, ist somit nicht notwendig.

---

[574]Endurteil vom 21.10.1999, Leitsatz.
[575]Hervorhebung von Verfasserin.
[576]Endurteil aaO, Leitsatz.
[577]Endurteil aaO, S. 38.
[578]Endurteil aaO, S. 38.
[579]Endurteil aaO, S. 39.

Außerdem ist es nach Auffassung der Richter auch nicht zu beanstanden, dass in grenznahen Gebieten die Identitätsfeststellung zur vorbeugenden Bekämpfung *jeglicher* Art von grenzüberschreitenden Straftaten gestattet ist[580].

Zusammenfassend ist festzustellen, dass nach dem Urteil des Landesverfassungsgerichts die Schleierfahndung in Grenzgebieten zum Zwecke der vorbeugenden Verbrechensbekämpfung materiell verfassungsmäßig ist. Allerdings darf die Polizei der Länder Personen nur anhalten und ihre Identität feststellen. Darüber hinausgehende Befugnisse sind nach den Maßnahmen der Schleierfahndung nicht möglich. Denn eine Identitätsfeststellung an Örtlichkeiten, die durch ihre Grenznähe gekennzeichnet sind, hat Ausnahmecharakter, da die Personenkontrolle im Vergleich zu *„normalen"* polizeilichen Maßnahmen durch einen weitaus größeren räumlichen Bereich als bei gefährlichen oder gefährdeten Orten gekennzeichnet ist.

Beabsichtigt die Polizei der Länder aber, über den Gesetzeszweck der Schleierfahndung zum Zwecke der vorbeugenden Verbrechensbekämpfung hinaus Maßnahmen zu treffen, so steht ihr natürlich die Möglichkeit zu, ihr Handeln auf die üblichen Befugnisse der in den Landespolizeigesetzen geregelten Maßnahmen zu stützen.

II. Durchgangsstraßen außerhalb des Grenzgebietes

Auf Durchgangsstraßen *außerhalb* des Grenzgebietes ist jedoch nach Ansicht des Landesverfassungsgerichtes Mecklenburg-Vorpommern die Schleierfahndung zum Zwecke der vorbeugenden Verbrechensbekämpfung ***verfassungswidrig***, da mit Hilfe dieser Maßnahmen ***jede grenzüberschreitende Kriminalität*** bekämpft werden soll[581]. Hierzu wird ausgeführt:

„Es ist mit dem Grundrecht auf informationelle Selbstbestimmung nicht vereinbar, dass § 29 I S. 2 Nr. 5 SOG M-V für jedermann schon deshalb, weil er sich auf einer mehr als 30 km von der Grenze entfernten Durchgangsstraße befindet, die - mit Zwang durchsetzbare - Pflicht statuiert, der Polizei zur ...vorbeugenden Bekämpfung von Straftaten der grenzüberschreitenden Kriminalität seine Identität zu offenbaren."[582]

[580]Endurteil aaO, S. 39.
[581]Endurteil vom 21.10.1999 - LVerfG 2/98, Leitsätze.
[582]Endurteil vom 21.10.1999 - LVerfG 2/98, S. 21 f.

§ 29 I SOG M-V in der Fassung vom 25.03.1998 (GVOBl. M-V S. 335) lautete[583]:

„Die Identität einer Person darf zur Abwehr einer im einzelnen Falle bevorstehenden Gefahr festgestellt werden. Darüber hinaus dürfen Polizeivollzugsbeamte die Identität einer Person feststellen,

1. wenn sie sich an einem Ort aufhält,
a) für den tatsächliche Anhaltspunkte bestehen, dass
aa) dort Personen Straftaten verabreden, vorbereiten oder verüben,
bb) sich dort gesuchte Straftäter verbergen,
cc) sich dort Personen treffen, die gegen aufenthaltsrechtliche Vorschriften verstoßen,
dd) dort Personen dem unerlaubten Glücksspiel nachgehen oder
b) an dem Personen der Prostitution nachgehen,
2. wenn sie sich in einer Verkehrs- oder Versorgungsanlage oder -einrichtung, einem öffentlichen Verkehrsmittel, Amtsgebäude oder in deren unmittelbarer Nähe aufhält und tatsächliche Anhaltspunkte die Annahme rechtfertigen, dass in oder an diesem Objekt Straftaten begangen werden sollen, durch die Personen oder diese Objekte gefährdet sind,
3. wenn sie sich in einem gefährdeten Objekt oder in dessen unmittelbarer Nähe aufhält und die zuständige Polizeibehörde für dieses Objekt besondere Schutzmaßnahmen angeordnet hat,
4. an einer Kontrollstelle, die von der Polizei eingerichtet worden ist, um folgende Straftaten zu verhüten, für deren Begehung tatsächliche Anhaltspunkte bestehen:
a) die in § 129 a des Strafgesetzbuch genannten Straftaten
b) eine Straftat nach § 250 I Nr. 1 oder 2 des Strafgesetzbuches
c) eine Straftat nach § 255 des Strafgesetzbuches in der Begehungsform nach § 250 I Nr. 1 oder 2 des Strafgesetzbuches oder
d) eine Straftat nach § 27 des Versammlungsgesetzes oder
5. zur Unterbindung des unerlaubten Aufenthaltes und zur vorbeugenden Bekämpfung von Straftaten der grenzüberschreitenden Kriminalität im Grenzgebiet bis zu einer Tiefe von 30 Kilometern sowie auf Durchgangsstraßen (Bundesautobahnen, Europastraßen und andere Straßen von erheblicher Bedeutung für den grenzüberschreitenden Verkehr), in öffentlichen Einrichtungen des internationalen Verkehrs und im Küstenmeer[584].“

[583] abgedruckt im Endurteil aaO., S. 4 f.
[584] Hervorhebung von Verfasserin.

Prüfungsmaßstab für die Beurteilung der Frage, ob diese Maßnahme verfassungswidrig sei, war für das Gericht somit das ***Grundrecht auf informationelle Selbstbestimmung iSd. Art. 2 I iVm. Art. 1 I GG***. Denn nach Auffassung des Landesverfassungsgerichts Mecklenburg-Vorpommern müsse genau differenziert werden, auf welche Personen außerhalb des Grenzgebietes sich die Maßnahmen erstrecken dürfen. Es dürfe nicht ***gegen jeden***, nur weil er sich auf einer Durchgangsstraße außerhalb des Grenzgebietes aufhalte, mit den Mitteln der Schleierfahndung zum Zwecke der vorbeugenden Verbrechensbekämpfung vorgegangen werden[585]. Weil dieses Prinzip bei der Schleierfahndung zur vorbeugenden Verbrechensbekämpfung auf Durchgangsstraßen außerhalb des Grenzgebietes nicht gewahrt werde, sei das Grundrecht auf informationelle Selbstbestimmung verletzt.

Darüber hinaus wird nach Ansicht des Gerichts auch der ***Grundsatz der Verhältnismäßigkeit***, der in Art. 4, 5 III Landesverfassung Mecklenburg-Vorpommern und Art. 20 III und 28 I S. 1 GG verankert ist, nicht gewahrt.

Nach diesem, vom *BVerfG* aus dem Rechtsstaatsprinzip (Art. 20 III, Art. 28 I GG) und dem „Wesen der Grundrechte selbst" hergeleiteten Verfassungsgrundsatz[586] müssen Eingriffsermächtigungen mittels einer umfassenden Abwägung des Beziehungsgeflechts von Zweck und Mittel des Gesetzes und Einschränkung des Grundrechts untersucht werden.

Bei Regelungen, die das Grundrecht auf informationelle Selbstbestimmung iSd. Art. 2 I iVm. Art. 1 I GG einschränken können, sind nach Ansicht des LVerfG die in die erforderliche Abwägung einzubringenden Kriterien auf der grundrechtlichen Seite:

„...die Gestaltung der Einschreitschwellen, die Zahl der Betroffenen und die Intensität der Beeinträchtigungen."[587]

Auf Seiten der Gemeinwohlinteressen ist das Gewicht der verfolgten Belange zu beachten[588]. Im Rahmen der Gemeinwohlinteressen muss das Gewicht der verfolgten Belange berücksichtigt werden, und zwar abhängig von dem Grad der drohenden Gefahr und der Wahrscheinlichkeit ihres tatsächlichen Eintrittes[589].

---

585 Endurteil aaO, S. 24.
586 BVerfGE 19, S. 342, 348.
587 Endurteil vom 21.10.1999 - LVerfG 2/98, S. 23 f.
588 BVerfG, Urteil vom 14.07.1999, S. 87 f. = EuGRZ 1999, S. 389, 407.
589 Endurteil aaO, S. 24 unter Bezugnahme auf BVerfG, Urteil vom 14.07.1999, S. 87 f. = EuGRZ 1999, S. 389, 407.

Ein Verstoß gegen den Verhältnismäßigkeitsgrundsatz liegt nach Auffassung des LVerfG darin, dass die Polizei der Länder aufgrund der durchgeführten Identitätsfeststellung auch unmittelbar die Befugnis erlangen kann, Zwangseingriffe durchzuführen und die erlangten Daten zu verwenden[590].

Darüber hinaus kann jede Person schon allein deswegen, weil sie sich auf einer Durchgangsstraße außerhalb des Grenzgebietes aufhält, auf ihre Identität hin überprüft werden, ohne dass ein Vorwurf in Bezug auf ein strafunwürdiges Verhalten erhoben werden könnte oder die Abwehr einer konkreten Gefahr erforderlich ist.

Selbst durch eigenes Verhalten

- außer durch die absurde Verhaltensweise, Durchgangsstraßen außerhalb des Grenzgebietes zu meiden -

kann diese ereignis- und verdachtsunabhängige Statuierung einer Pflicht nicht umgangen werden[591].

Zudem ist nach Ansicht des LVerfG auch das ***rechtsstaatliche Bestimmtheitserfordernis*** nicht beachtet worden. Dieses aus dem Rechtsstaatsprinzip gemäß Art. 20 GG entwickelte Gebot rechtsstaatlicher Klarheit und Bestimmtheit von Gesetzen fordert, dass der einzelne Bürger in vorhersehbarer und berechenbarer Weise zu erkennen in der Lage ist, welche Auswirkungen eine gesetzliche Regelung für ihn hat[592]. Die gesetzliche Regelung der vorbeugenden Schleierfahndung nennt nun gerade nicht die konkreten Gefahrenlagen oder spezifische Straftatbestände und Begehungsformen. Deshalb ist der Zweck dieser Maßnahmen für den Betroffenen nicht hinreichend präzise und klar dargelegt. Somit liegt ein Verstoß gegen das rechtsstaatliche Bestimmtheitserfordernis vor.

Abschließend kann festgestellt werden, dass eine Identitätsfeststellung auf Durchgangsstraßen außerhalb des Grenzgebietes zur vorbeugenden Verbrechensbekämpfung nach Auffassung des Landesverfassungsgerichts Mecklenburg-Vorpommern materiell v*erfassungswidrig* ist.

---

[590]Endurteil vom 21.10.1999 - LVerfG 2/98, S. 24.
[591]Endurteil aaO, S. 24.
[592]vgl. dazu auch Rosenbaum Jura 1988, S. 178, 183; BVerfG Urteil vom 14.07.1999, S. 389 = EuGRZ 1999, S. 389, 406.

III. Gesetzgebungskompetenz der Länder?

Im Folgenden sei die Auffassung des Landesverfassungsgerichts Mecklenburg-Vorpommern zur Frage der Gesetzgebungskompetenz des Landes hinsichtlich der Schleierfahndung zum Zwecke der vorbeugenden Verbrechensbekämpfung dargelegt.

1. Art. 73 I Nr. 1 GG, Art. 73 Nr. 5 GG

Zunächst wird vom Landesverfassungsgericht Mecklenburg-Vorpommern ausgeführt, dass die Regelung bzgl. der Schleierfahndung weder in den Regelungsbereich des Art. 74 I Nr. 1 GG (gerichtliches Verfahren) noch unter Art. 73 Nr. 5 GG (Zoll- und Grenzschutz) fällt[593]:

„...*Die Regelung ist nicht deshalb ausgeschlossen, weil sie dem gerichtlichen Verfahren im Sinne von Art. 74 I Nr. 1 GG, für das der Bund von seiner Zuständigkeit zur konkurrierenden Gesetzgebung Gebrauch gemacht hat, zuzurechnen wäre.*
Der Tatbestand des <<gerichtlichen Verfahrens>> wird in der Rechtsprechung (BVerfG 30, 1, 29) und Literatur (Degenhart, in Sachs, GG, Art. 74 Rn. 21; Maunz in Maunz/Dürig/Herzog/Scholz, GG, Art. 74 Rn. 82) weit verstanden: Erfasst werden die polizeilichen Aktivitäten, die ausgelöst werden, wenn tatsächliche Anhaltspunkte für den Verdacht bestehen, dass bestimmte strafbare Handlungen geplant oder begangen werden oder begangen worden sind. Die konkurrierende Gesetzgebung erfasst die repressive Polizeitätigkeit, also diejenige, welche in Reaktion auf den Verdacht der Beteiligung einer Person an einer geschehenen oder unmittelbar bevorstehenden strafbaren Handlung vorgenommen wird.
Im übrigen verbleibt es gemäß Art. 70 GG bei der grundsätzlichen Gesetzgebungskompetenz der Länder, soweit polizeiliche Maßnahmen gesetzlich geregelt werden, die nicht den Zweck haben, ein konkretes strafgerichtliches Verfahren in Gang zu setzen oder sonst wie zu unterstützen. Bei diesen polizeilichen Aktivitäten handelt es sich um allgemeine Präventivmaßnahmen zur Verhinderung von Straftaten, denen der für eine Bundesgesetzgebungskompetenz erforderliche Bezug zu einem gerichtlichen Verfahren fehlt... “[594]

Diese Ansicht ist m.E. zutreffend. Bereits oben ist dargelegt worden, dass die vorbeugende Verbrechensbekämpfung in ihren beiden Spielarten nicht zum gerichtlichen Verfahren iSd. Art 74 I Nr. 1 GG gerechnet werden kann. Als Bestätigung für diese Auffassung kann die Meinung des Landesverfassungsgerichtshofes herangezogen werden, wonach der Auftrag, Straftaten zu verhüten und für

[593]Endurteil aaO, S. 15.
[594]Endurteil aaO., S. 15.

die Verfolgung künftiger Straftaten vorzusorgen (vorbeugende Verbrechensbekämpfung), nicht außerhalb der Gesetzgebungszuständigkeit des Landes liege. In diesem Zusammenhang wird in der Entscheidung folgendes ausgeführt:

„...*Der Polizei werden Aufgaben im Vorfeld der repressiven Tätigkeit zugewiesen, die keinen Bezug zu einer konkreten Straftat haben. Die Vollzugspolizei soll entweder Straftaten von vornherein verhüten oder eine künftige mit der konkreten polizeilichen Aktion noch nicht verbundene Strafverfolgung erleichtern.*“[595]

Somit kann grundsätzlich festgehalten werden, dass auch die Entscheidung des Verfassungsgerichtshofes Mecklenburg-Vorpommern das oben erarbeitete Ergebnis, dass den Ländern die Gesetzgebungskompetenz auf dem Gebiet der vorbeugenden Verbrechensbekämpfung zusteht, bestätigt.

2. Bundesgesetzgebungskompetenz wegen vergleichbarer Befugnisse des Bundesgrenzschutzes?

Der Verfassungsgerichtshof befasste sich auch mit der Frage, ob eine Bundesgesetzgebungskompetenz für die Schleierfahndung im Sinne des § 29 I S. 2 Nr. 5 SOG M-V besteht, welche die aus Art. 70 GG resultierende Gesetzgebungskompetenz des Landes verdrängen könnte.

Zwar findet sich in § 2 II Nr. 3 BGSG folgende Regelung:

„...*Der Grenzschutz umfasst*

1. *im Grenzgebiet bis zu einer Tiefe von dreißig Kilometern die Abwehr von Gefahren, die die Sicherheit der Grenzen beeinträchtigen.*“

In diesem Grenzgebiet gestattet das BGSG, wie bereits erwähnt, dem Bundesgrenzschutz Identitätsfeststellungen.

Allerdings stellt das LVerfG zutreffend fest, der Gesetzgebungsbefugnis des Landes stehe nicht entgegen, dass für gleiche Sachverhalte Befugnisse des Bundesgrenzschutzes und der Polizei der Länder nebeneinander existieren[596].

Begründet wird dies damit, dass Vorschriften, welche den Bundesgrenzschutz auch zu Maßnahmen diesseits der Grenzen ermächtigen, nicht eine den Ländern zustehende Gesetzgebungskompetenz verdrängen. Unter Bezugnahme auf BVerfGE 97, 198 (217)[597] legt das LVerfG dar, dass der Bundesgrenzschutz als

[595]Endurteil vom 21.10.1999 - LVerfG 2/98, S. 16.
[596]Endurteil, aaO., S. 17.
[597]BVerfGE 97, S. 198, 217 = NVwZ 1998, S. 495, 497.

Bundespolizei lediglich ein Ausnahmefall sei, was zur Folge hat, dass nicht das Land, sondern vielmehr der Bund eine besondere Befugnis benötigt, um dem Bundesgrenzschutz auch das Handeln im Landesinneren zu ermöglichen[598].

Eine Bundesgesetzgebungskompetenz wegen vergleichbarer Befugnisse des Bundesgrenzschutzes ist deshalb zu verneinen.

3. Bedeutung des Schengener Durchführungsübereinkommens (SDÜ) zur Aufrechterhaltung der öffentlichen Sicherheit für die Schleierfahndung

Fraglich könnte weiterhin sein, ob das Übereinkommen vom 19.06.1990 zur Durchführung des Übereinkommens von Schengen vom 14.06.1985 zwischen den Regierungen der Staaten der Benelux- Wirtschaftsunion, der Bundesrepublik Deutschland und der Französischen Republik betreffend den schrittweisen Abbau der Kontrollen an den gemeinsamen Grenzen[599] einer den Ländern zustehenden Gesetzgebungskompetenz entgegenstehen könnte. Das Landesverfassungsgericht hat sich mit dieser Problematik aber nicht näher beschäftigt, da hierfür aufgrund der Klage kein Anlass bestand. In seinem Urteil wird nur kurz darauf hingewiesen, dass das SDÜ seinen Vertragsstaaten keine Zuständigkeitskompetenzen auf dem Gebiet des allgemeinen Sicherheits- und Ordnungsrechts entzieht. Denn aus Art. 2 III SDÜ folgt, dass es weiterhin in den Zuständigkeitsbereich der nach nationalem Recht zuständigen Behörden fällt, die Aufgaben der Polizei und die Vorschriften über die Verpflichtungen über den Besitz, das Mitführen und das Vorzeigen von Urkunden und Bescheinigungen selbst zu regeln. Art. 2 III SDÜ lautet:

„ Die Anwendung von Art. 22 und die Ausübung der Polizeibefugnisse durch die nach Maßgabe des nationalen Rechts zuständigen Behörden einer Vertragspartei in dem gesamten Hoheitsgebiet dieser Vertragspartei sowie die im Recht dieser Vertragspartei vorgesehenen Verpflichtungen über den Besitz, das Mitführen und das Vorzeigen von Urkunden und Bescheinigungen bleiben von der Abschaffung der Personenkontrollen an den Binnengrenzen unberührt. “

4. Resümee

Es kann festgestellt werden, dass eine verdachts- und anlassunabhängige Identitätsfeststellung innerhalb eines 30 Kilometer breiten Streifens entlang der Grenze zur vorbeugenden Verbrechensbekämpfung gemäß dem Urteil des Landesverfassungsgerichtshofes verfassungsmäßig ist. Insbesondere steht den Ländern

[598]Endurteil vom 21.10.1999 - LVerfG 2/98, S. 17.
[599]Endurteil vom 21.10.1999 - LVerfG 2/98, S. 17.

hierfür nach Auffassung der Richter auch die Gesetzgebungskompetenz auf diesem Gebiet zu.

B. Eigene verfassungsrechtliche Überprüfung der Schleierfahndung zum Zwecke der vorbeugenden Verbrechensbekämpfung

Im Folgenden ist zu untersuchen, ob der soeben dargestellten Argumentation des Landesverfassungsgerichtes Mecklenburg- Vorpommern gefolgt werden kann. Die Schleierfahndung zum Zwecke der vorbeugenden Verbrechensbekämpfung ist dabei anhand der einschlägigen verfassungsrechtlichen Maßstäbe zu überprüfen.

Der wichtigste Grund für Zweifel daran, ob die Schleierfahndung zum Zwecke der vorbeugenden Verbrechensbekämpfung verfassungsmäßig sei, ist das bereits erwähnte Grundrecht **auf *informationelle Selbstbestimmung iSd. Art. 2 I iVm. Art. 1 I GG*.** Denn dieses Grundrecht ist betroffen, wenn es um die Verwendung der gewonnenen Daten geht. Daneben sind noch folgende Grundrechte relevant:

- Die durch *Art. 2 I GG gewährleistete freie Entfaltung der Persönlichkeit.* Sie kann beeinträchtigt werden durch das Anhalten (§ 29 III S. 1 SOG M-V, die Identitätsfeststellung und Aushändigung der Ausweispapiere (§ 29 II S. 2 aaO.), die Durchsuchung von Personen und ihren Sachen (§ 29 III S. 3 aaO.) und die Anordnung und Durchführung erkennungsdienstlicher Maßnahmen (§ 31 I und II SOG M-V).
- Der auf *Art. 2 II S. 2 und 3 GG und Art. 104 GG* beruhende Schutz vor Freiheitsentziehung; dieses Grundrecht kann durch das Festhalten einer Person und das Verbringen zur Dienststelle (§ 29 III und IV SOG M-V) beeinträchtigt werden[600].

Zunächst ist auf das Grundrecht auf informationelle Selbstbestimmung aus Art. 2 I GG iVm. Art. 1 I GG und seine Auswirkungen auf die Frage nach der Verfassungsmäßigkeit der Schleierfahndung zur vorbeugenden Verbrechensbekämpfung einzugehen.

Dass dieses Grundrecht auch in der Landesverfassung Mecklenburg-Vorpommern verankert ist, und zwar in Art. 6 I LVerf, ist grundsätzlich ohne Bedeutung. Art. 6 I LVerf lautet:

„Jeder hat das Recht auf Schutz seiner personenbezogenen Daten. Dieses Recht findet seine Grenzen in den Rechten Dritter und in den überwiegenden Interessen der Allgemeinheit.“

---

[600]vgl. auch Endurteil aaO., S. 18 f.

Denn an anderer Stelle wurde in dieser Arbeit bereits darauf hingewiesen, dass Bundesgrundrechte nicht notwendig den Ausschluss der Geltung von Landesverfassungsrecht zur Folge haben. Dies folgt aus Art. 142 GG , der besagt, dass ungeachtet der Vorschrift des Art. 31 GG[601] Bestimmungen in den Landesverfassungen auch insoweit in Kraft bleiben, als sie in Übereinstimmung mit den Artikeln 1 bis 18 dieses Grundgesetzes Grundrechte gewährleisten.

I. Verstoß gegen das Grundrecht auf informationelle Selbstbestimmung / Historischer Überblick über das Grundrecht auf informationelle Selbstbestimmung

Zunächst wird das Grundrecht auf informationelle Selbstbestimmung im historischen Überblick dargestellt. Diese Darstellung erfolgt noch abstrakt, d.h. ohne konkreten Bezug zu der Schleierfahndung zum Zwecke der vorbeugenden Verbrechensbekämpfung. Im Anschluss an diesen Überblick wird untersucht werden, welche Bedeutung das Grundrecht auf informationelle Selbstbestimmung für die Verfassungsmäßigkeit der Schleierfahndung haben könnte.

1. Rechtslage *vor* dem Volkszählungsurteil des Bundesverfassungsgerichtes im historischen Überblick

Grundlegend wurde der Begriff eines Rechtes auf *informationelle Selbstbestimmung* zum ersten Mal in einem Gutachten im Zuge der Arbeiten an einem Bundesdatenschutzgesetz bei *Steinmüller* und *anderen Autoren* behandelt[602]. In dieser Stellungnahme wird dargelegt, dass auf Art. 2 I GG zurückzugreifen sei, wenn es um den Schutz vor der Verarbeitung von Daten gehe, da die speziellen Freiheitsgrundrechte nur einen begrenzten Schutz in derartigen Situationen böten[603]. Dazu wird der Gedanke herausgearbeitet, dass die Handlungsfreiheit unter dem Einfluss der auf den Handelnden wirkenden Beurteilung seines früheren Verhaltens seitens seiner Umwelt stehe[604]. Weil dieses Urteil der Umwelt aber immer abhängig von den jeweiligen Informationen über den Betroffenen in der Gesellschaft sei, müsse dem Betroffenen im Gegenzug das Recht zugestanden werden, den Umfang der über ihn zu erlangenden personenbezogenen Informationen selbst zu bestimmen[605]. Mit anderen Worten:

---

[601] Art. 31 GG lautet: Bundesrecht bricht Landesrecht.

[602] Steinmüller, W./ Lutterbeck, B./Mallmann, C./Harbort, U./Kolb, G./Schneider, J.: Grundfragen des Datenschutzes - Gutachten im Auftrag des Bundesministeriums, DuD 1984, S. 91 ff. Gutachten, S. 93.

[603] Steinmüller u.a., Gutachten, S. 84.

[604] Steinmüller u.a., Gutachten, S. 84, 88.

[605] Steinmüller u.a., Gutachten, S. 88.

Dem Betroffenen darf die Dispositionsbefugnis über seine Daten nicht entzogen werden. Er soll aus diesem Grunde das durch Art. 2 I GG garantierte Recht haben, den Umfang der Daten, die über ihn nach außen verbreitet werden, selbst zu bestimmen[606].

Nur auf der Grundlage der in Art. 2 I GG enthaltenen Schrankentrias

- Rechte anderer, die verfassungsmäßige Ordnung oder das Sittengesetz -

sollen nach Auffassung von *Steinmüller* Einschränkungen möglich sein. Unter der verfassungsmäßigen Ordnung ist dabei die gesamte mit der Verfassung im Einklang stehende Rechtsordnung zu verstehen, d.h. alle Normen, die formell und materiell mit der Verfassung übereinstimmen. Zu den Normen zählen hierbei auch Satzungen und das Gewohnheitsrecht[607]. Was unter dem Begriff „Rechte anderer" zu verstehen sei, ist umstritten:

Vereinzelt wird die Auffassung vertreten, dieser Schranke komme keinerlei eigenständige Bedeutung zu, weil die Rechte anderer bereits in dem Begriff „verfassungsmäßige Ordnung" enthalten seien[608].

Andererseits wird von einigen Autoren die Meinung vertreten, die Schranke „Rechte anderer" habe grundsätzlich eine eigene Bedeutung. Einschränkend wird aber dargelegt, dass nicht jedes beliebige Interesse geschützt werde. Vielmehr würden nur die nach der Gesamtentscheidung des Grundgesetzes schutzwürdigen Interessen umfasst[609]. D. h. es gehe um Grundrechte und Individualrechte, die in der Rechtsordnung Anerkennung gefunden hätten, zudem um rechtlich gesicherte Anwartschaften.

Die Schranke des „Sittengesetzes" ist sehr weit. Nach allgemeiner Auffassung werden von ihr die allgemein anerkannten Moral- und Wertvorstellungen erfasst[610].

Nach Auffassung von *Steinmüller* ist weiterhin auch die Wesensgehaltsgarantie des Art. 19 II GG zu beachten[611]. Dazu legt er dar,

„...dass aus der Wesensgehaltsgarantie des Art. 19 II GG das Verbot der Erstellung von Persönlichkeitsprofilen folge..."[612].

---

[606]Steinmüller u.a., Gutachten, S. 88.
[607]Degenhart, JuS 1990, S. 161, 164; Schmidt-Bleibtreu/Klein, GG, Art. 2 Rn. 6.
[608]Pieroth/Schlink, Grundrechte, Rn. 422.
[609]Maunz/Dürig, GG, Art. 2 I Rn. 13.
[610]Schmidt-Bleibtreu/Klein, GG, Art. 2 Rn. 13.
[611]Steinmüller u.a., Gutachten, S. 90.

Art. 19 II GG besagt:

„In keinem Falle darf ein Grundrecht in seinem Wesensgehalt angetastet werden."

Der exakte Inhalt dieser Wesensgehaltsgarantie ist indes umstritten.

Nach der ***Theorie vom absoluten Wesensgehalt*** ist jedes Grundrecht auf einen *Grundrechtskern* zurückführbar. Dieser Kern darf in keinem Fall durch gesetzliche Einschränkungen berührt werden[613]. Jene Theorie ist aber m.E. zu radikal in ihren Ergebnissen, da sie eine einzelfallbezogene Betrachtung unmöglich macht. Selbst wenn die verfolgten Interessen im konkreten Falle noch so gewichtig sind, können sie nach jener Theorie nicht beachtet werden.

Nach der ***Theorie des relativen Wesensgehaltes*** soll der Wesensgehalt eines Grundrechts nur berührt sein, wenn ohne hinreichenden Grund oder Anlass eine gesetzliche Restriktion stattfindet. Das gleiche gilt, wenn ein Grundrecht derart beschränkt wird, dass es im Leben des Gemeinwesens keine Wirksamkeit mehr entfalten kann[614].

Diese Theorie ist in ihren Auswirkungen großzügiger. Denn sie gestattet eine einzelfallbezogene Abwägung der geschützten Güter. Deshalb erscheint diese Theorie des relativen Wesensgehaltes m.E. vorzugswürdig.

Steinmüller legt weiterhin dar, auch das verfassungsrechtliche Übermaßverbot sei zu beachten[615].

Aus dem Übermaßverbot folgt nach *Steinmüller*, dass die Erhebung der Informationen auf das unbedingt Notwendige beschränkt werden müsse[616]. Zur Überprüfung der dabei zulässigerweise erlangten Informationen dürfen sogenannte Unterstützungsinformationen herangezogen werden[617].

Auch *Mallmann*[618] erkennt den Zusammenhang zwischen Handlungsfreiheit und Umwelturteil an und bezeichnet ihn im Anschluss an *Luhmann*[619] als

---

612 Steinmüller u.a., Gutachten, S. 90 f.

613 Stein § 19 III; v. Münch , GG, Rn. 251.

614 BVerfGE 61, S. 82, 113; E 58, S. 300, 348; NJW 1995, S. 2405; NJW 1996, S. 1201 ff; Hesse, Grundzüge des Verfassungsrechts, Rn. 332; Lepa, Der Inhalt der Grundrechte nach der Rechtsprechung, Art. 19 Rn. 29.

615 Steinmüller u.a., Gutachten S. 90.

616 Steinmüller u.a., Gutachten S. 90 f.

617 Steinmüller u.a., Gutachten S. 90 f.

618 Mallmann, Datenschutz in Verwaltungs-Informationssystemen, S. 47 ff.

619 Luhmann, Grundrechte als Institution. Ein Beitrag zur politischen Soziologie, S.53 ff.

„Selbstdarstellung". *Mallmann* führt aus, dass der Einzelne das Recht habe, hinsichtlich Inhalt und Empfänger über die abgegebenen Individualinformationen selbst zu bestimmen. Diese Befugnis bezeichnet er als *informationelles Selbstbestimmungsrecht*[620]. Begründet wird dies damit, dass die Selbstdarstellung wegen der Rückkoppelung an das Umwelturteil maßgeblichen Einfluss auf die Persönlichkeitsentwicklung habe[621].

Auch *Podlech*[622] anerkennt ein durch Art. 2 I GG gewährleistetes Recht des einzelnen auf Schutz seiner Daten. Dem Betroffenen müsse hierbei einerseits ein Minimum an Entscheidungsfreiheit hinsichtlich des eigenen Handelns garantiert werden[623]. Andererseits müsse der Bürger auch die Möglichkeit haben, sich gemäß seiner getroffenen Entscheidung zu verhalten und selbst darüber zu bestimmen, *welche Daten auf welche Art und Weise in die Umwelt gelangen dürfen*[624]. Dabei erkennt *Podlech* sogar ein Recht auf Lüge an, da er ein Selbstdarstellungsrecht hinsichtlich der eigenen Vergangenheit bejaht[625].

2. Rechtslage *seit* dem Volkszählungsurteil des Bundesverfassungsgerichts[626] im Überblick

- Grundaussagen des Volkszählungsurteils -

Die grundlegende Entscheidung hinsichtlich der Problematik eines informationellen Selbstbestimmungsrechtes brachte schließlich das sogenannte Volkszählungsurteil des Bundesverfassungsgerichts (1. Senat) aus dem Jahre 1983.

In dieser Entscheidung erkannte das Bundesverfassungsgericht das Recht auf ***informationelle Selbstbestimmung*** an. Hierbei wurde festgestellt, dass dieses Recht von dem ***allgemeinen Persönlichkeitsrecht des Art. 2 I in Verbindung mit Art. 1 I GG*** umfasst sei[627]. Denn im Mittelpunkt der grundgesetzlichen Ordnung stünden die Würde und der Wert des Menschen. Er wirke in freier

---

620 Mallmann, Datenschutz in Verwaltungs-Informationssystemen, S. 56; vgl. auch Denninger, ZRP 1981, S. 231 ff.
621 Mallmann, Datenschutz in Verwaltungs-Informationssystemen, S. 56.
622 Podlech, AK GG, Art. 2 I Rn. 44 ff.; ders., in: Verfassungsschutz, S. 72 ff.; ders. in: Grundrechte, S. 50 (55 f.); ders.: Die Begrenzung staatlicher Informationsverarbeitung durch die Verfassung angesichts der Möglichkeit unbegrenzter Informationsverarbeitung mittels der Technik - Zur Entscheidung des Bundesverfassungsgerichts über das Volkszählungsgesetz, 1983.
623 Podlech, AK GG, Art. 2 I Rn. 44.
624 Podlech, AK GG, Art. 2 I Rn. 45 f.
625 Podlech, AK GG, Art. 2 I Rn. 45 f.
626 BVerfGE 65, S. 1 ff.
627 BVerfGE 65, S. 1.

Selbstbestimmung als Glied einer freien Gesellschaft[628]. Seinem Schutz diene unter anderem das in Art. 2 I iVm. Art. 1 I GG verankerte allgemeine Persönlichkeitsrecht, das aber bislang noch nicht hinreichend konkretisiert worden sei[629].

Das Bundesverfassungsgericht legte dazu dar, dass zwar in zahlreichen Entscheidungen bereits erläutert worden sei, dass aus dem Gedanken der Selbstbestimmung die Befugnis des Einzelnen resultiere, selbst zu entscheiden, wann und in welchem Umfang persönliche Lebenssachverhalte an die Umwelt weitergegeben werden sollen[630].

So verweist das Bundesverfassungsgericht in dem Volkszählungsurteil unter anderem auf
- BVerfGE E 27, 1 (6) - *Mikrozensus* -,
- E 27, 344 (350 f.) -*Scheidungsakten* -,
- E 32, 373 (379) - *Arztkartei* - ,
- E 35, 202 (229) -*Lebach* -,
- E 44, 353 (372 f.) -*Suchtkrankenberatungsstelle* -.

Heute müsse aber nach Auffassung des Bundesverfassungsgerichtes der Aspekt der automatischen Datenverarbeitung berücksichtigt werden[631]. Deshalb dürften Einschränkungen des Rechtes auf informationelle Selbstbestimmung nur im überwiegenden Allgemeininteresse erfolgen; andernfalls seien sie unzulässig[632]. Sie bedürften zudem einer verfassungsmäßigen gesetzlichen Grundlage, die dem rechtsstaatlichen Gebot der Normenklarheit entsprechen müsse[633]. Außerdem dürfe nicht gegen den Grundsatz der Verhältnismäßigkeit verstoßen werden[634].

Gegenstand des Rechtes auf informationelle Selbstbestimmung iSd. Art. 2 I iVm. Art. 1 I GG ist nach dem Volkszählungsurteil die Gewährleistung der Befugnis des Einzelnen, grundsätzlich ***selbst*** zu entscheiden, wann und innerhalb welcher Grenzen persönliche Lebenssachverhalte offenbart werden[635]. Neben dieser Entscheidungsfreiheit ist nach Auffassung des Bundesverfassungsgerichtes weiterhin unerlässliche Voraussetzung, dass es dem Einzelnen auch möglich ist, gemäß dieser Entscheidung zu handeln. Hierzu sind aber ein Überblick so-

---

[628]BVerfGE 65, S. 41.
[629]BVerfGE 65, S. 42.
[630]BVerfGE 65, S. 42.
[631]BVerfGE 65, S. 42.
[632]BVerfGE 65, S. 1.
[633]BVerfGE 65, S. 1.
[634]BVerfGE 65, S. 1.
[635]BVerfGE 65, 1, S. 42 unter Bezugnahme auf frühere Entscheidungen, bspw. auf BVerfGE 54, S. 148 ff. (Eppler - Beschluss).

wohl darüber notwendig, welche Informationen in der Umwelt über den Betroffenen bereits bekannt sind, als auch die Abschätzbarkeit des Wissens möglicher Kommunikationspartner[636].

Der Schutzbereich des Rechtes auf informationelle Selbstbestimmung scheint fast grenzenlos zu sein, da nahezu jede Art personenbezogener Informationen erfasst wird. Dies hat auch das Bundesverfassungsgericht bemerkt und daraus geschlossen, jene Befugnis könne nicht schrankenlos gewährt werden[637]. Unter Hinweis auf das allgemeine Persönlichkeitsrecht sind nach Auffassung des Bundesverfassungsgerichtes Einschränkungen des Grundrechtes auf informationelle Selbstbestimmung im überwiegenden Allgemeininteresse zulässig[638]. Diese Beschränkungen sind aber nur auf gesetzlicher Grundlage unter Beachtung des Gebotes der Normenklarheit und des Grundsatzes der Verhältnismäßigkeit zulässig[639]. Im übrigen ist bei der Frage, welche Anforderungen an solche Beschränkungen zu stellen sind, nach Auffassung des Bundesverfassungsgerichtes zwischen personenbezogenen Daten auf der einen Seite und statistischen Daten auf der anderen Seite zu differenzieren.

a) Personenbezogene Daten

Eine Einschränkung des Rechtes auf informationelle Selbstbestimmung bei personenbezogenen Daten kann nur dann erfolgen, wenn eine spezifische und präzise Ermächtigungsgrundlage vorhanden ist[640].

Nicht-anonymisierte Daten dürfen zudem nicht auf Vorrat oder ohne konkrete Zweckbindung gesammelt werden[641]. Darüber hinaus ist bei einer derartigen Einschränkung zu beachten, dass die Verwendung und Verarbeitung der Daten auf gesetzlich bestimmte Zwecke beschränkt ist. Hierfür ist eine spezielle Regelung notwendig[642].

Schließlich müssen unabhängige Datenschutzbeauftragte beteiligt werden[643].

b) Statistische Daten

Nach Auffassung des Bundesverfassungsgerichtes ist bei statistischen Daten zu beachten, dass ihre Sammlung zulässig ist, wenn eine strikte Geheimhaltung

[636] BVerfGE 65, S. 43.
[637] BVerfGE 65, S. 44.
[638] BVerfGE 65, S. 44.
[639] BVerfGE 65, S. 44.
[640] Kunig, Jura 1993, S. 595, 599 f; Groß, AöR 1988, S. 161.
[641] Kunig, Jura 1993, S. 595, 599 f; Groß, AöR 1988, S. 161.
[642] Kunig, Jura 1993, S. 595, 599 f; Groß, AöR 1988, S. 161.
[643] Kunig, Jura 1993, 595, 599 f; Groß, AöR 1988, S. 161.

solange garantiert ist, bis keinerlei konkreter Personenbezug mehr besteht. Zudem müssen die statistischen Daten so früh wie möglich anonymisiert werden. Allerdings kann bei der Datenerhebung für statistische Zwecke keine enge und konkrete Zweckbindung verlangt werden[644].

3. Bedeutung des Volkszählungsurteils für die Beurteilung der Verfassungsmäßigkeit der Schleierfahndung zum Zwecke der vorbeugenden Verbrechensbekämpfung

Nachdem die Kernaussagen des Volkszählungsurteil hinsichtlich des Grundrechtes auf informationelle Selbstbestimmung iSd. Art. 2 I iVm. Art. 1 I GG dargestellt worden sind, ist zu klären, ob die vom Verfassungsgerichtshof Mecklenburg-Vorpommern dargelegten Auffassungen bzgl. der Verfassungsmäßigkeit der Schleierfahndung zutreffend sind oder nicht.
Ausgehend von den im Volkszählungsurteil erarbeiteten Maßstäben hinsichtlich der informationellen Selbstbestimmung ist zu fragen, ob und wieweit die Schleierfahndung zum Zwecke der vorbeugenden Verbrechensbekämpfung zulässig ist.

a) Allgemeines

Bei der Identitätsfeststellung im allgemeinen geht es um die Erhebung personenbezogener Daten zur Klärung der Identität einer Person. So bestimmt beispielsweise § 10 I S. 1 POG RP:

„Die allgemeinen Ordnungsbehörden und die Polizei können die Identität einer Person feststellen, wenn dies zur Abwehr einer ***Gefahr***[645] *erforderlich ist...“*
Dies ist eine normale Maßnahme der Polizei der Länder zum Zwecke der Gefahrenabwehr. Denn hier wird an das Vorliegen einer Gefahr angeknüpft. Somit handelt es sich um eine präventive Maßnahme. Diese Identitätsfeststellung gehört also für sich betrachtet zum Standardrepertoire der Polizei der Länder und bereitet keinerlei verfassungsmäßige Probleme.

Schwieriger gestaltet sich die Lage aber, wenn eine Identitätsfeststellung nicht an das Vorliegen einer konkreten Gefahr geknüpft wird, sondern diese Maßnahme bereits ***anlass- und ereignisunabhängig*** eingesetzt werden soll, wie es im Falle der Schleierfahndung zum Zwecke der vorbeugenden Verbrechensbekämpfung der Fall ist. Denn ohne Rücksicht auf ihre tatsächliche Gefährlichkeit werden Personen auf ihre Identität hin kontrolliert.

---

[644] BVerfGE 65, S. 1.
[645] Hervorhebung von Verfasserin.

Hier muss genauer überprüft werden, ob das Grundrecht auf *informationelle Selbstbestimmung (Art. 2 iVm. Art. 1 I GG)* des von der Identitätsfeststellung Betroffenen verletzt ist.

b) Der Sonderfall der Schleierfahndung zum Zwecke der vorbeugenden Verbrechensbekämpfung/Verhältnismäßigkeitsprüfung

Äußerst problematisch gestaltet sich die Frage, wieweit die Schleierfahndung zum Zwecke der ***vorbeugenden*** Verbrechensbekämpfung verfassungskonform ist. Richtigerweise differenzierte das Landesverfassungsgericht M-V hier zwischen zwei Örtlichkeiten, einerseits dem Grenzgebiet bis zu einer Tiefe von 30 Kilometern und andererseits Durchgangsstraßen außerhalb des Grenzgebietes.

aa) Das informationelle Selbstbestimmungsrecht

Wie bereits festgestellt wurde, ist bei den fraglichen Identitätsfeststellungsmaßnahmen *außerhalb des Grenzgebietes* das Grundrecht des Betroffenen auf ***informationelle Selbstbestimmung iSd. Art. 2 I iVm. Art. 1 I GG*** tangiert. Weil die Regelungen der Landesgesetzgeber bezüglich der Schleierfahndung dieses Grundrecht einschränken, muss ein angemessener Ausgleich zwischen den Allgemein- und den Individualinteressen herbeigeführt werden. Nach einem Urteil des Bundesverfassungsgerichtes[646] muss eine gesetzliche Regelung, die das Grundrecht auf informationelle Selbstbestimmung in verfassungskonformer Weise einschränken will, bestimmte Einschreitschwellen, die Zahl der Betroffenen und die Intensität der Beeinträchtigungen berücksichtigen.

bb) Handelt es sich bei der Schleierfahndung *außerhalb* eines Grenzgebietes um eine *geringfügige* Maßnahme?

Sollte es sich bei der vorbeugenden Schleierfahndung auf Durchgangsstraßen außerhalb des Grenzgebietes um eine lediglich geringfügige Maßnahme handeln, könnte die *Verhältnismäßigkeit* der Maßnahme zu bejahen sein. Damit wäre das informationelle Selbstbestimmungsrecht zumindest in dieser Hinsicht nicht verletzt.

Für eine Geringfügigkeit könnte zunächst sprechen, dass es bei der Feststellung der Identität

- auch außerhalb des Grenzgebietes -

um eine im Vergleich zu anderen polizeilichen Maßnahmen relativ „harmlose", weil nicht sehr schwerwiegende Maßnahme geht. Im Gegensatz etwa zu einer

---

[646] BVerfG, Urteil v. 14.07.1999, S. 87 = EuGRZ 1999, S. 389, 407.

polizeilichen Durchsuchung[647] werden nur die Personalien festgestellt. Die Identitätsfeststellung stellt somit z.B. gegenüber der Telefonüberwachung ganz entschieden nur ein „Minus“ dar.

Bei dieser Argumentation wird allerdings nicht beachtet, dass die Identitätsfeststellung in der Regel *keine isolierte Maßnahme* darstellt, da an sie eine ganze Reihe weiterer Grundrechtseingriffe geknüpft sein können. So wird der Betroffene in der Regel regelmäßig mit Hilfe elektronischer Datenverarbeitungssysteme überprüft. Seine Personalien werden durch die Eingabe in elektronische Informationssysteme kontrolliert, zum Beispiel dahingehend, ob es sich um eine zur Fahndung ausgeschriebene Person handelt oder ob gegen ihn bereits einmal ein strafrechtliches Ermittlungsverfahren eingeleitet worden ist[648].

Außerdem dürfen Personen, die sich nicht ausweisen können

- zum Mitführen eines Ausweises sind die Bürger aber nicht verpflichtet[649] -,

unter Umständen von der Polizei zur Dienststelle verbracht werden und auch durchsucht werden.

Dies zeigt, dass es sich bei der Identitätsfeststellung *außerhalb des Grenzgebietes* keineswegs um eine nur geringfügige Maßnahme handelt. Zudem sind von der Maßnahme nicht nur wenige Einzelpersonen betroffen. Vielmehr ist die vorbeugende Schleierfahndung derart intensiv, dass regelmäßig eine große Zahl von Personen hiervon berührt sein wird.

cc) Zweck - Mittel - Relation der Maßnahme *außerhalb* des Grenzgebietes

Das maßgebliche Argument für die Annahme der Verhältnismäßigkeit ist die Bejahung der angemessenen Relation zwischen Zweck und Mittel. Hierbei sind zunächst der mit dem Gesetz verfolgte Zweck und die zur Zweckerreichung eingesetzten Mittel zu analysieren. Zweck der vorbeugenden Schleierfahndung ist die Eindämmung der grenzüberschreitenden Kriminalität. Das Mittel dazu ist die Überprüfung der Identität.

Anlassunabhängige Personenkontrollen gibt es zum Beispiel im Regierungsbezirk Oberfranken (Bayern) bereits seit 1.1.1995. Hierbei wurden bei 20 000

---

[647]zur Durchsuchung vgl. bereits oben.

[648]Stellungnahme des Landesbeauftragten für Datenschutz Bad.-Württ. zum Entwurf des § 26 I Nr. 4 Polizeigesetz gemäß Schreiben vom 9.5.1996, H 1100; DVBl 1998, S. 83.

[649]Medert/Süßmuth, Pass- und Personalausweisrecht, Erl. zu § 1 PAuswG, Rn. 17.

überprüften Personen 635 Straftaten entdeckt[650]. Dies entspricht einer Trefferquote von nur 3 %.

In Baden-Württemberg ist die Trefferquote nach Pressemitteilungen etwas höher[651]:

„Bei 20 000 Personenkontrollen wurden 584 zur Festnahme gesuchte Straftäter registriert, sowie 816 weitere Personen, die (nicht notwendig wegen des Verdachts einer Straftat) zur Aufenthaltsermittlung ausgeschrieben waren. Insgesamt 788 Personen wurden wegen Verdachts einer Straftat, eines Verstoßes gegen ausländische Bestimmungen oder andere Rechtsvorschriften festgenommen.“

Das Problem solcher Statistiken ist aber, dass diesen Zahlen nicht exakt zu entnehmen ist, welchen Personen spezifisch grenzüberschreitende Kriminalität zur Last gelegt werden kann und welchen lediglich allgemeine Straftaten.[652] Außerdem, so führt *Stephan*[653] zutreffend aus, müssen jene Zahlen auch im Zusammenspiel mit der Gesamtzahl aller aufgeklärten Straftaten in einem Bundesland gesehen werden.

Am Beispiel Baden-Württembergs heißt das konkret:
Im Jahre 1996 betrug zum Beispiel die Gesamtzahl der aufgeklärten Straftaten etwa 322.000[654]. Stellt man nun dieser Zahl die Anzahl der durch die anlassunabhängigen Schleierfahndung aufgeklärten Straftaten gegenüber, muss festgestellt werden, dass diesen Zahlen keine vernünftige Relation zwischen Zweck und Mittel der vorbeugenden Schleierfahndung entnommen werden kann.

Deshalb führt auch eine Überprüfung der Zweck-Mittel-Relation nicht zu der Bejahung der Verhältnismäßigkeit der vorbeugenden Schleierfahndung außerhalb des Grenzgebietes.

[650]vgl. Süddeutsche Zeitung vom 9.1.1996, Die Welt vom 9.1.1996.
[651]Pressemitteilung des Innenministeriums Bad.-Württ. vom 28.1.1997; zitiert in: Stephan, DVBl 1998, S. 83.
[652]Stephan, DVBl 1998, S. 84.
[653]Stephan, DVBl 1998, S. 84.
[654]Zahlen stammen aus dem Erlass des Innenministeriums Bad.-Württ. vom 7.4.1997, Az. 3-9525/85,3-1225.0/51.

c) Verhältnismäßigkeitsprüfung für die Maßnahmen der vorbeugenden Schleierfahndung *innerhalb* des Grenzschleiers

Weiterhin muss sich die Verhältnismäßigkeitsprüfung mit der Frage befassen, ob die in Rede stehende Regelung der vorbeugenden Schleierfahndung zumindest innerhalb des Grenzschleiers (Grenzgebietes) den an sie zu stellenden inhaltlichen Anforderungen gerecht wird. Hierbei ist die Wechselwirkung zwischen den verfolgten angestrebten öffentlichen Interessen einerseits und der wertsetzenden Bedeutung des Grundrechts

- hier des Grundrechtes auf informationelle Selbstbestimmung -

andererseits zu berücksichtigen[655].

aa) Zweck - Mittel - Relation

Mit der vorbeugenden Schleierfahndung (=Mittel) innerhalb des Grenzgebietes von 30 Kilometern wird das Ziel verfolgt, die grenzüberschreitende organisierte Kriminalität einzudämmen. Weil hier im Gegensatz zu den bloßen Durchgangsstraßen nicht einfach jedermann nur aufgrund seines bloßen Aufenthaltes an einer beliebigen Stelle, sondern vielmehr wegen seines konkreten Aufenthaltes ***in Grenznähe*** hinsichtlich seiner Identität überprüft werden kann, ist die Relation zwischen dem eingesetzten Mittel und dem verfolgten Ziel im Vergleich zur Schleierfahndung außerhalb des Grenzgebietes zu bejahen.

bb) Geeignetheit

Geeignet ist ein Mittel, wenn mit seiner Hilfe das angestrebte Ziel erreicht oder die Zielerreichung gefördert werden kann[656]. Hierbei hat der Gesetzgeber einen erheblichen Spielraum.

Wer sich im Grenzgebiet aufhält, muss sich *bewusst* sein, dass dort grenzüberschreitende Straftaten begangen werden können. Neben jenem Bewusstsein als subjektive Komponente spielen aber auch objektive Kriterien eine Rolle. Vielmehr sind folgende Aspekte zu berücksichtigen:

- Der Schleierfahndung kommt eine Abschreckungsfunktion zu. Der Aufenthalt in dem Grenzschleier stellt für jede Person, die sich in diesem Streifen aufhält, eine Risikoerhöhung dar.
- Im Grenzgebiet besteht die erhöhte Wahrscheinlichkeit, auf Täter zu stoßen.

---

[655] Schnapp, JuS 1983, S. 850, 851.
[656] v. Münch, GG, Rn. 255.

Mithin kann die Geeignetheit bejaht werden. Bei den möglichen Straftaten handelt es sich typischerweise um *organisierte* bzw. bandenmäßige grenzüberschreitende Kriminalität. Es besteht durch eine anlassunabhängige Kontrolle der sich in dem Grenzschleier befindlichen Personen die zumindest *abstrakte* Möglichkeit dieser Zweckerreichung. Mehr wird nicht verlangt, weil eine *konkrete* Möglichkeit nicht bestehen muss. Es genügt, dass die Methoden nicht von vornherein untauglich sind, dem gewünschten Erfolg förderlich zu sein[657].

cc) Erforderlichkeit

Weiterhin müsste die Maßnahme erforderlich sein. Erforderlichkeit liegt vor, wenn es kein anderes Mittel gibt, welches unter geringeren Belastungen des Grundrechtsträgers zur Zielerreichung ebenso geeignet ist

- sogenannter Grundsatz des Interventionsminimums bzw. Grundsatz des mildesten Mittels[658] - .

Hierzu kann ohne weiteres der Argumentation des Verfassungsgerichtshofes Mecklenburg-Vorpommern gefolgt werden. Dieses legt nämlich dar, dass es in der Tat ein mildes Mittel darstelle, wenn bereits im Vorfeld einer Gefahr die grenzüberschreitende organisierte Kriminalität durch vorbeugende Maßnahmen bekämpft werde.

dd) Resümee

Abschließend kann festgehalten werden, dass die Schleierfahndung zum Zwecke der vorbeugenden Verbrechensbekämpfung verfassungsmäßig ist, wenn und soweit diese innerhalb eines Grenzschleiers von 30 Kilometern durchgeführt wird.

Zu klären ist, warum die Breite des zu kontrollierenden Grenzschleiers gerade 30 Kilometer, und nicht etwa 40 oder z.B. 20 Kilometer beträgt. Hier ist zu beachten, dass der zu kontrollierende Bereich *nicht zu groß* sein darf und 30 Kilometer noch überschaubar sind. Andernfalls wären zu viele Einsatzkräfte notwendig, was wiederum ein finanzielles Problem darstellt. Umgekehrt darf der fragliche Grenzbereich auch nicht zu eng gefasst werden, weil anderenfalls die Effektivität der Schleierfahndung unangemessen reduziert würde. Damit beruht die 30km-Schranke auf dem insoweit anzuerkennenden politischen Gestaltungs- bzw. Einschätzungsspielraum des Gesetzgebers.

---

[657] BVerfGUrteil vom 14.07.1999, S. 84 =EuGRZ 1999, S. 389, 406 f.

[658] BVerfGE 39, S. 156; BVerwGE 59, S. 231; Pieroth/Schlink. Grundrechte, Rn. 319 ff.

II. Die Schleierfahndung zum Zwecke der vorbeugenden Verbrechensbekämpfung auf Durchgangsstraßen außerhalb des Grenzgebietes und das *rechtsstaatliche Bestimmtheitserfordernis*

Wie oben bereits festgestellt wurde, ist hier nach Auffassung des Landesverfassungsgerichtshofs Mecklenburg-Vorpommern auch das rechtsstaatliche Bestimmtheitserfordernis nicht gewahrt[659]. Fraglich ist, ob dieser Ansicht zuzustimmen ist.

Das rechtsstaatliche Bestimmtheitserfordernis fordert, dass die verfolgten Zwecke präzise und normenklar festgelegt werden müssen[660]. Diesem Erfordernis ist der Landesgesetzgeber in der Tat nicht gerecht geworden. Denn er hat es unterlassen, einen Katalog derjenigen Straftaten zu erstellen, die durch Identitätsfeststellung vorbeugend bekämpft werden sollen.

III. Verstößt die vorbeugende Schleierfahndung außerhalb des Grenzgebietes gegen die Vermutung der Unschuld?

Es ist nun zu klären, ob die Schleierfahndung zum Zwecke der vorbeugenden Verbrechensbekämpfung gegen das Prinzip der *Unschuldsvermutung* verstoßen könnte.

Der Grundsatz der Unschuldsvermutung ist nicht gesetzlich fixiert. Wie Wesslau zutreffend darstellt, kann er aber bereits aus den Grundvorstellungen des Rechtsstaates abgeleitet werden[661]. Der Rechtsstaat sei das Gegenteil eines Polizeistaates. Als solcher sei er durch das Vertrauen des Staates in die Rechtstreue seiner Bürger gekennzeichnet[662]. Etwas anderes gelte erst, wenn das Gegenteil bewiesen werden kann[663]. Der Polizeistaat dagegen hege ein grundsätzliches Misstrauen gegen seine Bürger und strebe deshalb eine umfassende Kontrolle der Bevölkerung an[664].

In unserem Rechtsstaat bezieht man die Unschuldsvermutung in erster Linie auf das Strafrecht und das Strafprozessrecht. Doch findet sich eine vergleichbare Vermutung beispielsweise auch im Steuerrecht, wo das Prinzip der korrekten Selbstveranlagung das Vertrauen der Bürger in den Rechtsstaat fördert bzw. fördern kann.

---

[659] Urteil Mecklenburg-Vorpommern, S. 32.
[660] BVerfG, Urteil vom 14.07.1999, S. 83 = EuGRZ 1999, S. 389, 406.
[661] Wesslau, Vorfeldermittlungen, S. 300.
[662] Wesslau, Vorfeldermittlungen, S. 300.
[663] Wesslau, aaO., S. 300.
[664] Wesslau, aaO., S. 300.

Ein weiteres Beispiel ist darüber hinaus auch das Zugeständnis an die Möglichkeit einer Gewissensfreiheit. Denn unter Berufung auf diese ist die Verweigerung des Kriegsdienstes an der Waffe möglich[665], ohne dass die Gewissensnot wirklich ernstlich und nachdrücklich überprüft würde.

1. Argumente für einen Verstoß gegen die Unschuldsvermutung

Für einen Verstoß der vorbeugenden Schleierfahndung außerhalb des Grenzgebietes gegen das Prinzip der Unschuldsvermutung könnte sprechen, dass hier bei jedem Reisenden ein genereller Verdacht unterstellt wird, weshalb eine Kontrolle seiner Person möglich ist. Er wird somit

- es sei denn, er hat tatsächlich eine Straftat begangen -

grundlos kontrolliert. Diese Kontrolle stellt nicht nur einen Eingriff in seine grundgesetzlich garantierte Bewegungsfreiheit dar, sondern auch in sein Recht, seine Identität für sich zu behalten[666]. *Lisken*[667] geht noch weiter, indem er argumentiert, diese Maßnahme als Standardbefugnis an jedem beliebigen Ort stamme aus dem Arsenal des *permanenten Ausnahmezustandes*, wie wir ihn „rechtlich“ nach der Ausnahmeverordnung des Reichspräsidenten vom 28.02.1933[668] im Reich gehabt hätten. Geht diese Argumentation nicht zu weit? Rechtfertigt sie tatsächlich die Annahme eines Verstoßes gegen das Prinzip der Unschuldvermutung?

2. Zwischenergebnis

Würde man die soeben genannten Argumente konsequent zu Ende denken, so könnte grundsätzlich niemand dazu verpflichtet werden, der Polizei seine Identität zu offenbaren. Etwas anderes würde nur gelten, wenn ein tatsächlicher Grund für die Kontrolle vorliegen würde. Diese Auffassung übersieht aber, dass es gerade Sinn und Zweck einer vorbeugenden Verbrechensbekämpfung ist, bereits im Vorfeld einer Gefahr gegen mögliche Straftaten vorgehen zu können. Hierbei werden natürlich auch die sogenannten unbescholtenen Bürger eines Rechtsstaates dazu verpflichtet, ihre Identität preiszugeben. Aber sie tun dies nicht gegenüber irgendeiner Person, sondern nur gegenüber den Polizeibeamten. Eine weitergehende Preisgabe ihrer Daten wird von ihnen nicht verlangt.

Das Landesverfassungsgericht Mecklenburg-Vorpommern geht in seiner Argumentation noch weiter, indem es ausführt:

---

665 Lisken, NVwZ 1998, S. 24 mit weiteren Beispielen.
666 Lisken, aaO., S. 24.
667 Lisken, aaO., S. 24.
668 RGBl. S. 83.

„Dann wären Kontrollbefugnisse des Staates nur dann gegeben, wenn im Einzelfall Anzeichen dafür vorlägen, dass der Bürger das in ihn gesetzte Vertrauen nicht verdient. Es gäbe keine Handhabe, auf den Gebieten des Sonderordnungsrechts

- im Bauordnungsrecht, im Umweltrecht, im Wasserrecht, im Gaststättenrecht, im Lebensmittelrecht, im Recht der technischen Sicherheit, im Atomrecht, im Waffenrecht, im Straßenverkehrsrecht usw. –

Kontrollen unabhängig davon vorzusehen, ob es Anzeichen dafür gibt, dass der Einzelne die maßgeblichen Rechtsvorschriften nicht einhält. Das kann die Verfassung nicht gebieten....“[669].

Hieraus schließt das Landesverfassungsgericht, dass es ***keine*** Vermutung der Redlichkeit geben könne:

„Das Landesverfassungsgericht kann allerdings nicht der Auffassung der Beschwerdeführer folgen, aus dem Menschenbild des Grundgesetzes ergebe sich eine Vermutung der Redlichkeit“[670].

Ob man dem Landesverfassungsgericht insoweit folgen sollte, kann letztlich dahinstehen. Es ist schon fraglich, ob es auf einen Verstoß gegen die Unschuldsvermutung ankommt. Dies wird im Folgenden untersucht.

3. Bedarf es überhaupt der Prüfung eines Verstoßes gegen die Unschuldsvermutung?

Oben wurde dargelegt, jenes Prinzip der Unschuldsvermutung bestehe. Davon zu trennen ist aber die Frage, inwieweit es bei der Beurteilung, ob die Schleierfahndung verfassungsgemäß ist, *überhaupt* einer Prüfung eines Verstoßes gegen die Unschuldsvermutung bedarf.

Eine an verfassungsrechtlichen Maßstäben orientierte Eingrenzung der Schleierfahndung zum Zwecke der vorbeugenden Verbrechensbekämpfung ergibt sich nämlich bereits aufgrund des allgemeinen Erfordernisses des ***Zurechnungszusammenhangs***, der auch bei polizeirechtlichen Eingriffen zu beachten ist.

Der Freiheitsanspruch des Einzelnen verlangt, dass polizeiliche Maßnahmen nur dann gegen ihn durchgeführt werden, soweit eine hinreichende Beziehung zwischen ihm und einer Gefährdung eines schützenswerten Rechtsgutes oder

[669]Landesverfassungsrecht Mecklenburg-Vorpommern, 21.10.1999, S. 25.
[670]Landesverfassungsgericht Mecklenburg-Vorpommern, 21.10.1999, S. 25.

eine entsprechende Gefahrennähe besteht[671]. Auf dem Gebiet des Polizeirechts dürfen sich Maßnahmen zur Gefahrenabwehr nicht gegen eine beliebige Person, sondern grundsätzlich nur gegen einen Handlungs- bzw. Zustandsstörer richten, nur ausnahmsweise auch gegen Notstandspflichtige als Nichtstörer.

Dies wurde oben bereits festgestellt.

Diese Unterscheidung zwischen Störern und Nichtstörern muss auch exakt eingehalten und darf nicht nivelliert werden[672]. Die vorbeugende Verbrechensbekämpfung setzt bereits früher im Vorfeld einer konkreten Gefahr an.

Dies zeigt, dass im Bereich der vorbeugenden Verbrechensbekämpfung bestimmte Bedingungen erfüllt sein müssen, bevor gegen eine Person eingeschritten wird. Dass bei der Schleierfahndung zur vorbeugenden Verbrechensfahndung nun alle Personen kontrolliert werden können, die sich auf Durchgangsstraßen außerhalb des Grenzgebietes aufhalten, ist m.E. keine Frage eines möglichen Verstoßes gegen die Unschuldsvermutung. Vielmehr geht es um einen Verstoß gegen allgemeine polizeirechtliche Grundsätze der Gefahrenabwehr.

Weil hier der erforderliche Zurechnungszusammenhang zwischen dem Aufenthalt einer beliebigen Person in der genannten Örtlichkeit und einer möglichen Schädigung ernstlich zu bezweifeln ist, weil die polizeilichen Befugnisse weder örtlich auf gefahrenträchtige Stellen noch zeitlich auf Sondersituationen beschränkt sind, ist ein verdachtsloser Eingriff gegeben. Dieser ist aber in so weiter Form nicht zulässig. Es müsste eine Eingrenzung der Befugnisnormen der vorbeugenden Schleierfahndung stattfinden.

4. Resümee

Ein Verstoß gegen das Prinzip der Unschuldsvermutung kann somit nicht gesehen werden. Allerdings hat der Landesgesetzgeber Mecklenburg-Vorpommerns bei der Regelung der Schleierfahndung zum Zwecke der vorbeugenden Verbrechensbekämpfung auf Durchgangsstraßen außerhalb des Grenzgebietes den erforderlichen polizeirechtlichen Zurechnungszusammenhang nicht gewahrt. Er hätte diese Maßnahme sowohl örtlich als auch sachlich eingrenzen müssen.

[671]BVerfGE 17, S. 306, 313 f.; 30, S. 250, 263.
[672]vgl. Sächsischer Landesverfassungsgerichtshof, LVerfGE 4, S. 303, 349.

§ 17 Verstoß der Maßnahmen der Schleierfahndung zum Zwecke der vorbeugenden Verbrechensbekämpfung gegen das Schengener Durchführungsübereinkommen

Fraglich ist weiterhin, ob die vorbeugende Schleierfahndung außerhalb beziehungsweise innerhalb eines Grenzgebietes mit dem *Schengener Durchführungsübereinkommen* vereinbar ist.

A. Historische Darstellung des Schengener Durchführungsübereinkommens: Vom Schengener Übereinkommen zum Schengener Durchführungsübereinkommen

Vorab ist zunächst auf die Entstehungsgeschichte des Schengener Durchführungsübereinkommens einzugehen. Im Übereinkommen vom 14.06.1985[673] wurde zwischen den Regierungschefs der Länder Frankreich, der Bundesrepublik Deutschland und den Benelux- Staaten ein Abkommen über den schrittweisen Abbau ihrer Binnengrenzen beschlossen. Nach dem Ort des Vertragsschlusses wurde es ***Schengener Übereinkommen (SchÜk)*** genannt. Hierbei handelt es sich um ein Verwaltungsabkommen. Als solche werden völkerrechtliche Verträge bezeichnet, die von der Exekutive ohne Beteiligung des Gesetzgebers umgesetzt werden können[674]. Sein Hauptziel wurde in der reibungsloseren und schnelleren Bewegung der Güter innerhalb der Vertragsstaaten gesehen[675]. Darüber hinaus sollte die Zusammenarbeit zwischen den Zoll- und Polizeibehörden der Vertragsstaaten vor allem im Kampf gegen die Kriminalität Erfolge zeigen, Art. 9 SchÜk. Zwar enthielt das Abkommen keine konkreten Regeln. Statt dessen wurden Vereinbarungen über die polizeiliche Zusammenarbeit beschlossen, die auch das „Recht der polizeilichen Nachteile“ (Art. 18 SchÜk) umfassten. Diese Ausgleichsmaßnahmen waren die Grundvoraussetzung für das in Art. 30 SchÜk für den 1.1.1990 vorgesehenes Ende der Grenzkontrollen.

Am 19.06.1990 schließlich wurde das sogenannte ***Übereinkommen zur Durchführung des Übereinkommens von Schengen (SDÜ)*** geschlossen. Gemäß Art. 140 I SDÜ ist jeder Mitgliedstaat der „Europäischen Gemeinschaften“ zum Beitritt berechtigt. Das Abkommen regelt die politischen Beziehungen des Bundes[676]. Es bezieht sich primär auf Gegenstände der Bundesgesetzgebung[677].

[673]Übereinkommen vom 14.06.1985, GMBl. 1986, S. 79.

[674]Lisken/Denninger-Mokros, Handbuch des Polizeirechts, N 50, 55.

[675]Kattau, Strafverfolgung nach Wegfall der europäischen Grenzkontrollen, 1992, S. 2.

[676]vgl. zu diesem Begriff BVerfGE 1, S. 372,380. Es geht bei dem SchDÜk um die „politischen Beziehungen des Bundes“, insofern beispielsweise fremden Hoheitsträgern ein Tätigwerden auf dem Gebiet der Bundesrepublik erlaubt wird.

[677]so z.B. Art. 73 Nr. 3 GG: Freizügigkeit, Passwesen, Ein- und Auswanderung, Auslieferung sowie Art. 73 Nr. 10 GG: Zusammenarbeit des Bundes und der Länder in der Kriminalpolizei und bezüglich der internationalen Zusammenarbeit.

Somit handelt es sich bei dem Durchführungsübereinkommen um einen völkerrechtlichen Vertrag. Dieser bedarf gemäß Art. 59 II S. 1 GG der Zustimmung des Bundestags.

Am 30.4.1992 wurde der Vertragstext schließlich als Gesetzesentwurf der Bundesregierung[678] in den Deutschen Bundestag eingebracht. Dieser erteilte seine Zustimmung am 16.6.1993, und zwar aufgrund einer Beschlussempfehlung des Innenausschusses[679]. Im Anschluss erfolgte die Ratifizierung und Veröffentlichung im Bundesgesetzblatt[680]. Ein derartiges Zustimmungsgesetz bewirkt zugleich die Transformation des völkerrechtlichen Vertrages in innerstaatliches Recht[681].

B. Verstoß gegen das Schengener Durchführungsübereinkommen (SDÜ)?

Nun ist zu klären, ob die Maßnahmen der Schleierfahndung im Einklang zum Wortlaut des Art. 2 I SDÜ stehen.

I. Verstoß gegen Art. 2 I SDÜ?

In Betracht kommt zunächst ein Verstoß gegen Art. 2 I SDÜ. Danach dürfen Binnengrenzen ***an jeder Stelle ohne Personenkontrollen überschritten werden.*** Der Begriff „Binnengrenze" ist in Art. 1 SDÜ legaldefiniert:

„Im Sinne dieses Übereinkommens bedeutet:
Binnengrenzen:
die gemeinsamen Landgrenzen der Vertragsparteien sowie ihre Flughäfen für die Binnenflüge und ihre Seehäfen für die regelmäßigen Fährverbindungen ausschließlich von und nach dem Gebiet der Vertragsparteien ohne Fahrtunterbrechung in außerhalb des Gebiets gelegenen Häfen;..."

Die Regelungen des Polizeigesetzes Mecklenburg-Vorpommern stellen unter anderem auf Grenzgebiete bis zu einer Tiefe von 30 Kilometern ab. Dabei knüpft die Kontrollmöglichkeit unmittelbar an den Grenzübertritt an. Hier wird allerdings nicht genügend zwischen Grenzkontrollen und der Schleierfahndung differenziert. So normiert bereits § 23 I Nr. 2 BGSG die folgende Eingriffsbefugnis:

---

[678] Gesetzesentwurf der Bundesregierung vom 23.4.1992, BT-Drs. 12/2453.
[679] Beschlussempfehlung und Bericht des Innenausschusses vom 16.6.1993, BT-Drs. 12/5141.
[680] BGBl. II 1993, S. 1010.
[681] Denninger, Staatsrecht 1, 1973, S. 172.

„Der Bundesgrenzschutz kann die Identität einer Person feststellen... 2. zur polizeilichen Kontrolle des grenzüberschreitenden Verkehrs...“
Damit verwischen die Regelungen in Mecklenburg-Vorpommern die dem Bundesgrenzschutz zustehende Grenzkontrolle mit der Schleierfahndung.

Nach *Kühne*[682] stellt jene Regelung des Landes Mecklenburg- Vorpommerns - und auch anderer Bundesländer, z.B. Bayern in Art. 13 I Nr. 5 PAG -

eine neue Art staatlicher Gewalt dar, mit der in Individualrechtspositionen eingegriffen werde. Allein seine ***Ortswahl*** mache den Bürger zum Ausforschungsobjekt. Weil Art. 2 II SDÜ den Vertragsstaaten aber nur ausnahmsweise und für eine begrenzte Zeit gestatte, an den Binnengrenzen Grenzkontrollen und Ersatzmaßnahmen durchzuführen, ständen die obigen Befugnisse nicht im Einklang mit dem SDÜ[683].

Diese Zweifel an der Rechtmäßigkeit müssen ernst genommen werden. Allerdings muss gleichfalls berücksichtigt werden, dass die Kontrolle in den Grenzgebieten bis zu einer Tiefe von 30 Kilometern ein durchaus effektives Mittel zur Eindämmung und Bekämpfung gerade grenztypischer Straftaten darstellt. Besonders die bereits oben erwähnte Abschreckungsfunktion der Schleierfahndung und die erhöhte Wahrscheinlichkeit[684] für die ermittelnden Beamten, in dem Grenzschleier tatsächlich auf Täter zu stoßen, spricht für jene Regelung in Mecklenburg-Vorpommern und gegen einen Verstoß gegen das SDÜ.

II. Verstoß gegen Art. 2 II SDÜ?

Art. 2 II SDÜ lautet:

„Wenn die öffentliche Ordnung oder die nationale Sicherheit es indessen erfordern, kann eine Vertragspartei nach Konsultation der anderen Vertragsparteien beschließen, dass für einen begrenzten Zeitraum an den Binnengrenzen den Umständen entsprechende nationale Grenzkontrollen durchgeführt werden. Verlangen die öffentliche Ordnung oder die nationale Sicherheit ein sofortiges Handeln, so ergreift die betroffene Vertragspartei die erforderlichen Maßnahmen und unterrichtet darüber möglichst frühzeitig die anderen Vertragsparteien.“

Damit gestattet Art. 2 II SDÜ den Vertragsstaaten nur ausnahmsweise und zeitlich limitiert die Durchführung von Grenzkontrollen oder Ersatzmaßnahmen an den Binnengrenzen. Weil das Polizeigesetz Mecklenburg-Vorpommern keine

---

[682]Kühne, StPO, Rn. 381.
[683]Kühne, StPO, Rn. 381.
[684]vgl. oben.

derartige Limitierung enthält, erscheint die Annahme eines ***Verstoßes*** gegen Art. 2 II SDÜ

- in der Form der Umgehung dieser Regelung -

als naheliegend.

III. Verstoß gegen Art. 2 III SDÜ?

Gemäß Art. 2 III SDÜ bleibt die Ausübung der Polizeibefugnisse durch die nach Maßgabe des nationalen Rechts zuständige Behörde einer Vertragspartei im gesamten Hoheitsgebiet dieser Vertragspartei von der Abschaffung der Personenkontrollen unberührt. Hier führt *Kühne*[685] aus, dass sich Art. 2 III SDÜ gerade ausdrücklich auf Polizeibefugnisse beziehe, die für das *gesamte* Hoheitsgebiet gelten. Im Gegensatz dazu ständen die Maßnahmen der Schleierfahndung, die sich ja gerade nur auf einen *Teil* des Hoheitsgebietes erstreckten.

Auch hier ist grundsätzlich zu berücksichtigen, dass die Zweifel *Kühnes* an der Vereinbarkeit der Eingriffsmöglichkeiten der Bundesländer im Grenzgebiet bis zu 30 Kilometer mit dem SDÜ ernst zu nehmen sind. Doch wie bereits oben dargelegt wurde, müssen Schaden und Nutzen einer derartigen Kriminalitätsbekämpfung - von *Kühne* als neue Eingriffsdimension staatlicher Gewalt bezeichnet[686] - gegeneinander abgewogen werden. M.E. überwiegt der positive Effekt, nämlich die Eindämmung von Straftaten im Grenzbereich.

C. Resümee

Es ist festzuhalten, dass der Schleierfahndung zum Zwecke der vorbeugenden Verbrechensbekämpfung durchaus begründete Zweifel an ihrer Verfassungsmäßigkeit entgegengehalten werden können. Wie bereits ausgeführt, überwiegt aber der von der Schleierfahndung ausgehende positive Effekt einer abschreckenden Wirkung und der leichteren Möglichkeit des Auffindens von Straftätern. Daher dürfte die Schleierfahndung im Grenzbereich (30 km) letztlich verfassungskonform sein, mag sie auch

- und zumindest insoweit ist *Kühne* beizupflichten –

dem „Geist von Schengen“ nicht ganz gerecht werden.

---

[685] Kühne, StPO, Rn. 381.
[686] Kühne, StPO, Rn. 380.

Siebter Hauptteil: Sonderproblem der staatlichen Tatprovokation

§ 18 Begriff der staatlichen Tatprovokation

- Lockspitzeleinsatz -

Die Gefahr einer Entfesselung der Polizei durch Lösung von der Geltung der StPO und der Verfahrensherrschaft der StA sei abschließend am Einsatz polizeilicher Lockspitzel dargestellt.

A. Hinführung zur Problematik

Äußerst fraglich ist zunächst, ob die Tatprovokation als nichtoffene Ermittlungsmethode überhaupt zulässig ist. Denn nicht selten treten hierbei folgende Besonderheiten auf, die diesen Einsatz so problematisch machen:

Der spätere Täter kann von einem polizeilichen Lockspitzel geradezu zu der Straftat gedrängt werden. Der BGH[687] hatte unter anderem einen Fall zu entscheiden, in dem es nach drei eindeutigen Ablehnungen der Zielperson eines weiteren Versuchs des Lockspitzels bedurfte, damit diese sich um die Lieferung von Rauschgift bemühte. Außerdem bestand in jenem Fall die Besonderheit, dass gegen die Zielperson vor Beginn des VP-Einsatzes weder ein Tatverdacht bestand noch sie sonst wie einschlägig vorbestraft war.

In diesen Fällen könnte der Staat seinen Strafanspruch durch unzulässige Einwirkung selbst verwirkt haben[688]. Vorab muss aber geprüft werden, ob grundsätzliche verfassungsrechtliche Aspekte gegen eine staatliche Tatprovokation sprechen.

I. Notwendigkeit der Offenheit staatlichen Handelns

1. Demokratieprinzip

Fraglich ist, ob der Staat dazu verpflichtet ist, nur offen

- also ohne verdeckte Ermittlungsmethoden -

tätig zu werden.

Eine Pflicht zum *offenen* Einsatz polizeilicher Ermittlungen könnte aus dem in Art. 20 I und II S. 1 GG niedergelegten ***Demokratieprinzip*** resultieren. Das de-

---

[687]NStZ 2000, S. 269.
[688]Beulke, StPO, Rn. 288.

mokratische Prinzip wird im Grundgesetz nicht abschließend definiert, sondern in Teilelementen festgelegt und in seinen wesentlichen Grundzügen umrissen[689]. Das entscheidende Element dieses Prinzips ist die *Volkssouveränität*: „Alle Staatsgewalt geht vom Volke aus". Dies bedeutet, dass die Ausübung jeglicher staatlichen Gewalt eine demokratische Legitimation voraussetzt und in einer *„ununterbrochenen demokratischen Legitimationskette"*[690] auf das Volk zurückführbar sein muss. Das Demokratieprinzip könnte deshalb Auswirkungen auf die staatliche Tatprovokation haben, weil der Zielperson zum Zeitpunkt der staatlichen Provokation, zum Beispiel durch einen Verdeckten Ermittler der ihn mehrmals befragt, ob er nicht Heroin besorgen könne, nicht klar ist, dass sie die Straftat nun quasi unter staatlicher „Aufsicht" durchführe. Das Demokratieprinzip könnte ja möglicherweise verlangen, dass staatliches Vorgehen nicht geheim sein dürfe, sondern der Bürger einen Anspruch auf Kenntnis dessen habe, was der Staat mit ihm plane.

Dem Demokratieprinzip kann indes kein Verfassungsgebot nur offener Ermittlungen entnommen werden. Auch *Deutsch*[691] erkennt zutreffend:

„...Dass ein schrankenloses Informationsbedürfnis des Bürgers nicht mit dem vermeintlich durchschlagenden Hinweis auf die Identität von Regierenden und Regierten in einer Demokratie behauptet werden kann, zeigt bereits die sowohl in Art. 20 II GG enthaltene als auch die in Art. 29 GG zum Ausdruck kommende wohlüberlegte Absage des Grundgesetzes an ein unmittelbar basisdemokratisch gestaltetes System und die konsequente Entscheidung für die repräsentative Form der Demokratie."[692]

Dieser Ansicht ist zu folgen. Das Demokratieprinzip verlangt m.E. keineswegs eine offene staatliche Vorgehensweise bei Ermittlungen, da diesem Prinzip weder formelle, sachliche oder zeitliche Grenzen zu entnehmen sind, die insoweit für eine Beschränkung staatlichen Vorgehens sprechen könnten. Dieses Verfassungsprinzip verlangt eben nur, dass staatliches Handeln auf einem demokratisch legitimierten Fundament beruht. Zwar hat der Gesetzgeber die Zulässigkeit des Einsatzes von Informanten und sonstigen nicht offen operierenden Ermittlern nicht geregelt. Nach zutreffender Ansicht von *Beulke*[693] darf aber nicht der Umkehrschluss aus der Zulässigkeit des VE auf die Unzulässigkeit der Informationsbeschaffung durch V-Männer und Informanten gezogen werden, da der Gesetzgeber diesen Bereich bewusst offen gelassen habe.

---

[689]Hesse, Grundzüge des Verfassungsrechts, § 5, vor I, Rn. 127-129.
[690]Böckenförde, Staat und Gesellschaft, Bd. I, § 22, Rn. 11.
[691]Deutsch, Die heimliche Erhebung von Informationen, S. 13 f.
[692]Deutsch, aaO., S. 13 m.w.N.: Düwel, Amtsgeheimnis, S. 120 f.; W. Martens, Öffentlich als Rechtsbegriff, S. 60 f.
[693]Beulke, StPO Rn. 424.

Ein Verstoß gegen das Demokratieprinzip ist also zu verneinen.

2. Rechtsstaatsprinzip

In Erwägung zu ziehen ist weiterhin ein Verstoß der staatlichen Tatprovokation gegen das Rechtsstaatsprinzip. Dieses wird in Art. 20 GG nicht ausdrücklich erwähnt, gehört aber nach allgemeiner Ansicht zu den Staatsstrukturprinzipien. Mittelbar ergibt sich die Geltung des Rechtsstaatsprinzips aus Art. 28 I S. 1 GG, wenn dort für die Länder das Prinzip des „sozialen Rechtsstaats im Sinne dieses Grundgesetzes" vorgeschrieben wird. Die wichtigsten Ausprägungen des Rechtsstaatsprinzips sind in Art. 20 II S. 2 GG - Gewaltenteilung - und Art. 20 III GG - Bindung an die verfassungsmäßige Ordnung sowie an Gesetz und Recht - geregelt. Hinzu kommen zahlreiche andere, für das Rechtsstaatsprinzip grundlegende Vorschriften, so z.B. die Gewährleistung eines umfassenden Rechtsschutzes (Art. 19 IV GG) durch unabhängige Richter (Art. 92, 97 I GG) in einem fairen Verfahren (Art. 101, 103 GG).

Das BVerfG hat schon in einer früheren Entscheidung[694] dargelegt, dass sich das Rechtsstaatsprinzip

„aus einer Gesamtschau der Bestimmungen des Art. 20 III GG über die Bindung der Einzelgewalten und der Art. 1 III, 19 IV, 28 I S. 1 GG sowie aus der Gesamtkonzeption des Grundgesetzes..."

ergebe.

Doch auch aus diesem Verfassungsprinzip kann kein umfassendes Publizitätsgebot staatlichen Handelns entnommen werden.
Bereits aus der nicht ausdrücklichen Fixierung und der großen Reichweite des Rechtsstaatsprinzips folgt, dass hieraus keine allumfassende Pflicht zur offenen Ermittlung herzuleiten ist. Andernfalls bestünde die Gefahr einer petitio principii[695]. Das Rechtsstaatsprinzip verlangt nur ein Mindestmaß an Transparenz hinsichtlich der Berechenbarkeit und Voraussehbarkeit staatlichen Handelns. Eine schrankenlose Pflicht des Staates, jedwedes Tätigwerden offenzulegen, kann diesem Verfassungsgrundsatz aber nicht entnommen werden.

Auch ein Verstoß gegen das Rechtsstaatsprinzip kann daher abgelehnt werden.

---

[694]BVerfGE 2, S. 380, 403.
[695]Deutsch, Die heimliche Erhebung von Informationen, S. 14.

3. Der nemo tenetur se ipsum accusare Grundsatz

Fraglich ist, ob die Ermittlungen eines Polizeibeamten, der nicht offen unter Verwendung einer Legende auftritt, den rechtsstaatlichen Grundsatz „nemo tenetur se ipsum accusare“ (niemand darf gezwungen werden, sich selbst anzuklagen) verletzt. Als problematisch erweist sich diese Frage, wenn jemand gegenüber einem nicht offen ermittelnden Polizeibeamten eine Straftat offenbart.

Der nemo-tenetur-Grundsatz ist dem Rechtsstaatsprinzip (Art. 20 III GG) sowie dem allgemeinen Persönlichkeitsrecht des Beschuldigten (Art. 2 I iVm. Art. 1 I GG) zu entnehmen[696] und besagt:

„Niemand ist verpflichtet, aktiv an seiner eigenen Überführung mitzuwirken.“[697]

Die wichtigste Auswirkung dieses Grundsatzes ist die Wahlmöglichkeit des Beschuldigten, entweder auszusagen oder die Einlassung zur Sache zu verweigern, § 136 StPO. Beruft sich der Beschuldigte auf sein Schweigerecht und sagt nicht aus, darf allein daraus im Urteil kein nachteiliger Schluss gezogen werden[698]. Das nemo-tenetur-Prinzip hat aber auch Auswirkungen auf das sonstige prozessuale Verhalten des Angeklagten, soweit es mit seinem Schweigerecht zusammenhängt[699]. Es darf nicht als Bestätigung für das Bestehen des Tatvorwurfs angesehen werden, wenn der Beschuldigte sich weigert, seinen Arzt oder Verteidiger von der Schweigepflicht zu entbinden, § 53 II StPO[700].

Aus dem nemo-tenetur-Prinzip könnte nun gefolgert werden, dass der die Tat gegenüber einem verdeckt operierenden Beamten Preisgebende sich ohne seinen Willen selbst belastet, weil er im Falle einer staatlichen Tatprovokation im Irrtum über die mit ihm in Kontakt tretende Person, nämlich einen verdeckt operierenden Polizeibeamten, ist. Die Zielperson verhält sich in dieser Situation anders als bei offenem Auftreten des Polizeibeamten. Sie würde bei Erfassen und Kenntnis der Situation von ihrem Schweigerecht Gebrauch machen.

Gegen einen Verstoß gegen das Selbstbelastungsverbot spricht aber, dass dieser Grundsatz keinen Schutz vor unbewusster Selbstbelastung bietet. Andernfalls wären auch die in der StPO (§§ 100 a, 100 b StPO) verankerten Vorschriften über die Telefonüberwachung nicht verfassungsgemäß. Solange sich der Einzelne ohne Zwang über seine Straftaten gegenüber anderen äußert, ist der Gel-

---

[696] Beulke, StPO, Rn. 125.
[697] Krey, StPO Band 1, Rn. 784, 789 ff.
[698] BGHSt 20, S. 281, 282 f.
[699] Beulke, StPO, Rn. 125.
[700] BGHSt 45, S. 363, 364; Müller-Christmann, JuS 2001, S. 61; Kühne, JZ 2000, S. 684.

tungsbereich des nemo-tenetur-Prinzips nicht tangiert. Das Grundgesetz kann keinen allumfassenden Schutz des Bürgers dagegen bieten, sich selbst zu belasten[701]. Außerdem steht es dem Täter offen, sich an Personen zu wenden, die gemäß der StPO ein Zeugnisverweigerungsrecht besitzen, z.B. an Angehörige (§ 52 StPO) oder Geistliche (§ 53 I Nr. 1 StPO)[702].

Auch der nemo-tenetur-Grundsatz wird also von der staatlichen Tatprovokation nicht berührt.

4. Art. 5 I S. 1 HS 2 GG: Das Grundrecht der Informationsfreiheit

Der Freiheitsbereich des Informationsrechtes im Sinne des Art. 5 I S. 1 HS 2 GG gewährleistet jedermann das Recht, sich aus allgemein zugänglichen Quellen ungehindert zu unterrichten. Für die Persönlichkeitsentfaltung des Einzelnen und die Aufrechterhaltung der demokratischen Ordnung ist die Informationsfreiheit ebenso wichtig wie die Freiheit der freien Meinungsäußerung und der Medienberichterstattung[703].

Auch hieraus lässt sich indes kein Erfordernis der offenen Ermittlung entnehmen, weil der Schutzbereich der Informationsfreiheit sachlich eingegrenzt ist. Geschützt sind nur Informationen, die aus *allgemein zugänglichen Quellen* stammen. Allgemein zugänglich ist eine Informationsquelle, wenn sie geeignet und bestimmt ist, der Allgemeinheit, mithin einem *individuell nicht bestimmbaren Personenkreis*, Informationen zu verschaffen[704]. Als nicht allgemein zugänglich gilt damit beispielsweise der behördliche Bereich, so dass sich unmittelbar aus Art. 5 I S. 1 HS 2 GG kein Recht auf Akteneinsicht oder Auskunftserteilung ergibt[705]. Im Wege eines Erst-recht-Arguments kann daraus gefolgert werden, dass auch keine Pflicht der Polizei besteht, bei ihren Ermittlungen stets offen vorzugehen.

Auch das Grundrecht der Informationsfreiheit erfordert nicht zwingend ein stets offenes Auftreten der ermittelnden Polizeibeamten.

5. Zusammenfassung

Es sprechen grundsätzlich keine verfassungsrechtlichen Bedenken gegen die Zulässigkeit staatlicher Tatprovokation. Allerdings ist zu beachten, dass daraus *nicht* die Schlussfolgerung gezogen werden darf, der Staat habe das Recht, *un-*

---

[701] BGHSt 42, S. 139, 145 ff., 151-153.
[702] Krey, Miyazawa-Festschrift, S. 600; ders. JR 1998, S. 1, 4 (a.E.), 5.
[703] BVerfGE 27, S. 71, 80 ff.
[704] BVerfGE 27, S. 71, 83 f; E 33, S. 52, 65.
[705] BVerfG NJW 1986, S. 1243.

beschränkt nicht offen zu ermitteln und Zielpersonen zu Straftaten zu veranlassen. Den Strafverfolgungsorganen darf kein beliebiger Rückgriff auf nichtstaatliche Aufklärungsmöglichkeiten gewährt werden. Deshalb muss das Rechtsstaatsprinzip der staatlichen Tatprovokation Grenzen setzen[706]. Lockspitzel dürfen nur gegen Personen eingesetzt werden, gegen die zumindest schon ein ***Verdacht im Sinne der §§ 152 II, 160 StPO*** besteht, dass sie Straftaten aus dem Bereich der besonders gefährlichen und schwer aufklärbaren Kriminalität planen oder darin involviert sind[707]. Warum diese Einschränkung erforderlich ist, wird im Folgenden dargelegt.

B. Stand der Rechtsprechung

Nun wird der Stand der Rechtsprechung zur Problematik der staatlichen Tatprovokation skizziert.

Der BGH war mit der Frage der Tatprovokation bereits mehrfach befasst[708] und gelangte dabei zu dem Ergebnis, dass insbesondere der Einsatz von Vertrauenspersonen und verdeckt ermittelnden Polizeibeamten (VE) zur Bekämpfung besonders gefährlicher und schwer aufklärbarer Kriminalität grundsätzlich zulässig ist und zwar auch dann, wenn diese Personen hierbei als Lockspitzel auftreten.

Früher wurde vom zweiten Strafsenat noch die Ansicht vertreten, eine Überschreitung der Grenzen zulässigen Lockspitzeleinsatzes führe dazu, dass der Staat seinen Strafverfolgungsanspruch verwirkt habe und deshalb ein Verfahrenshindernis bestehe[709]. Ein vom Zweiten Strafsenat angestrengtes Vorlageverfahren vor dem Großen Senat für Strafsachen gemäß § 137 GVG wurde wegen Fehlens der Vorlagevoraussetzungen letztlich nicht entschieden, weil der Zweite Strafsenat im Verlauf des Vorlageverfahrens seine Auffassung aufgegeben hatte[710]. Zwischenzeitlich hatte der Erste Strafsenat nämlich in seiner ***Grundsatzentscheidung BGHSt 32, 345 ff.*** seine bisherige Ansicht aufgegeben und entschieden, dass eine staatliche Tatprovokation kein Verfahrenshindernis darstelle, sondern er diese Einwirkung nur noch als ***Strafmilderungsgrund*** ansehe. Das Problem wird also nur noch auf der Ebene der Strafzumessung relevant[711]. Die in BGHSt 32, 345 ff. angeführten Argumente lauten:

---

[706]Beulke, StPO Rn. 424.
[707]BGH NStZ 1995, 506; SK-Wolter, vor § 151 Rn. 100 ff.
[708]vgl. nur BGHSt 32, 115 (121 f.)=NJW 1984, 247=NStZ 1984, 36; BGHSt 32, 345 (346); BGHSt 40, 211 (215); BGHSt 41, 42 (43); BGH, NJW 1998, 767; aber auch: BVerfG (3. Kammer des Zweiten Senats), NJW 1987, 1847 (1857), BVerfG, Beschl. v. 29.4.1998 - 2 BvR 174/98 - Nichtannahmebeschluss ohne Gründe.
[709]BGH NJW 1981, S. 1626.
[710]BGHSt 33, S. 356, 358.
[711]BGHSt 33, S. 283 f.; BGH NStZ 1995, S. 506.

„...Ein Verfahrenshindernis steht zwingend am Anfang des Verfahrens. Bereits zu diesem Zeitpunkt muss man wissen, ob sich das Verfahren überhaupt durchführen lässt. Verfahrenshindernisse knüpfen an Tatsachen an und stehen der Fortführung des Verfahrens entgegen, ohne dass eine wertende Betrachtung zulässig oder gar erforderlich wäre. Die Frage, ob ein polizeilicher Lockspitzel den Tatentschluss des Angeklagten unter Überschreitung rechtsstaatlicher Grenzen hervorgerufen hat, ist das Ergebnis eines Werturteils...“

Somit ist laut BGH bereits begrifflich ein Verfahrenshindernis ausgeschlossen.

Der Zweite, Vierte und Fünfte Strafsenat des BGH sind dieser Rechtsprechung im Sinne einer Strafzumessungslösung gefolgt[712]. Allerdings wurden in neueren Entscheidungen Lockspitzeleinsätze bereits dann als rechtswidrig eingestuft, wenn zum Zeitpunkt des Tätigwerdens des Lockspitzels kein Tatverdacht im Sinne der §§ 152, 160 StPO gegen die Zielperson bestand[713].

Der Einsatz eines Lockspitzels ist somit nur unter folgenden Voraussetzungen zulässig:

Die Tatprovokation ist nur gegen eine Person erlaubt, die in einem den §§ 152 II, 160 StPO entsprechenden Grad verdächtig ist, an einer bereits begangenen, nicht ganz unerheblichen einschlägigen Straftat beteiligt gewesen zu sein oder zu einer vergleichbaren zukünftigen Straftat bereit zu sein.

An dieser Linie hält die Rechtsprechung auch weiterhin grundsätzlich fest (zum Beispiel BGHSt 45, 321; BGH StV 1999, 631), und zwar ungeachtet der Entscheidung des Europäischen Gerichtshofs für Menschenrechte im Fall *Teixeira de Castro* gegen Portugal[714]. Der Entscheidung des EGMR lag folgender Sachverhalt zugrunde:

Zwei Zivilbeamte der portugiesischen Polizei wandten sich als angebliche Rauschgifthändler an eine Person, die verdächtigt wurde, in geringem Umfang mit Drogen zu handeln. Trotz eindringlicher Nachfragen konnte die Person keine Haschischlieferanten benennen. Die Beamten erklärten daraufhin, sie seien nunmehr interessiert, Heroin zu kaufen. Der Angesprochene antwortete, der Beschwerdeführer, dessen Anschrift er nicht kannte, sei jemand, der Derartiges finden könne. Gemeinsam suchte man sodann nach Ermittlung der Wohnanschrift den Beschwerdeführer auf. Die Beamten erklärten dort, sie wollten für umgerechnet knapp 2000,- DM 20 g Heroin kaufen. Der Beschwerdeführer wil-

[712]BGH NJW 1985, S. 1764; NStZ 1995, S. 506; StV 1995, S. 131; BGHSt 33, S. 283; BGHSt 33, S. 356.
[713]BGH NStZ 1995, S. 506.
[714]EGMR, EuGRZ 1999, S. 660.

ligte ein. Er fuhr zu einem Mittelsmann, der von einem Lieferanten 20 g Heroingemisch besorgte, welches der Beschwerdeführer den Polizeibeamten übergab. Der Beschwerdeführer wurde festgenommen und unter anderem aufgrund der Aussagen der beiden Polizeibeamten wegen des Rauschgiftgeschäfts zu sechs Jahren Freiheitsstrafe verurteilt.

Der EGMR hat in der Tatprovokation durch die zwei Polizeibeamten und in der Verurteilung des Beschwerdeführers zu einer Freiheitsstrafe von sechs Jahren wegen Rauschgifthandels einen Verstoß gegen das durch Art. 6 EMRK garantierte faire Verfahren gesehen. Art. 6 EMRK lautet:

(1) Jede Person hat ein Recht darauf, dass über Streitigkeiten in bezug auf ihre zivilrechtlichen Ansprüche und Verpflichtungen oder über eine gegen sie erhobene strafrechtliche Anklage von einem unabhängigen und unparteiischen, auf Gesetz beruhenden Gericht in einem fairen Verfahren, öffentlich und innerhalb angemessener Frist verhandelt wird..
(2) Jede Person, die einer Straftat angeklagt ist, gilt bis zum gesetzlichen Beweis ihrer Schuld als unschuldig.
(3) Jede angeklagte Person hat mindestens folgende Rechte:
a)...
b)...
c)...
d) Fragen an Belastungszeugen zu stellen oder stellen zu lassen und die Ladung und Vernehmung von Entlastungszeugen unter denselben Bedingungen zu erwirken, wie sie für Belastungszeugen gelten;
e).... "

Der EGMR kam zu dem Ergebnis, dass die Tätigkeiten der beiden Polizeibeamten über die ***rechtsstaatskonformen*** Ermittlungsmaßnahmen eines verdeckten Ermittlers hinausgegangen seien, weil sie zu einer Straftat angestiftet hätten und weil nichts dafür spreche, dass diese ohne ihr Eingreifen begangen worden wäre. Dieses Eingreifen sowie seine Verwertung in dem streitigen Strafverfahren habe bewirkt, dass der Beschwerdeführer ab initio und endgültig kein faires Verfahren gehabt habe. Daher liege eine Verletzung von Art. 6 I EMRK vor (Nummer 39 der Urteilsgründe)[715].

Der *BGH* folgt dem *EGMR* in einem wesentlichen Punkt; zur *Verleitung einer zunächst nicht tatgeneigten Person* stellt der *BGH* nämlich fest[716]:

„Wird eine unverdächtige und zunächst nicht tatgeneigte Person durch die von einem Amtsträger geführte Vertrauensperson (also eine V-Person) in einer dem

---

[715] NJW 2000, S. 1124.
[716] NJW 2000, S. 1123=JZ 2000, S. 363 ff. mit Anm. Roxin.

Staat zuzurechnenden Weise zu einer Straftat verleitet und führt dies zu einem Strafverfahren, liegt darin ein Verstoß gegen den Grundsatz des fairen Verfahrens gemäß Art. 6 I S. 1 EMRK.“

Dieser Linie der Rechtsprechung auf dem Gebiet der staatlichen Tatprovokation ist m.E. zuzustimmen. Zum einen steht sie nicht im Widerspruch zu den Vorschriften der präventiven Gefahrenabwehr in den Polizeigesetzen der Länder. Dort ist die verdeckte Datenerhebung durch eine verdeckt operierende V-Person nur bei Vorliegen einer *konkreten* Gefahr zugelassen[717]. Zum anderen wird das Vorliegen einer zulässigen Tatprovokation zutreffend an das Vorliegen der tatsächlichen Voraussetzungen des ***Tatverdachtes*** geknüpft.

Hierzu betont das Gericht zutreffend:

„Die Problematik des Einsatzes von Lockspitzeln sei

- trotz präventiver Elemente -

allein an der StPO zu messen. Eine polizeirechtliche Beurteilung sei nicht mehr möglich, weil es sich um den Einsatz eines Lockspitzels ***>>gegen eine bestimmte Person zur Aufklärung und Aburteilung einer Straftat mit strafverfahrensrechtlichen Mitteln<<***[718] *handele*[719]*.“*

Das überzeugt, und mithin bedarf es eines ***Anfangsverdachtes*** gegen den Verleiteten, den strafprozessuale Maßnahmen erfordern.

Strittig sind allerdings die Konsequenzen eines unzulässigen Lockspitzeleinsatzes:

Der BGH vertritt bekanntlich eine Strafzumessungslösung und stellt dazu fest[720]:

„Der in der unzulässigen Verleitung einer unverdächtigen und zunächst nicht tatgeneigten Person durch einen polizeilichen Lockspitzel liegende Verstoß gegen Art. 6 I 1 EMRK sei in den Urteilsgründen festzustellen und bei der Festsetzung der Rechtsfolgen zu kompensieren. Das Maß der Kompensation für den Verstoß gegen den Grundsatz des fairen Verfahrens sei dabei gesondert zum Ausdruck zu bringen.“

---

[717] Honnacker/Beinhofer, PAG, Art. 33 Rn. 5; BGH aaO.
[718] Hervorhebung von Verfasserin.
[719] BGH aaO (m.w.N.); Krey, Jaeger, NStZ 1005, S. 517, 519.
[720] BGH aaO (m.w.N.).

Demgegenüber wird in der Literatur von vielen ein Prozesshindernis angenommen[721]; *Roxin* plädiert für einen Strafausschließungsgrund[722].
Ob dem BGH zu folgen ist, oder ob seine Strafmilderungskonzeption der Rechtsprechung des EGMR widerspricht, soll hier offen bleiben, weil ***diese*** Frage für die Thematik der *„Gefahr der Entfesselung der Polizei wegen Lösung von der Geltung der StPO und der Verfahrensherrschaft der StA mittels Rückgriffs auf **vorbeugende Verbrechensbekämpfung** gemäß Polizeirecht"* ohne (erhebliche) Relevanz ist.

II. Konsequenz

Polizeiliche Ermittlungen müssen mithin von Verfassungs wegen nicht grundsätzlich offen erfolgen. Bei Staatsaufgaben von ***hohem Verfassungsrang***, die nur im Wege geheimer Ermittlungen durchgeführt werden können, bestehen – wie oben dargelegt – keine durchgreifenden verfassungsrechtlichen Bedenken gegen nichtoffene Ermittlungen.

Für den Bereich der Gefahrenabwehr sind auch in den Polizeigesetzen der Länder zahlreiche verdeckte Ermittlungsmaßnahmen ausdrücklich geregelt worden, so z.B. in Art. 33 I, II PAG Bayern:

„ (1) Besondere Mittel der Datenerhebung sind
1. die planmäßig angelegte Beobachtung einer Person, die durchgehend länger als 24 Stunden oder an mehr als zwei Tagen durchgeführt werden soll (längerfristige Observation),
2. der verdeckte Einsatz technischer Mittel zur Anfertigung von Bildaufnahmen oder –aufzeichnungen sowie zum Abhören oder zur Aufzeichnung des nichtöffentlich gesprochenen Wortes,
3. der Einsatz von Polizeibeamten unter einer Legende (Verdeckte Ermittler).
(2) Die längerfristige Observation oder der verdeckte Einsatz technischer Mittel zur Anfertigung von Bildaufnahmen oder -aufzeichnungen ist zulässig, wenn die Erfüllung einer polizeilichen Aufgabe auf andere Weise gefährdet oder erheblich erschwert würde..."

Zu den Staatsaufgaben von *hohem Verfassungsrang* neben der Gefahrenabwehr zählt das BVerfG, gefolgt vom BGH und dem BVerwG gerade auch die Strafverfolgung. Dazu zählt die Aufklärung organisierter Kriminalität, Bandenkrimi-

---

[721] Hillenkamp, NJW 1989, S. 2841; Kempf, StV 1999, 128 u.a. sind der Ansicht, es liege ein von Amts wegen zu beachtendes Strafverfahrenshindernis vor.
Fischer/Maul NStZ 1992, S. 7, 13 und Kinzig StV 1999, S. 288 ff., sind der Auffassung, im Fall der staatlichen Tatprovokation liege sowohl ein Beweiserhebungsverbot als auch ein sich aus dem Grundgesetz ergebendes Beweisverwertungsverbot vor.
[722] Roxin aaO.

nalität und sonstiger schwerer Straftaten[723]. Festzuhalten ist, dass somit z.B. im Kampf gegen die Organisierte Kriminalität nicht offene Ermittlungsmethoden, wozu auch der Einsatz von polizeilichen Lockspitzeln als strafprozessuales Instrument zählt, zulässig ist. Organisierte Kriminalität wird in den *„Gemeinsamen Richtlinien der Justizminister/-senatoren und der Innenminister/-senatoren der Länder über die Zusammenarbeit von Staatsanwaltschaft und Polizei bei der Verfolgung der Organisierten Kriminalität" v. 1990* in Punkt 2.1 umschrieben als[724]:

„ die von Gewinn- oder Machtstreben bestimmte planmäßige Begehung von Straftaten , die einzeln oder in ihrer Gesamtheit von erheblicher Bedeutung sind, wenn mehr als zwei Beteiligte auf längere oder unbestimmte Dauer arbeitsteilig entweder unter Verwendung gewerblicher oder geschäftsähnlicher Strukturen, oder unter Anwendung von Gewalt oder anderer zur Einschüchterung geeigneter Mittel oder unter Einflussnahme auf Politik, Medien, öffentliche Verwaltung, Justiz oder Wirtschaft zusammenwirken."[725]

Solange sich die verdeckten Ermittlungsmethoden an der Intensität des jeweiligen Grundrechtseingriffs orientieren, mithin dem Grundsatz der Verhältnismäßigkeit gerecht werden, spricht nichts gegen diese Form der Straftatenaufklärung. Es müssen lediglich Verfassungshöchstwerte wie die Gewährleistung einer effektiven Strafverfolgung und Strafrechtspflege gegen andere Verfassungshöchstwerte wie Schutz der Bürger vor dem staatlichen Strafverfolgungsapparat gegeneinander abgewogen werden. Es muss mithin ein Ausgleich zwischen den unterschiedlichen Interessen des Bürgers und des Staates geschaffen werden[726].

C. Einsatz qualifizierter Scheinaufkäufer

I. Begriff

Ein Sonderproblem stellt seit Inkrafttreten des Gesetzes zur Bekämpfung des illegalen Rauschgifthandels und anderer Erscheinungsformen der Organisierten Kriminalität (OrgKG) vom 15.07.1992[727] die Frage dar, wie die Rechtmäßigkeit von Lockspitzeln, die keine verdeckten Ermittler, sondern sonstige, nicht offen

[723] BVerfG 57, S. 250, 284 f; BVerfG NStZ 1991, S. 445 f; BGH St 32, S. 115, 120 f (GS); BGH St 33, S. 83, 90, 91; BGH NStZ 1991, S. 194; BVerwG JZ 1992, S. 360 ff.
[724] Abgedruckt mit Nachweis der Veröffentlichungs-Erlasse in den Ländern bei Kleinknecht/Meyer-Goßner, Anhang A 15 Anlage E.
[725] Honnacker/Beinhofer, Polizeiaufgabengesetz, S. 306.
[726] Krey, Rechtsprobleme, Rn. 154.
[727] BGBl I 1302, in Kraft getreten am 22.09.1992.

operierende Polizeibeamte sind, an den Regelungen der Strafprozessordnung zu messen ist.
Es ergibt sich bereits aus dem Wortlaut des § 101 I S. 1 StPO, dass die Strafprozessordnung neben dem VE sonstige nicht offen operierende Strafverfolgungsbeamte anerkennt. Dort heißt es:

„...sind die Beteiligten zu benachrichtigen, sobald dies ohne Gefährdung des Untersuchungszwecks, der öffentlichen Sicherheit, von Leib oder Leben einer Person sowie der Möglichkeit der weiteren Verwendung eines eingesetzten ***nicht offen ermittelnden Beamten***[728] *geschehen kann."*

Darüber hinaus wurde auch in dem Entwurf des OrgKG[729] hervorgehoben, die ausdrückliche Regelung des VE bedeute keineswegs, dass der Einsatz von nur gelegentlich verdeckt operierenden Beamten wie Scheinaufkäufern künftig ausgeschlossen sein solle. Statt dessen wird betont, dass sich der Einsatz *„nach allgemeinen Bestimmungen"*[730] richtet. Damit wird auf §§ 161, 163 StPO verwiesen[731]. Es entspricht allgemeiner Ansicht, dass dem Gesetzgeber eine gesetzliche Regelung des Einsatzes von Scheinaufkäufern nicht erforderlich erschien, da dieser Personenkreis den „allgemeinen Bestimmungen" unterliege[732]. Jener Einsatz fällt also unter die §§ 161, 163 StPO.

Diese Konzeption entsprach schon unter der Geltung der §§ 161, 163 StPO *a.F.* rechtsstaatlichen Anforderungen und war daher billigenswert[733].

Zumindest aber seit der Umgestaltung dieser Vorschriften zu kleinen Ermittlungs- (oder genauer: Eingriffs-) Generalklauseln[734] dürften durchgreifende Bedenken gegen den Rückgriff auf jene Normen beim Einsatz von *Scheinaufkäufern* nicht mehr bestehen

- solange diese darauf verzichten, „unverdächtige und zunächst nicht tatgeneigte Personen" zu Straftaten zu verleiten[735].

---

[728] Hervorhebung von Verfasserin.
[729] sog. E OrgKG, BT-Dr 12/989.
[730] BT-Dr 12/989, S. 41. 42.
[731] Anm. Krey/Jaeger, NStZ 1995, S. 517.
[732] Kleinknecht/Meyer-Goßner, StPO, § 110 a Rn. 4; Hilger NStZ 1992, S. 523 Fn. 141.
[733] BGHSt 41, S. 64 ff. (= NStZ 1995, S. 516 mit Anm. Krey/Jaeger).
[734] vgl. oben.
[735] dazu oben.

II. Sperrung qualifizierter Scheinaufkäufer gemäß § 110 b III S. 3 StPO analog

Fraglich ist, ob auch qualifizierte Scheinaufkäufer unter dem Aspekt der Gefährdung für Leib, Leben oder Freiheit oder ihrer weiteren Verwendung im Falle der Offenbarung ihrer Identität gesperrt werden können.

Die StPO erkennt in §§ 54, 68, 96 und § 110 b III S. 3 StPO Geheimhaltungsinteressen des Staates an, so dass eine „Sperrung von Zeugen“ durch die Behörde für das gerichtliche Verfahren möglich sein muss. Gemäß § 110 b III S. 3 StPO iVm. § 96 StPO ist in einem Strafverfahren die Geheimhaltung der Identität von *VE* insbesondere dann zulässig, wenn Anlass zu der Besorgnis besteht, dass die Offenbarung

- Leben, Leib oder Freiheit des VE bzw. einer anderen Person oder

- die Möglichkeit der weiteren Verwendung des VE gefährden würde.

Nach Ansicht von *Krey*[736] kann § 110 b III S. 3 StPO analog auf qualifizierte Scheinaufkäufer und V-Personen angewendet werden. Er beruft sich hierbei unter anderem auf die Begründung des Entwurfs der OrgKG, in der zur Regelung des § 110 b III S. 3 StPO ausgeführt wurde[737]:

„Diese Regelung ist im Interesse der Sicherheit des Beamten notwendig, dient aber auch seiner ***weiteren Verwendung***[738]*. In einem Strafverfahren ist für die Geheimhaltung der Identität § 96 (StPO) einschlägig, wobei der Entwurf zugleich eine Interpretation dieser Vorschrift...enthält. Mit dieser Klarstellung wird für den Teilbereich der Gefährdung der* ***weiteren Verwendung***[739] *des Verdeckten Ermittlers*

- dasselbe gilt für die Verwendungsgefährdung anderer Auskunftspersonen, ...insbesondere von V-Personen -

eine bessere Abstimmung zwischen § 54 (i.V.m. den Beamtengesetzen) und § 96 erreicht...“.

Diese Formulierung macht deutlich, dass § 110 b III S. 3 StPO analog auf sonstige verdeckt ermittelnde Strafverfolgungsbeamte auszudehnen ist.

---

736 Krey, ZKA, S. 36 ff; vgl. auch Hilger, NStZ 1992, S. 524 ; Kleinknecht/Meyer-Goßner, StPO, § 110 b Rn. 8.
737 BT-Drucksache 12/989, S. 42 f.
738 Hervorhebung von Verfasserin.
739 Hervorhebung von Verfasserin.

Zwar wird gegen diese Analogie z.T. eingewandt, sie überschreite die Grenzen zulässiger Analogiebildung im Strafverfahren[740]. Die fragliche Analogie entspricht aber der rechtspolitischen Wertentscheidung des Gesetzgebers. § 110 b III S. 3 StPO konkretisiert nur § 96 StPO.

§ 96 StPO gilt aber nicht nur für VE, sondern auch für sonstige Zeugen. Soweit Leib, Leben oder Freiheit betroffen sind, hat jeder Zeuge ein Recht darauf, dem VE gleichgestellt zu werden. Deshalb werden Scheinaufkäufer im Strafverfahren insoweit wie VE behandelt.

Diese Gleichstellung im Wege der Analogie zu § 110 b III S. 3 StPO muss wegen der Gleichheit der Interessenlage darüber hinaus auch gelten, wenn es um die Sperrung von Scheinaufkäufern geht, um die „Möglichkeit ihrer weiteren Verwendung" zu sichern.

Wenn nun für den VE gemäß § 110 b III S. 3 StPO feststeht, dass seine Identität im Strafverfahren gemäß § 96 StPO wegen Gefährdung der weiteren Verwendung oder von Leib, Leben oder Freiheit geheimgehalten werden darf, kann für sonstige nicht offen ermittelnde Polizeibeamte mithin nichts anderes gelten.

III. Tatprovozierendes Verhalten polizeilicher Lockspitzel

1. Praxis von Tatprovokation durch Scheinaufkäufe

Die Frage, ob es sich bei der gezielten Provokation einer polizeilich kontrollierten Straftat um eine Maßnahme handelt, die der Gefahrenabwehr dient, oder ob es um genuin strafprozessuales Handeln geht, soll im Folgenden erneut aufgegriffen und vertieft werden, weil die Rolle der StA als „Herrin des Ermittlungsverfahrens" und „Wächter des Gesetzes" von der Antwort hierauf abhängt.

Ein häufiger Anwendungsfall der Tatprovokation durch einen polizeilichen Lockspitzel stellt das Handeltreiben mit Betäubungsmitteln dar. In diesem Bereich verfolgt die Herausforderung der Tatbegehung oftmals den Zweck, Rauschgift vom illegalen Markt abzuschöpfen[741]. Hierzu ein Beispiel:

Verkauft eine Person entsprechend einer Aufforderung eines VE oder eines sogenannten Vertrauensmannes der Polizei an einen Scheinaufkäufer ein Kilogramm Kokain, so wurde diese Tat *provoziert.*

Hierbei ist anerkannt, dass ein derartiges tatprovozierendes Verhalten nur innerhalb der durch das Rechtsstaatsprinzip gezogenen Grenzen hingenommen

[740] Anm. Rogall, NStZ 1996, 451 f.
[741] BGH NStZ 1995, S. 517.

werden kann[742]. Die Ermittlungsmaßnahmen dürfen nur gegen Personen eingesetzt werden, gegen die schon ein Verdacht gemäß § 160 I StPO besteht, entsprechende Straftaten zu planen oder darin verwickelt zu sein[743], was oben bereits dargelegt worden ist[744].

2. Einordnung des Einsatzes von Lockspitzeln als präventivpolizeiliche Gefahrenabwehrmaßnahme oder strafprozessuale Ermittlungsmaßnahme

Nach Ansicht des BGH[745] handelt es sich bei der gezielten Provokation einer Straftat *nicht* um eine Maßnahme die der *Gefahrenabwehr* dient:

„*...Die Tatprovokation nimmt in Kauf, dass sich die Gefahr, der das Strafgesetz entgegenwirken will, in einer (kontrollierten) Straftat durch bestimmte Personen konkretisiert; sie ist eine Maßnahme der Strafverfolgung, deren Rechtmäßigkeit gerade auch dann anhand der Strafprozessordnung zu bestimmen ist, wenn deren Regelungen enger sind als die des Polizeirechts...* “[746]

Dieser Ansicht ist zu folgen. Sie entspricht auch der gefestigten Rechtsprechung. Bereits vor Inkrafttreten des Gesetzes zur Bekämpfung des illegalen Rauschgifthandels und anderer Erscheinungsformen der Organisierten Kriminalität (OrgKG) vom 15.7.1992 wurde die Rechtmäßigkeit des Einsatzes sogenannter Lockspitzel an der Regelungen der StPO gemessen[747]. Daran hat sich auch nach Inkrafttreten der §§ 110 a ff. StPO nichts geändert[748].

Zwar könnte für die Einordnung zum Bereich der Gefahrenabwehr sprechen, dass durch den Lockspitzeleinsatz das Heroin „*weg vom Markt*“ ist. Zudem werden durch den Einsatz der Lockspitzel auch Banden zerschlagen. Das alles dient der Gefahrenabwehr, was für die präventiv-polizeiliche Natur des Lockspitzeleinsatzes sprechen könnte.

Hierbei würde aber übersehen werden, dass ***die Strafverfolgung dominiert***, da aufgrund dieses Einsatzes eine Person „in die Falle geht“. Der potentielle Straftäter soll durch die gezielte Provokation bei einer Straftat ergriffen werden und der Strafverfolgung zugeführt werden, um damit eine generalpräventive Wirkung zu erzielen. Der Einsatz von Lockspitzeln zur gezielten Provokation einer polizeilich kontrollierten Straftat ist somit keine präventivpolizeiliche Gefah-

---

[742]BGHSt 32, S. 345, 346; BGH NStZ 1994, S. 335=StV 1994, S. 368.
[743]BGHR StGB § 46 V-Mann 6.
[744]vgl. unten.
[745]BGH St 41, S. 64 ff.
[746]BGH St 41, S. 68.
[747]BGHSt 32, S. 345; BGH GA 1875, S. 333; NJW 1980, S. 1761; NStZ 1981, S. 70; 1982, S. 126; 1982, S. 156, 157; StV 1991, S. 460; 1992, S. 462; NStZ 1992, S. 275.
[748]BGH StV 1994, S. 169.

renabwehr im Gewand vorbeugender Verbrechensbekämpfung, sondern im Schwerpunkt eine strafprozessuale Ermittlungsmaßnahme.

Der Lockspitzeleinsatz ist somit ein anschauliches Beispiel dafür, dass sich die Polizei nicht unter Berufung auf die vorbeugende Verbrechensbekämpfung von der Verfahrensherrschaft der StA und dem Regiment der StPO lösen darf. Materiell ist der Einsatz der StPO zuzuordnen, da der Verdächtige durch den Lockspitzel einer Straftat überführt wird. Formell gehört er zur StPO, weil der Lockspitzel wiederum im Verfahren gesperrt werden kann.

Somit ist der Ansicht des BGH zu folgen, es dominiere der strafprozessuale Charakter des Lockspitzeleinsatzes. Wenn der BGH[749] knapp und apodiktisch feststellt, dass der Einsatz nur im Rahmen der StPO, nicht aber nach den Landespolizeigesetzen möglich ist, kann dem uneingeschränkt zugestimmt werden. Dies mit der Maßgabe, dass auch die StA von Anfang an in diese Ermittlungsmethode einzuschalten ist.

---

[749] BGH NStZ 1995, S. 516 ff.

Wesentliche Ergebnisse

Auf dem Gebiet der Kriminalitätsbekämpfung stellt die ***Strafverfolgung***

- sogenanntes repressives Handeln -

heute faktisch die Hauptaufgabe der Polizei dar. Auf diesem Gebiet sind die Normen der Strafprozessordnung einschlägig. Dabei statuiert § 163 StPO für die Polizei das Legalitätsprinzip. Ein Rückgriff auf das landesrechtlich geregelte Polizeirecht ist im Rahmen der Strafverfolgung ausgeschlossen, weil die StPO hierfür eine abschließende Regelung darstellt. Kennzeichen der repressiven Tätigkeit ist ein vergangenheitsfundiertes und sowohl tat- als auch täterbezogenes Handeln.

Daneben wird die Polizei der Länder im Rahmen der Kriminalitätsbekämpfung auch auf dem Gebiet der ***Gefahrenabwehr*** tätig

- präventives Handeln -.

Dies ist ***die*** originäre Funktion der Länder. Sie kann als eine ereignisbezogene, prognostisch fundierte, möglichst effektive und flexible Reaktion auf eine Schadenswahrscheinlichkeit beschrieben werden.

Die Aufgaben der Strafverfolgung und der Gefahrenabwehr können aber auch kollidieren. Grundsätzlich können diese Pflichten der Polizei nebeneinander bestehen, wenn die Aufgaben der Strafverfolgung und der Gefahrenabwehr gleichzeitig in angemessener Weise wahrgenommen werden können, d.h. wenn keine von ihnen *nur auf Kosten der anderen* erledigt werden kann. Ist eine solche gleichzeitige Wahrnehmung nicht möglich, muss im Wege einer Interessenabwägung entschieden werden, welche Aufgabe im konkreten Fall primär zu verfolgen ist. Dies fordert das Prinzip der Herstellung der praktischen Konkordanz.

Trotz einer langen Diskussion besteht bis heute Streit über die Einordnung der vorbeugenden Verbrechensbekämpfung. Unzweifelhaft ist jedenfalls, dass die herkömmlichen polizeilichen Kriminalitätsbekämpfungsmethoden der Repression und der Prävention nicht mehr ausreichen, um die Organisierte Kriminalität, die Bandenkriminalität oder den Terrorismus zu bekämpfen. Die vorbeugende Verbrechensbekämpfung, welche durch ein Tätigwerden ohne konkrete Gefahr

- d.h. im Vorfeld einer konkreten Gefahr -

und ohne strafprozessualen Anfangsverdacht gekennzeichnet ist, scheint ein adäquates Mittel hiergegen zu sein. In vielen Landesgesetzen wurde die vorbeugende Verbrechensbekämpfung mittlerweile als fester Bestandteil integriert, vgl. zum Beispiel in § 1 S. 3 POG Rheinland-Pfalz. Als gesetzliche Umschreibung der vorbeugenden Verbrechensbekämpfung hat sich ein zweiteiliger Begriff entwickelt:

Die erste Säule stellt die Verhütung von Straftaten dar. Diese umfasst die Verhinderung von Verbrechen und Vergehen mit polizeilichen Mitteln. Die zweite Säule ist die Vorsorge für die Verfolgung künftiger Straftaten und deckt namentlich den Bereich der erkennungsdienstlichen Maßnahmen ab.

Im Rahmen der vorliegenden Arbeit wurde die Frage aufgeworfen, ob die vorbeugende Verbrechensbekämpfung zum Gebiet der Gefahrenabwehr oder der Strafverfolgung gerechnet werden muss oder einer eigenständiger Regelung bedarf.

Die vorbeugende Verbrechensbekämpfung in der Erscheinungsform der ***Verhütung von Straftaten*** muss zur Gefahrenabwehr gezählt werden. Eine andere Ansicht scheidet m.E. schon unter dem Aspekt aus, dass hierbei zugleich eine Gefahr für die öffentliche Sicherheit abgewehrt wird.

Weiterhin gelangt die Verfasserin zu dem Ergebnis, dass die vorbeugende Verbrechensbekämpfung in der Erscheinungsform der ***Vorsorge für die Verfolgung künftiger Straftaten*** ebenfalls zum Regelungsgebiet der Gefahrenabwehr gerechnet werden muss. Gegen eine Aufnahme dieses Tätigkeitsgebietes der Polizei in die StPO spricht, dass andernfalls der Typus eines Vorverdächtigen eingeführt werden müsste. Dies würde aber verfassungsrechtlichen Grundsätzen widersprechen. Ohne das Erfordernis eines *Anfangsverdachts* (§ 152 II, 160 I, 163 I StPO) wären strafprozessuale Ermittlungen und insbesondere Grundrechtseingriffe rechtsstaatlich nicht tolerabel.

Konsequenz dieser Ansicht ist, dass die Ermächtigungsgrundlagen für das Handeln der Polizei auf dem Gebiet der vorbeugenden Verbrechensbekämpfung sowohl auf dem Gebiet der Verhütung von Straftaten als auch der Vorsorge für die Verfolgung künftiger Straftaten in den Polizeigesetzen der Länder zu suchen sind. Somit gilt auf diesem Tätigkeitsgebiet für die Polizei das Opportunitätsprinzip, d.h. ihr steht ein Entschließungs- und Auswahlermessen zu. Etwas anderes gilt nur im Falle einer Ermessensreduzierung auf Null.

Diese Einordnung der vorbeugenden Verbrechensbekämpfung als Teil der präventiv-polizeilichen Gefahrenabwehr hat naturgemäß erhebliche Auswirkungen auf das Verhältnis Staatsanwaltschaft und Polizei. Auf dem Gebiet der Prävention gilt, dass die Polizei lediglich den Anordnungen der Polizeivorgesetzten der inneren Verwaltung unterliegt. Der StA steht keine Weisungsbefugnis zu. Anders ist es hingegen auf dem Gebiet der Repression. Aus §§ 152 GVG, 161 StPO steht der StA gegenüber der Polizei ein Weisungsrecht zu. Sie kann entweder das gesamte Ermittlungsverfahren an sich ziehen oder aber lenkend in die polizeilichen Ermittlungen eingreifen.

Ein weiterer Gegenstand der vorliegenden Arbeit ist die Gefahr einer Umgehung der Geltung der StPO, der Verfahrensherrschaft der StA und der strafverfahrensrechtlichen Richtervorbehalte, wenn die Polizei unter dem Vorwand, sie werde zur Verhütung von Straftaten (erste Säule der vorbeugenden Verbrechensbekämpfung) tätig, sich auf die Vorschriften der Polizeigesetze der Länder beruft.

Nach Untersuchung der einschlägigen landespolizeirechtlichen und strafprozessualen Vorschriften gelangt die Verfasserin zu dem Ergebnis, dass die Unterschiede bei den materiellen Eingriffsvoraussetzungen nicht erheblich sind. Zwar existieren in den Ländern unterschiedliche Varianten im Hinblick auf die Straftatkataloge. Dies rechtfertigt aber nicht die Befürchtung, die Polizei der Länder könnte sich im Falle einer Berufung auf die vorbeugende Verbrechensbekämpfung von der Herrschaft der StPO lösen. Denn sowohl in der StPO als auch in den Landespolizeigesetzen wird im Falle besonders schwerwiegender Beeinträchtigungen der Grundrechte Betroffener an das Vorliegen einer Katalogtat angeknüpft.

Etwas anderes muss aber im Hinblick auf die bestehenden Unterschiede bei den formellen Eingriffsvoraussetzungen in der StPO und den Landespolizeigesetzen gelten.
Hier bestehen schon nicht unerhebliche Unterschiede, was den ***Richtervorbehalt*** für Grundrechtseingriffe angeht. Das gilt insbesondere für den ***Großen Lauschangriff auf Wohnungen*** gemäß Art. 13 III GG n.F., § 100 c I Nr. 3 mit § 100 d II StPO einerseits und nach Art. 13 IV, V GG n.F. i.V. mit den Landespolizeigesetzen andererseits.

Schwerwiegend und von zentraler Bedeutung für den Unterschied zwischen strafverfolgender Kriminalitätsbekämpfung (StPO) und vorbeugender Verbrechensbekämpfung (Polizeirecht) aber ist die Rolle der StA:

Nur bei ersterer fungiert die StA als Herrin des Ermittlungsverfahrens und als Wächter des Gesetzes mit Weisungsrecht gegenüber der Polizei.

Wegen jener unterschiedlichen formellen Eingriffsvoraussetzungen, insbesondere wegen der „Ausschaltung der StA“, besteht nun in der Tat die Gefahr, dass sich die Polizei unter dem Deckmantel der vorbeugenden Verbrechensbekämpfung auf das für sie günstigere Landespolizeirecht beruft. Das würde eine bedenkliche Ausweitung der Gefahrenabwehr auf Kosten der Strafverfolgung darstellen. Daran schließt sich die Frage an, ob deshalb unterstellt werden kann, die Polizei rette sich zu Lasten des Legalitätsprinzips durch einen beliebigen Standbeinwechsel in das Recht der Polizeigesetze der Länder. Hierbei muss m.E. differenziert werden:

- Ist eine gleichzeitige Wahrnehmung der Aufgaben der Gefahrenabwehr und der Strafverfolgung möglich, kann es zu einer Normen- und Tätigkeitskonkurrenz kommen. In diesen Fällen sollte die StA unverzüglich eingeschaltet werden, auch wenn sich die Polizei auf die vorbeugende Verbrechensbekämpfung beruft. Die *StA* wird hierdurch keinesfalls zu stark in die vorbeugende Straftatenbekämpfung eingebunden. Vielmehr kann sie im Falle der gleichzeitigen oder späteren Strafverfolgung seitens der Polizei eher beurteilen, ob sie die erforderliche Zustimmung zu einer Eingriffsmaßnahme erteilen soll oder nicht.

- Ist eine gleichzeitige angemessene Wahrnehmung beider Aufgaben nicht möglich und überwiegt die Strafverfolgung, muss im Wege eines Erstrecht-Schlusses die StA unverzüglich eingeschaltet werden. Sprechen schon gute Gründe für eine unverzügliche Einschaltung der StA im Falle einer gleichzeitigen Wahrnehmung beider Pflichten, so muss die StA erst recht frühzeitig eingeschaltet werden, wenn die Strafverfolgung das höherwertige Gut darstellt. Das folgt bereits aus der Stellung der StA als Herrin des strafprozessualen Ermittlungsverfahrens.

- Liegt die Konstellation vor, dass eine gleichzeitige Wahrnehmung jener Aufgaben nicht möglich ist, aber die Gefahrenabwehr überwiegt, so erscheint auch hier die unverzügliche Einschaltung der StA als unerlässlich. Allerdings müssen etwaige Strafverfolgungsmaßnahmen solange zurückgestellt werden, bis die Dominanz der Prävention endet.

Im Anschluss hieran stellte sich die Frage, ob die hier vertretene Ansicht

- eine unverzügliche Einschaltung der StA ist in jeder von jenen drei Konstellationen notwendig -

als Konsequenz die Umgestaltung der StPO erfordert. Doch es muss weder das Erfordernis der Zusammenarbeit von Polizei und StA in die StPO aufgenommen werden noch ist es erforderlich, in die StPO die Befugnis der StA aufzunehmen, die Polizei zur Zusammenarbeit anzuweisen. Denn zum einen würde dies wiederum die Aufnahme des Vorfeldes in die StPO voraussetzen, was jedoch gegen verfassungsrechtliche Grundsätze verstößt. Zum anderen kann die gebotene Kontrolle der Polizei der Länder auch auf anderem Wege erreicht werden:

Unter Bezugnahme auf den ungeschriebenen Verwaltungs- und Verfassungsgrundsatz der Amtshilfe und unter Hinweis auf die Gemeinsamen Richtlinien der Justizminister/-senatoren und der Innenminister/-senatoren des Bundes und der Länder über die Anwendung unmittelbaren Zwanges durch Polizeibeamte auf Anordnung der StA sowie die Gemeinsamen Richtlinien der Justizminister/-senatoren und der Innenminister/-senatoren der Länder über die Zusammenarbeit von Staatsanwaltschaft und Polizei bei der Verfolgung der Organisierten Kriminalität kann eine Zusammenarbeit bereits nach geltendem Recht verlangt werden.

Im Anschluss wurde der vorbeugende Lauschangriff einer Untersuchung unterzogen. Unter Bezugnahme auf die Entscheidung des Sächsischen Verfassungsgerichtshofes vom 14.05.1996 wurde erörtert, ob der vorbeugende Lauschangriff auf Wohnungen unzulässig ist. Hierbei kommt die Verfasserin zu dem Ergebnis, dass jener Lauschangriff dann unzulässig ist, wenn seine Zulässigkeit bejaht wird, obwohl noch nicht das Erfordernis des Vorliegens einer dringenden Gefahr im Sinne des Art. 13 IV GG erreicht wird. Denn es ist zu beachten, dass der vorbeugende Große Lauschangriff den verfassungsrechtlich äußerst sensiblen Bereich der nicht allgemein zugänglichen Wohnung berührt, weshalb die Zulässigkeit nur dann zu bejahen ist, wenn er zur Abwehr einer gegenwärtigen Gefahr eingesetzt wird.

Die Schleierfahndung, eine verdachts- bzw. anlassunabhängige Personenkontrolle, gibt der Polizei die Möglichkeit, unabhängig von einem objektiv-nachprüfbaren Anlass wie Verdacht einer Straftat (Anfangsverdacht) oder Vorliegen einer gegenwärtigen Gefahr, die Identität eines jeden Bürgers zu einer beliebigen Zeit festzustellen. Jene Ermittlungsmethode ist, wenn sie zum Zwecke der vorbeugenden Verbrechensbekämpfung im Grenzbereich (30 km) eingesetzt wird, verfassungsmäßig. Zu beachten ist jedoch, dass diese Ermittlungsmethode es nur gestattet, Personen anzuhalten und deren Identität festzustellen. Darüber hinaus gehende Befugnisse können nicht aus der Zulässigkeit der Schleierfahndung hergeleitet werden, weil jene Ermittlungsmethode durch ihre Grenznähe gekennzeichnet ist. Ihr kommt insofern nur ein Ausnahmecharakter zu. Die Schleierfahndung verstößt insbesondere nicht gegen die Vermutung der Unschuld. Andernfalls wären Kontrollbefugnisse des Staates nur dann gegeben, wenn im einzelnen Fall Anzeichen dafür vorlägen, dass der Bürger das in ihn gesetzte Vertrauen nicht verdient. Dann wären aber nur zu einem äußerst späten Zeitpunkt Einschreitungsmöglichkeiten gegen einen potentiellen Straftäter möglich.

Allerdings verstößt die Schleierfahndung zum Zwecke der vorbeugenden Verbrechensbekämpfung, wie sie in Mecklenburg-Vorpommern geregelt ist, nach Ansicht von *Kühne* gegen das Schengener Durchführungsübereinkommen.

Zum einen sei ein Verstoß gegen Art. 2 I des Schengener Durchführungsübereinkommens zu bejahen (SDÜ). Nach Art. 2 I SDÜ dürfen Binnengrenzen an jeder Stelle ohne Personenkontrollen überschritten werden. Weil die Regelung in Mecklenburg-Vorpommern bei der Kontrollmöglichkeit unmittelbar an den Grenzübertritt anknüpft, sei ein Verstoß gegen Art. 2 I SDÜ zu bejahen. Außerdem missachte jene Regelung auch Art. 2 II SDÜ. Art. 2 II SDÜ erlaubt den Vertragsstaaten nur in Ausnahmefällen und zeitlich begrenzt die Durchführung von Grenzkontrollen oder etwaige Ersatzmaßnahmen an den Binnengrenzen. In Mecklenburg-Vorpommern ist keine derartige Einschränkung vorgesehen. Zudem verstoße die in Mecklenburg-Vorpommern geregelte Schleierfahndung gegen Art. 2 III SDÜ, der besagt, dass die Ausübung der Polizeibefugnisse durch die nach Maßgabe des nationalen Rechts zuständige Behörde einer Vertragspartei in dem *gesamten Hoheitsgebiet* der Vertragspartei von der Abschaffung der Personenkontrollen unberührt bleibt. Art. 2 III SDÜ bezieht sich dabei ausdrücklich auf Polizeibefugnisse. Im Gegensatz hierzu stehen die Maßnahmen der Schleierfahndung, die im Polizeigesetz Mecklenburg-Vorpommern geregelt sind, weil diese sich gerade *nur auf einen Teil des Hoheitsgebiets* (Grenzbereich, 30 km) erstrecken.

Ob *Kühnes* Bedenken letztlich durchgreifen, ist zwar fraglich; sie sind aber zumindest bedenkenswert und geben Anlass zu weiterem Nachdenken über die Schleierfahndung als Ersatz für die weggefallenen Grenzkontrollen.

Anschließend wurde im Rahmen dieser Arbeit die Problematik der staatlichen Tatprovokation betrachtet. Hierbei wurde festgestellt, es bestehe zumindest bei Staatsaufgaben von hohem Verfassungsrang keine ***Notwendigkeit***, dass staatliches Handeln stets offen erfolgen müsse. Sie ergibt sich weder aus dem Demokratie- noch aus dem Rechtsstaatsprinzip. Auch aus dem Grundrecht der Informationsfreiheit im Sinne des Art. 5 I S. 1 HS. 2 GG kann kein Erfordernis offener Ermittlungen als Verbot verdeckter Ermittlungsmaßnahmen gefolgert werden.

Das Rechtsstaatsprinzip in seiner Ausprägung als Grundsatz des fairen Strafverfahrens verbietet aber die Verleitung unverdächtiger und zunächst nicht tatgeneigter Personen durch polizeiliche Lockspitzel zu Straftaten.

Ungeachtet seiner auch präventiven Bedeutung ist der Lockspitzeleinsatz primär ein ***Instrument der Strafverfolgung***. Dieser zutreffende Standpunkt des BGH hat zur Folge, dass

- für den Lockspitzeleinsatz die StPO maßgeblich ist,

- folglich die *StA* hier als gegenüber der Polizei weisungsbefugte Herrin des Ermittlungsverfahrens und Wächter des Gesetzes fungiert,
- ein Rückgriff auf Landespolizeirecht als Rechtsgrundlage der vorbeugenden Verbrechensbekämpfung ausscheidet.

Hier sind also ***Umgehungsgefahren*** durch Rekurs auf die vorbeugende Verbrechensbekämpfung vom BGH erkannt und vereitelt worden.

Zusammenfassung

Hauptziel der vorliegenden Arbeit ist die Klärung der Frage, ob die vorbeugende Verbrechensbekämpfung (Verhinderung von Straftaten und Vorsorge für die Verfolgung künftiger Straftaten) unter die geläufigen polizeilichen Handlungsmöglichkeiten – repressives oder präventives Handeln – subsumiert werden kann oder ob dieser Aufgabenbereich eine neue (dritte) polizeiliche Handlungsform darstellt. Hierbei gelangt die Verfasserin zu dem Ergebnis, dass die Ermächtigungsgrundlagen für das Handeln der Polizei auf diesem Gebiet in den Polizeigesetzen der Länder zu suchen sind. Somit gilt auf diesem Tätigkeitsfeld für die Polizei das Opportunitätsprinzip, d.h. ihr steht ein Entschließungs- und Auswahlermessen zu. Etwas anderes gilt nur im Falle einer Ermessensreduzierung auf Null.

Weil sowohl in der StPO als auch in den Landespolizeigesetzen im Falle besonders schwerwiegender Beeinträchtigungen der Grundrechte Betroffener an das Vorliegen einer Katalogtat angeknüpft wird, ist insoweit die Befürchtung nicht gerechtfertigt, dass sich die Polizei der Länder im Fall der Berufung auf die vorbeugende Verbrechensbekämpfung von der Herrschaft der StPO löst.

Indes ist die StPO bei Grundrechtseingriffen strenger als das Landespolizeirecht, soweit es um Richtervorbehalte geht. Darüber hinaus ist die Polizei hier der Verfahrensherrschaft der StA unterworfen. Insoweit besteht die Gefahr des Ausweichens auf die vorbeugende Verbrechensbekämpfung. Um zu verhindern, dass die Polizei sich unter dem Deckmantel der vorbeugenden Verbrechensbekämpfung auf das für sie günstigere Landespolizeirecht beruft, erscheint die unverzügliche Einschaltung der StA als unerlässlich, soweit Aufgaben der Gefahrenabwehr und der Strafverfolgung betroffen sind. Dies erfordert aber nicht die Umgestaltung der StPO. Eine Zusammenarbeit kann bereits nach geltendem Recht verlangt werden.

Im Anschluss wurde die Zulässigkeit des vorbeugenden Lauschangriffs auf Wohnungen untersucht. Weil hiervon der verfassungsrechtlich äußerst sensible Bereich der nicht allgemein zugänglichen Wohnung berührt ist, kann seine Zulässigkeit nur bejaht werden, wenn er zur Abwehr einer gegenwärtigen Gefahr eingesetzt wird.

Die Schleierfahndung, eine verdachts- bzw. anlassunabhängigen Personenkontrolle, ist, wenn sie zum Zwecke der vorbeugenden Verbrechensbekämpfung im Grenzbereich (30 km) eingesetzt wird, verfassungsmäßig. Diese Ermittlungsmethode gestattet es jedoch nur, Personen anzuhalten und deren Identität festzustellen. Weitergehende Befugnisse können nicht aus ihr abgeleitet werden. Die Schleierfahndung verstößt insbesondere nicht gegen die Vermutung der Unschuld. Problematisch ist allerdings, ob die Schleierfahndung zum Zwecke der vorbeugenden Verbrechensbekämpfung, wie sie in Mecklenburg-Vorpommern geregelt ist, gegen das Schengener Durchführungsübereinkommen verstößt.

Schließlich wurde festgestellt, zumindest bei Staatsaufgaben von hohem Verfassungsrang bestehe keine Notwendigkeit, dass staatliches Handeln stets offen erfolgen müsse. Deshalb spricht nichts gegen die Zulässigkeit staatlicher Tatprovokation, insbesondere weder das Demokratie- noch das Rechtsstaatsprinzip. Auch aus dem Grundrecht der Informationsfreiheit gemäß Art. 5 I S. 1 HS. 2 GG folgt nichts anderes.

Das Rechtsstaatsprinzip in seiner Ausprägung des fairen Strafverfahrens verbietet aber die Verleitung unverdächtiger und zunächst nicht tatgeneigter Personen durch polizeiliche Lockspitzel zu Straftaten. Möglichen Neigungen der Polizei zum Ausweichen auf Landespolizeirecht, weil die StPO die Mitwirkung der StA erfordert, ist durch die Maßgeblichkeit der StPO ein Riegel vorgeschoben.

Heike Witzstrock

Der polizeiliche Todesschuß

Frankfurt/M., Berlin, Bern, Bruxelles, New York, Oxford, Wien, 2001. 209 S.
Europäische Hochschulschriften: Reihe 2, Rechtswissenschaft. Bd. 3272
ISBN 3-631-38568-4 · br. € 35.30*

Der polizeiliche Todesschuß ist rechtlich ein schwierig zu beurteilendes Ereignis. Manche Polizeigesetze erwähnen ihn, andere nicht. Zur uneinheitlichen polizeirechtlichen Lage kommt hinzu, daß in allen Ländern § 32 StGB gilt – aber auch für Polizisten im Dienst? Die ausdrücklichen polizeirechtlichen Ermächtigungen und die strafrechtliche Rechtfertigung reichen unterschiedlich weit. Was gilt im Fall einer Kollision? Ob das gezielte Erschießen ohne ausdrückliche polizeigesetzliche Ermächtigung überhaupt zulässig ist und ob eine solche Ermächtigung aus anderen Rechtsquellen abgeleitet werden kann, kontrastiert diese Untersuchung anhand einer strafrechtlichen Betrachtung.

Aus dem Inhalt: Verfassungsmäßigkeit der polizeigesetzlichen Todesschußregelung · Zulässigkeit des Todesschusses ohne ausdrückliche polizeigesetzliche Regelung · Zulässigkeit und Umfang des Rückgriffs auf § 32 StGB · Auswirkungen eines gespaltenen Rechtswidrigkeitsurteils · Befugnisse nach § 32 StGB und Schußwaffengebrauchsrecht im Vergleich

FSC
www.fsc.org
MIX
Papier | Fördert gute Waldnutzung
FSC® C083411

Kolibri 360 GmbH
Ferdinand-Jühlke-Straße 7
99095 Erfurt, Deutschland
produktsicherheit@kolibri360.de

Druck:
CPI Druckdienstleistungen GmbH
im Auftrag der
Kolibri 360 GmbH
Ferdinand-Jühlke-Str. 7
99095 Erfurt